KB139907

- 쉽게 읽히는 -

동양철학
이 야 기

* 이 저서는 2011년 정부(교육과학기술부)의 재원으로 한국연구재단의 지원을
받아 수행된 연구임(NRF-2011-361-A00008)

- 쉽게 읽히는 -

동양철학 이 야 기

• 김제란 지음 •

프롤로그

『쉽게 읽히는 동양철학 이야기』는 2017년 1학기부터 2020년 2학기까지 필자의 모교인 고려대학교에서 강의했던 '동양철학 입문' 강좌를 정리한 내용입니다. 필자는 오랫동안 비슷한 주제의 과목을 가르쳐왔으나, 코로나로 인해 뜻하지 않은 비대면 강의를 맞이해서 그동안의 강의 교안을 정리하게 되었습니다. 교양 강의는 주로 대학 새내기들을 대상으로 한 것이어서, 전문적이고 학술적인 내용보다는 낯선 동양철학에 친밀해지기 위한 방향으로 진행했습니다. 이러한 수업 내용을 글로 엮었으니, 자연히 이 책의 구성도 동양철학에 대한 학술적인 깊이보다는 동양철학 전반에 관한 내용을 두루 개관할 수 있도록 했습니다.

그간 동양철학을 오랫동안 공부하며 저 나름대로 몰입했던 화두話頭는 "전통이란 도대체 무엇인가?"라는 질문입니다. 제 생각에, 우리 사회가 나아가야 할 길은 '건강한 개인주의'의 확립이라고 확신했지만, 어쩐지 전통은 우리가 나아가야 할 방향에 도움을 주기보다 저항을 준다고 느끼게 하는 것은 무엇 때문일까요? 어린 시절부터 제 마음속에 심어진 도덕적 질서가 있어서, 제가 무얼 할 때마다 확인하고 결정을 내리는 느낌을 받았습니다. 이 도덕적 질서는 전통에서 나온 것이고, 저뿐 아니라 사회 전체에 동일하게 작동하는 것 같았습니다. "왜 나는 이 전통이라는 것에서 참으로 자유롭지 못한가?"라는 자괴감이 들었습니다. 또 내적인 도덕적 명령을 선조로부터 물려받은 우리 사회가 왜 도덕적 사회가 아닌가도 궁금해졌습니다. 이 질문은 라인홀드 니버가 『도덕적 인간과 비도덕적 사회』에서 제시한 질문과 맥이 닿아 있습니다. 도덕적 인간들이 모여서 만들어내는 사회가 비도덕적인 사회라면, 그 도덕 내지 전통이 무슨 쓸모가 있을 것인지 회의가 들었습니다. 그리고 『명심보감』을 다시 읽고 그대로 받아들이는 것이 우리가 나아가야 할 방향이라는 주장에는 결코 동의할 수 없었습니다. 이 책은 이상의 화두를 풀기 위한 작은 한 걸음이라고 할 수 있습니다.

무엇보다 동양철학을 지도해주신 지도교수 고故 김충렬 교수님께 감사드립니다. 고전문헌을 읽도록 한문이라는 도구를 손에 쥐여주시고, 어떻게 살아야 하는지를 눈앞에서 생생하게 보여주셨던 고故 임창순 선생님 영전에도 깊은 감사를 올립니다. 필자에게 부족한 동서비교철학의 학문적 통찰의 혜안과 격려를 아낌없이 해주신 동국대 불교학술원 김종욱 단장님께 큰 감사를 드립니다. 초서 강독회 '파초회'이사장: 유홍준 교수님와 한시 공부모임 '이목회'지도: 김병기 교수님 선후배 벗들께 정서적 지지의 빚을 졌습니다. 아울러 이 책의 불교 섹션 교정에 도움을 주신 동국대 동광 스님께 감사를 올립니다. 원고 재촉과 꼼꼼한 교정을 해주신 한국학술정보 신수빈 대리님께 감사드립니다. 마지막으로 오래 제 곁에서 항상 격려와 조언을 주는 친구들(⋯)과 집안일을 소홀히 하는 엄마를 있는 그대로 받아들여 주는 딸 유진과 아들 성규에게 지면을 빌어 "사랑한다"는 말을 전합니다.

2021년 정월보름
남산 아래 연구실에서
김제란

목 차

제1강

소년은 늙기 쉽고
학문은 이루기 어렵다

少年易老學難成

안녕하세요? 만나서 반갑습니다. 코로나 때문에 얼굴보지 못
하고 주로 온라인으로 공부하는 시절이지요? 공부는 온라인으
로 가능해도 학교에 가지 못해서 좋은 만남을 가지지 못하는
학생들이 안타깝게 느껴집니다.

　생각해보니 저도 여러분과 같은 경험을 했던 적이 있습니다.
대학교 1학년 시절, 학교 생활이라고 딱 두 달 하고 난 뒤에
군부 정권에 의해 계엄령이 내려져서 학교를 다니지 못했던 시
절이 있었습니다. 학생들이 학교를 들어가지 못하게 교문에서
부터 군인들이 지키고 있고, 우리는 언제 다시 학교가 개강할
지 모르는 채로 막연하게 보냈습니다. 학교와 친구들이 그리워
서 학교앞 찻집에 가서 처음 마셔보는 커피를, 그리고 근처 술
집에서 역시 처음 마셔보는 소주를 마시며 학교 문이 열리기를
기다리곤 했었죠. 남쪽 도시 광주에 피비린내 나는 사건이 벌
어져서 많은 사람들이 죽었다는 흉흉한 소문이 떠돌았고, 쿠데
타가 일어나서 군부가 정부를 장악했다고 했습니다. 두 달 수

업하고 난 뒤 그 학기가 어떤 식으로 마무리되었는지 지금은 잘 기억이 나지 않는데, 2학기 들어서야 다시 학교 생활이 시작되었던 것 같습니다. 그러나 학교를 가지 못했던 1학년 1학기의 그 몇 달- 사실은 무척이나 길게 느껴졌던 그 시간이 저에게는 가장 생산적이고 행복했던 시간들로 기억됩니다. 다행히도 대학 들어가자마자 가입했던 동아리- 독서 동아리로 그 당시에는 독서 써클이라고 했죠- 친구들과 날이면 날마다 만나서 온갖 분야의 책들을 같이 읽어댔거든요. 학교를 안 가니 할 일도 없어서 맨날 그 친구들과 책 읽고 토론하고 노는 게 일상이었는데, 그게 얼마나 재미있었는지 몰라요. 제 취향과 가치관은 그때 다 만들어졌던 것 같습니다. 인문학을 더 깊이 공부해야겠다는 생각이 강하게 들었고, 또한 그때 그 친구들이 지금까지도 같이 가는 평생의 지기들이 되었죠. 학교를 못 갔던 그 시간 동안 학교 수업에서 얻을 수 있는 것 이상의 값진 것을 얻었다고 할 수 있습니다. 그러고보면 사실 학교 수업에서 얻는 지식이란 그다지 큰 의미가 있는 것이 아닐지 모릅니다. 그러니 여러분들은 학교 수업 못하는 것 때문에 너무 안타까워하지 마세요. 이 시간을 잘 활용하고, 학교가 문을 열면 가서 무엇을 할 것인가 하는 걸 먼저 생각하시기 바랍니다.

수업을 시작하기 전에 우선 여러분께 유명한 시를 하나 소개하고자 합니다. 대학 신입생이 새 학기 첫 시간에 읽기에 딱 적당한 시라는 생각이 들어서요. 저자는 동양철학에서 가장 중요한 학자 중 한 명으로, 우리가 흔히 주자라고 부르는 주희朱熹, 1130-1200가 쓴 시입니다.

권학가: 학문을 권하는 시 勸學歌

소년은 늙기 쉽고 학문은 이루기 어렵네
한 조각의 시간도 가벼이 하지 말라
연못가의 봄풀이 꿈에서 채 깨기도 전에
계단 앞 오동잎은 가을 소리를 내나니. (주희 朱熹)

少年易老學難成 소년이노학난성
一寸光陰不可輕 일촌광음불가경
池塘春草未猶夢 지당춘초미유몽
階前梧葉已秋聲 계전오엽이추성

여러분도 이 시를 아마 들어본 적이 있을지 모릅니다. 저는 지금 이 시를 읽으며 가슴이 찢어질 듯 아픕니다. 흔히 공부 열심히 하라는 뻔한 얘기로만 생각하고 무시하고 지냈는데, 소문대로 젊음은 길지 않고 시간은 쏜살같이 흘러서 나는 내가 자신있다고 생각했던 모든 것을 이루지 못하고 빈 손으로 중년의 시기를 넘어섰습니다. 그야말로 "연못가의 봄풀이 꿈에서 채 깨기도 전에, 계단 앞 오동잎이 내는 가을 소리를 듣고 있는" 상황인 것입니다. 그러니 얼마나 제 마음이 아프겠습니까. 참으로 "소년은 늙기 쉽고 학문은 이루기 어려운 것"인가 봅니다. 또 소년은 물론 소녀에게는 더욱 어려운 일일지도 모릅니다. 그런데 여기에서 말하는 학문은 수능 공부도, 토플 점수도, 고시 합격 점수도 아닙니다. 그것은 나 자신을 알고, 나 자신이 더 나은 사람이 되고, 내가 몸담은 이 사회가 더 나은 곳이 되게 하려는 배움, 즉 진정한 나 자신을 위한 공부입니다. 옛 학자들은 학문을 '다른 사람을 위한 학문'爲人之學 위인지학과 '자기 자신을 위한 학문'爲己之學 위기지학으로 구분하였습니다. 보통 '하다do'라는 동사로 쓰이는 '위爲'는 여러 가지 의미를 지니지만, 여기에서는 '위하여for'라는 뜻입니다. 사람이라는 뜻의 '인人'은 한문에서는 자신을 제외한 다른 사람을 나타내는 단어입니다. '지之'는 여기에서 '~의of'의 뜻입니다. 그래서 '위인지학'은 자기 자신이 아닌 다른 사람을 위한 학문, 즉 다른 사람 보기에 좋은 공부, 말하자면 벼슬자리, 직업 구하기, 점수 따기, 경제적 이익이나 사회적 인정을 위한 공부를 의미하는 것이지요. 남 보기에는 좋지만 진정한 자신의 기쁨이나 만족을 주지는 못하는 결과 중심적인 행위들을 말하는 것입니다. 반면에 '위기지학'은 다른 사람이 아닌 오직 자기 자신의 기쁨과 만족을 위한 학문, 즉 내가 더 나은 인간이 되기 위한, 아니 내가 더 나 자신이 되기 위한 공부, 즉 인문학적 공부, 사회과학적 관심, 인간 관계, 심리학이나 명상 같은 내면의 추구, 경제적 이익이나 사회적 인정과 하등 관련없는 개인적 욕구에 따르는 배움을 의미합니다. 한 마디로 옛 학자들이 위기지학만이 진정한 학문이라고 보았던 것은 내가 더 나은 자신, 진정한 나 자신이 되기 위하여 필요한 공부를 꾸준히 해나가라는 메시지입니다. '학문을 권함'이라는 제목의 이 시에서 주희는 그러한 공부를 해가기에 인생이 결코 길지 않다고 경고하고 있는 것입니다. 곧 해가 떨어지고 가을이 오니 우리는 게을러서는 안 된다고요.

저는 여러분의 선배로서- 인생의 선배로서- 이와 연관하여 전하고 싶은 이야기가 있습니다. 그것은 여러분의 대학 생활 4년을 스스로를 탐색하고 스스로를 알아가는 시간으로 생각하라는 것입니다. 즉 대학 생활을 위인지학이 아니라 위기지학을 하는 시간으로 보내라는 조언입니다. 여러분이 대학을 졸업할 때, 내가 어떤 사람이고 나는 무엇을 할 때 가장 행복한 사람인가를 알고 졸업한다면, 토플 성적이 낮아도 학과 성적이 좋지 않아도 사실은 가장 중요한 것을 얻어간다고 할 수 있습니다. 우리는 고등학교 때는 입시가 바빠서 내가 무엇을 할 때 가장 행복한 사람이고 나는 어떤 사람인지 탐색할 시간을 갖지 못했습니다. 이제 대학 신입생이 되어 그것을 할 적절한 시간이 되었습니다. 만약 대학의 이 시간마저도 이를 탐색할 시간과 기회를 가지지 못한다면, 즉 위기지학을 하지 못한다면, 사회에 나간 그 이후에 이를 추구해가기가 더욱 어려울 것입니다. 대학 생활은 특히 자기를 탐색할 특히 자유롭고 여유있는 시절이기 때문입니다. 공부하는 것이 본분인, 거의 유일한 시기이기 때문입니다. 그러나 이런 추구는 머릿속의 생각만으로는 부족하고, 다양한 체험과 경험을 통해서만 얻을 수 있습니다.
여러분의 '위기지학'을 위해서 저는 제 경험에 비추어 세 가지 구체적인 방법을 알려 드립니다. 첫째, 교내외 동아리 활동을 반드시 하기를 권해드립니다. 동아리 활동을 통해 여러분은 많은 선후배 및 동료들을 만날 수 있고, 그 과정에서 많은 것을 배우고 내가 나를 이해해가는 경험을 할 수 있을 것입니다. 가능하면 여러 관심 가는 동아리에 들어가서 활동하기를 권해드립니다. 그러다보면 자신이 가장 좋게 생각하는 한두 동아리로 정리될 것이고, 이 만남은 졸업 때까지 지속되며 많은 것들을 여러분에게 줄 것입니다. 최근 봉준호 감독이 자신을 세계적인 감독으로 만든 것도 대학시절 교내 영화 동아리 활동에서 비롯되었다고 인터뷰하는 것을 보았는데, 그건 그만의 예는 아닐 것입니다.

둘째, 다양한 분야의 책들을 읽기를 권합니다. 동서양 고전 100선이나, 찾으려들면 수많은 추천도서 목록을 찾을 수 있을 것입니다. 가능하면 대학 생활 동안 추천도서 목록에 올라있는 100 권, 또는 200 권의 책을 모두 읽기를 권합니다. 책은 단순히 간접 경험을 줄 뿐만이 아니라 저자가 생각하고 고민한 가장 중요한 생의 알갱이가 포함된 것이기에, 그만의 독특한 문제 의식과 해답을 배울 수 있습니다. 그리고 그 과정을 통해 우리는 생각하는 힘을 키우고, 자신만의 문제 의식과 해답을 찾는 데 결정적인 도움을 받게 됩니다. 과거에 저도 추천도서 목록을 가지고 다니며 한 권씩 읽을 때마다 지워나가곤 했던 기억이 나는군요. 한 친구는 남자친구와 연애 편지를 주고받으며 책읽기를 서로 체크해나가곤 해서 놀랐던 기억도 있습니다.

가능하면 도서관에서 많은 시간을 보내고, 도서관 서가를 자주 둘러보십시오. 그리고 한 책은 두세 번 되풀이해서 읽는 것이 좋습니다. 처음은 그냥 통독하면서 중요하다고 생각되는 구절이나 자기 생각과 다른 부분들을 밑줄 그으며 읽어나가고, 다음은 밑줄 그은 부분을 노트에 정리하면서 다시 한번 읽는 것입니다. 그때 자신의 생각과 다르다고 생각되는 부분이나 저자의 생각에 공감하는 부분에 자신만의 코멘트를 써놓으면 더 좋을 것입니다. 이러한 독서 노트가 쌓이고 쌓이면 그 힘이 바로 내가 나를 발전시켜가고 나를 찾아나가는 원동력이 될 것입니다.

셋째, 내가 접할 수 있는 가능한 모든 다양한 경험들을 해야 합니다. 그리고 시간 날 때마다 독서 외에도 영화, 연극, 콘서트 관람, 미술 전시회 관람, 봉사 활동, 등산, 야외 활동 등 내가 체험할 수 있는 다양한 활동들을 다 해보세요. 공강 시간에 그냥 쉬거나 멍하기보다는 시간만 맞으면 교내에서 하는 오케스트라 공연을 보거나 영화, 연극을 보거나 교내 사진전이라도 보러 가세요. 그게 다 자신을 찾아가는 길입니다. 그러한 속에서 나는 내가 어떤 사람이고 어떤 성향을 갖고 있으며 어떤 것을 좋아하고 어떤 것을 싫어하는지 알게 됩니다. 그런 속에서 자연히 나는 어떻게 살아야 할 것인가를 알게 될 것입니다. 사실 내가 무얼 좋아하는지를 알기만 해도 대학 생활은 성공적으로 보낸 것이라고 할 수 있습니다. 의외로 자신이 무얼 좋아하는지, 무얼 싫어하는지, 무얼 잘 하는지, 무얼 못 하는지 모르는 사람들이 참 많습니다. 왜냐하면 그런 앎은 객관적인 지식이나 시험 점수, 즉 위인지학에서 나오는 것이 아니라, 체험 속에서, 위기지학 속에서 나오는 것이기 때문입니다. 사실 20대, 아니 인생 전체가 자신을 찾아가는 과정이기도 합니다. "내가 어떤 것을 좋아한다는 것이 무슨 의미인가?"라는 질문에 한 영화평론가가 이런 대답을 한 것을 기억합니다. "첫째, 의식하지 못하는 어린 시절에 이미 그 일을 하고 있었다, 둘째, 돈을 받지 않고도 할 수 있다, 셋째, 그 일을 하며 밤을 새울 수 있다."

위에서 말한 책 읽기와 관련된 일이기도 하고, 제가 제 수업을 듣는 여러분들에게 바라는 것이기도 한 것을 말씀드리겠습니다. 이는 정자程子라고 불리는 송대 유학자 정이程頤, 1032-1085 가 책 읽는 효능에 대해 한 말입니다.

> "요즘 사람들은 책을 읽을 줄 모른다. 예컨대 『논어』를 읽었을 때, 읽기 전에 '이런 사람'이었는데 다 읽고 난 뒤에도 '이런 사람'이라면, 그는 전혀 『논어』를 읽은 자가 아니다."- 정자程子
> "程子曰, 今人不會讀書. 如讀論語, 未讀時, 是此等人, 讀了後, 又只是此等人, 便是不曾讀."
>
> "『논어』를 읽었을 때, 어떤 사람은 읽고나서도 전혀 아무 일이 없었던 것과 같다. 어떤 사람은 읽고 나서 그 중 한 두 귀절을 깨닫고 기뻐한다. 또 어떤 사람은 읽고나서 배움을 즐기는 경지에 오르기도 한다. 그런데 어떤 사람은 읽고 나서 곧바로 자기도 모르게 손으로 춤을 추고 기뻐서 발을 구르는 자도 있다."- 정자程子

"程子曰, 讀論語, 有讀了全然無事者, 有讀了後, 其中得一
兩句喜者, 有讀了後, 知好之者, 有讀了後, 直有不知手之
舞之足之蹈之者."

『禮記・樂記』

　만약 여러분이 어떤 책을 읽고 그 책을 읽기 전의 나와 읽은
후의 내가 변화된 것이 없다면, 우리는 책을 읽을 아무런 이유
가 없을 것입니다. 그 책의 내용은 그냥 한쪽으로 들어와서 다
른 쪽으로 스쳐갔을 뿐이고 내게는 별다른 의미가 없습니다.
내가 그 책을 읽음으로 해서 책을 읽기 이전의 나와 달라졌을
때 비로소 독서는 의미를 가지게 되는 게 아닐까요? 여러분은
그런 독서를 한 적이 있습니까? 아마도 현대서나 베스트셀러보
다는 고전 중에서 그런 책을 찾기가 더 쉬울지도 모르겠습니
다. 또 여러분이 이 강의를 듣고 강의 듣기 이전과 전혀 달라
진 것이 없다면 이 강의 역시 별다른 의미가 없다고 할 수 있
겠지요. 저는 여러분이 이 강의를 통해 동양철학의 세계를 넓
고 얇게나마 이해했으면 좋겠고, 그 과정을 통해 작은 기쁨을
느낄 수 있으면 좋겠습니다. 읽고나서 "자기도 모르게 손으로
춤을 추고 기뻐서 발을 구르는" 책을 발견하고 그런 경지에 도
달한 사람은 얼마나 행복할까요? 여러분은 어떤 책을 읽고나서
① "전혀 아무 일이 없었던 것과 같다", ② "한 두 귀절을 깨
닫고 기뻐한다", ③ "배움을 즐기는 경지에 오른다", ④ "읽고
나서 곧바로 자기도 모르게 손으로 춤을 추고 기뻐서 발을 구
른다", 이 중 어디에 속하면 좋을 것 같나요? 저는 적어도 ①

번만 아니면 좋을 것 같습니다. ②③을 거친다면 언젠가는 ④
에 도달할 것이고, 여기에 도달한 사람은 진정한 독서인이 되
고 진정한 자기 자신을 깨달은 사람이 될 것이기 때문입니다.
제가 여러분을 그런 독서의 세계, 특히 동양철학 고전의 세계
로 초대할 수 있었으면 참 좋겠습니다.

생 각 해 보 기

1. 자기 자신의 한자 이름과 부모님, 그리고 형제의 한자 이름을
   쓰고, 그 한자의 의미를 알아봅시다.
2. 단 한번이라도 어떤 책을 읽고 그 책을 읽기 전의 나와 읽은
   후의 내가 변화되었다고 느낀 적이 있었는지, 있었다면 그 책이
   무엇이고 그 책의 어떤 내용이 나에게 영향을 미쳤는지 생각해
   봅시다. 이때 객관적인 내용은 아무 의미가 없고, 그것이 나에
   게 미친 주관적인 내용이 중요합니다.

제2강

서양적 사유의 특성:
"모든 것은 말씀을 통해 생겨났다"

오늘 우리가 다룰 주제는 '서양적 사유의 특성'입니다. 서양적 사유를 다루는 것은 동양적 사유를 이해하가 위해서입니다. 동양적 사유라는 것은 서양적 사유와 대비가 되었을 때 비로소 의미를 지닌다고 할 수 있기 때문입니다. 즉 이 주제는 "특별히 동양적 사유라고 할 만한 것이 있는가?", "있다면 그것은 서양적 사유, 또는 보편적인 사유와 어떤 차이가 있는가?", 아니 "동양적인 것과 서양적인 것이 어떤 차이가 있기는 한 것인가?" 등의 질문을 거쳐야 합니다. 특히 코로나 폐렴의 전염을 통해 세계가 한 국가를 넘어 하나라는 것을 온몸으로 깨닫고 있는 오늘날에 동양적이다, 또는 서양적이다 라는 말은 아무 의미가 없다고 느껴지기도 합니다. 그러나 우리가 동양적이다, 또는 서양적이다 라고 말할 때, 예컨대 "동양적인 미인", "서양적인 세련됨", "동양적인 품성", "서양적인 합리성"이라는 표현에서 드러나듯이 분명히 어떤 이미지나 내용을 공유하고 있습니다. 이 이미지가 어떤 사회 정치적 의미를 함유하고 있는지에 대해서는 나중에 '오리엔탈리즘'에 대해 이야기를 나눌 기회가 있을 것이니 이 부분은 넘어가고, 오늘은 단지 인문학의 핵심인 철학에서 '동양철학', '서양철학'의 구분이 어떤 차이를 가졌는가를 살펴보고자 합니다.

철학은 크게 동양철학과 서양철학이라는 카테고리로 나누어집니다. 이때 동양철학과 서양철학은 단순히 동양과 서양이라는 지리적인 차이만 가지고 있는 것이 아닙니다. 즉 단순히 동양철학은 동양 지역, 즉 한국, 일본, 중국 등 아시아에서 이루어진 철학을 말하고, 서양철학은 서양 지역, 즉 그리스, 로마, 유럽에서 이루어진 철학을 말하는 것이 아니라, 역사적인 뿌리가 깊은 완전히 본질적인 차이를 가지고 있습니다. 우선 철학적 과제에서 서양철학과 동양철학은 전혀 다른 문제 의식을 가지고 출발하였습니다. 서양철학은 "이 세계는 어디에서 왔는가?"라는 이 세계의 내원에 대한 질문, "이 세계는 무엇으로 되어 있는가?"라는 이 세계의 근본 실체에 대한 질문에서 시작되었습니다. 즉 우리가 경험하고 살아가는 이 현실 세계의 근원에 대한 질문에서부터 철학이 시작된 것입니다. 그 서양적 사고 방식을 잘 보여주고 있는 예로 우리는 성서의 다음과 같은 구절을 들 수 있습니다.

> 한 처음, 천지가 창조되기 전부터 말씀이 계셨다.
> 말씀은 하느님과 같이 계셨고, 하느님과 똑같은 분이셨다.
> 말씀은 한 처음 천지가 창조되기 전부터 하느님과 함께 계셨다.
> 모든 것은 말씀을 통해 생겨났고, 이 말씀 없이 생겨난 것은 하나도 없다.

생겨난 모든 것이 그에게서 생명을 얻었으며 그 생명은
사람들의 빛이었다.
그 빛이 이 세상에 와서 모든 사람을 비추고 있었다.
『신약성서・요한복음』 1장

In the beginning was the Word.
and the Word was with God.
and the Word was God.
He(or She: 저의 보충입니다) was in the beginning with God.
All things came to be through him,
and without him nothing came to be.
What came to be through him was life,
and this life was the light of human race;
the light shines in the darkness.
『The Gospel according to John』, Prologue.

성서가 서양 문화의 가장 중요한 고전이라는 건 모두 알고
계시죠? 서양 문화는 물론 서양철학을 제대로 이해하려면 반드
시 성서를 읽어야 합니다. 서양 문화는 헬레니즘과 헤브라이즘
이라는 두 기둥으로 이루어져 있는데, 헬레니즘 문화는 희랍,
즉 그리스 철학에 바탕을 두고 있고 헤브라이즘 문화는 유태
민족의 종교 철학, 즉 기독교에 바탕을 두고 있지요. 서양 문화
와 서양철학이란 바로 이 헬레니즘과 헤브라이즘의 다양한 변
주의 역사라고 할 수 있습니다. 간단히 말하자면, 헬레니즘 철
학으로 헤브라이즘의 종교를 합리화해가는 과정이 서양철학사
라고 할 수 있습니다. 따라서 서양 문화와 서양철학을 이해하
려면 반드시 성서를 통독해서 읽어두어야 합니다. 물론 성서를

문학 작품이나 종교적인 서적으로만 생각하고 읽어서는 안 되고, 그것이 함축한 정확한 의미를 알아야 하겠지요. 요새 신천지나 근본주의 교리 등 비합리적인 성서 해석들이 무한정으로 나오는 상태에서 잘못 읽으면 인생이 완전 어긋나기도 하니, 함부로 성서 읽기를 권할 수도 없습니다. 그러나 성서는 서양 고전의 하나로서 매우 중요한 문헌이니 꼭 한번은 읽어야 한다는 말씀만 드리겠습니다. 이는 동양 고전의 하나로 중요한 문헌인 『논어論語』나 『금강경金剛經』을 꼭 읽어야 한다는 추천과 맥을 함께 하는 것입니다.

이 문제와 관련해서는 하고 싶은 얘기가 산더미처럼 많지만, 이 역시 다음번에 다시 다룰 기회가 있을 것이라고 보고 여기에서는 그냥 넘어가겠습니다. 대신 제가 여러분 나이에 읽고 성서나 기독교를 보는 제 기본적인 가치관을 잡았던 책 한 권을 추천하는 것으로 논의를 대신하겠습니다. 그것은 세계적인 현대 신학자인 불트만R.Bultmann, 1884-1976의 저서로 아주 작은 소책자인데, 감사하게도 한글로 번역되었습니다. 물론 지금은 절판되었지만 도서관 등에서는 구할 수 있을 것입니다. 그 책은 루돌프 불트만 지음, 유동식, 허혁 옮김, 『성서의 실존론적 이해』(서울: 기독교서회, 1969)입니다. 현재의 한국 기독교처럼 교회를 하나의 기업이나 재산으로 보고 자식에게 유산처럼 물려주고, 전염병 예방을 위해 잠시 온라인 예배를 권하는 것을 종교 탄압이라고 반발하면서 사회에 해악을 끼치는 일을 아무렇지 않게 생각하는 종교인들이 넘쳐나는 시대에, 이런 책이 이미 1960년대에 번역되어 있다니 정말 놀랍습니다. 불트만은 성서에 대한 신화적인 이해를 넘어서, 비신화화 우리 자신의 삶의 문제, 실존에 관한 질문과 이해로 성서를 해석해야 한다고 봅니다. 신학이 곧 인간학이라는 현대 신학의 입장을 대변한다고 볼 수 있습니다.

위에서 인용한 요한복음의 밑줄 친 부분, "모든 것은 말씀을 통해 생겨났고, 이 말씀 없이 생겨난 것은 하나도 없다. 생겨난 모든 것이 그에게서 생명을 얻었으며 그 생명은 사람들의 빛이었다"라는 구절이 함의하고 있는 것은 모든 것, 즉 이 세계의 내원, 이 세계의 근본 실체를 '말씀 the Word'이라는 한 가지로 귀속시키고 있다는 점입니다. 이 한 가지가 '말씀'이 된 데는 기독교 유신론, 서양 관념론, 헬레니즘 철학 등 여러 가지 복합된 이유가 있겠지만, 우리가 여기에서 관심을 기울여야 할 부분은 요한복음이 이 세계의 유래, 근원을 설명하고자 하였던 시도입니다. 이 세계의 유래, 근원을 찾으려는 시도, 이러한 문제 의식이 바로 서양철학의 가장 중요한 특성이라고 할 수 있습니다. 물론 이 근본 원인, 근본 실체가 '말씀'이라는 정신적인 것이 아니라 '물질적인 것 material'이 될 수도 있습니다. 예컨대 마르크시즘에서 "하부 구조물질적인 것가 상부 구조정신적인 것를 결정한다"고 하여 물질적인 것을 보다 근본적인 것으로 본 것도 한 예가 될 수 있겠지요. 이 세계의 근본을 정신적인 것으로 보는가, 물질적인 것으로 보는가에 따라서 관념론과 유물론이 분기되기도 하지만, 어쨌든 관념론이든 유물론이든 상관없이 서양철학에서 중요한 것은 우리가 살고 있는 이 현상세계의 '근본적인' 내원과 실체가 무엇인가 라는 문제의식을 공유하고 그 답을 찾고자 노력하고 있다는 점입니다. 성서는 이 세계의 근본 실체가 무엇인가 라는 질문에서 그 해답을 말씀, 즉 신의 말씀으로 제시하고 있는 것이지요. 따라서 성서적 세계관에서 이 세계의 근본은 바로 신, 神=God인 것이지요. 우리 현실의 인간들은 이 신의 뜻을 알아내고 신의 뜻에 따라 사는 것이 인생의 가장 근본적인 목적이 되는 거구요. "당신=신의 뜻대로 모든 것이 이루어지이다. 아멘."

서양철학의 특성을 가장 잘 드러내는 예로는 플라톤Plato, B.C.427-347 철학을 들 수 있습니다. 20세기 저명한 현대철학자 중 한 명인 화이트헤드A.Whitehead, 1861-1947는 "서양철학사는 플라톤 철학의 각주에 불과하다"는 말로 플라톤 철학이 서양철학의 대표 주자라는 점을 확실히 하였습니다. 그가 말한 각주는 보통 논문 쓸 때 보조적인 설명이나 인용 전거를 나타내는, 작은 글자로 쓰여진 보충 설명입니다. 서양철학사에 나오는 서양 철학 모두가 플라톤 철학의 보조 설명에 불과하다는 뜻이지요. 물론 예외적인 경우가 없는 것은 아니지만, 큰 줄기로 볼 때 플라톤 철학이 서양 철학의 특성을 가장 잘 나타내고 있다는 뜻이라고 볼 수 있습니다.

플라톤 철학이 어떤 것이기에, 그의 철학의 어떤 면이 서양 철학적 특성을 나타내고 있다고 본 것일까요? 그것은 한 마디로 '형이상학적 이원론'을 가리키는 것입니다. 플라톤 하면 가장 먼저 머리에 떠오르는 것은 그의 이데아Idea 론입니다. 플라톤은 기본적으로 세계를 '실제로 존재하는 것actually existent'과 '존재론적으로 실재하는 것ontologically real existent'으로 이분합니다. '실제로 존재하는 것'이란 우리가 감각 경험을 통해 알게 되는 시공간적인 현상 세계를 의미합니다. 현상 세계는 '질료'material, 재료로 이루어져있고, 우리는 우리 자신의 감각 경험을 통해 이 세계를 경험하게 되죠. 실제로 존재하는 것, 현상 세계는 우리가 앉아있는 이 의자, 이 책상, 마시는 한 잔의 커피로 이루어진 세계입니다. 반면에 '존재론적으로 실재하는 것'이란 시공간적 구속에서 벗어나 시공간을 초월해 존재하는, 이른바 참 존재, 실재의 세계입니다. 시공간을 뛰어넘어 있기에 우리는 이 실재의 세계를 감각 경험으로는 알 수 없습니다. 감각 경험은 우리에게 상대적 진리를 제시해주는 반면에, 우리의 이성, 즉 오성은 절대적 진리를 가져다 준다고 말합니다. 이는 오직 우리의 이성을 통해서 있으리라고 추정되는 관념의 세계이고, 플라톤은 이 세계를 '이데아=관념의 세계'라고 불렀습니다. 그런데 중요한 것은 플라톤에게 진정한 세계는 우리가 경험하는 현상 세계가 아니라, 오직 관념 속에서의 이데아의 세계라는 점입니다. 두 세계는 서로 교통할 수 없고, 완전히 이분법적으로 따로 존재합니다. 그 두 세계는 다음과 같은 특성을 갖습니다.

현상 세계: 감각 경험의 세계

우리가 살아가는 일상의 시공간 속의 세계

물질적인 세계, 소멸되고 덧없는 세계

불완전한 세계

가짜 세계 / 복사본COPY의 세계

IDEA 세계: 이념의 세계 / 정의定義, definition의 세계

우리가 살아가는 시공간을 초월한 세계

비물질적인 세계, 불변하고 영원한 세계

완전한 세계

진짜 세계 / 청사진의 세계 / 원본의 세계

플라톤의 주장에 따르면, 우리가 살아가는 현상 세계의 많은 모습들은 모두 불완전하고 모자란 가짜의 복사본들입니다. 반면에 우리를 우리이게 만드는 원래의 청사진, 진정한 이념의 세계는 완전하고 영원한 진짜의 원본들이 있는 세계입니다. 예를 들어 우리는 이 감각 경험의 세계에서 수많은 삼각형들을 만납니다.

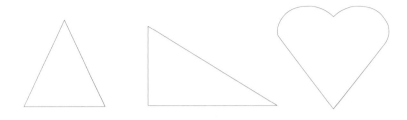

　그러나 이 삼각형들은 삼각형의 정의定義, definition에 정확하게 들어맞는 삼각형 그 자체는 아닙니다. 삼각형의 정의는 무엇인가요? 삼각형은 3개의 내각의 합이 180도인 도형을 말합니다. 그러나 현실에서 우리가 만나는 삼각형은 내각의 합이 정확하게 180도에 부합하는 삼각형은 없습니다. 어딘가 조금 모자라거나 넘치는 그런 삼각형들뿐입니다. 지구의 표면이 곡면으로 굽어있기 때문에, 아무리 연필을 날카롭게 깎아서 삼각형을 그려도 180도 그 자체인 도형은 그릴 수가 없습니다. 따라서 삼각형 그 자체는 오직 이데아의 세계, 정의definition의 세계에 이념, 청사진, 원본으로만 존재하게 되는 것입니다. 우리가 감각하고 경험하는 이 현상 세계에서 만나는 삼각형들은 그 이념, 청사진, 원본을 닮고자 하지만 원본 그 자체는 아닌, 어딘가 불완전한 그런 도형들뿐인 것입니다. 다른 예를 들자면, 인간의 정의는 무엇인가요? 이데아의 세계에서 인간은 진선미를 다 갖춘 존재를 의미합니다. 그런데 우리가 살아가는 이 현실 세계에서 진선미를 다 갖춘 완전한 인간이 존재할까요? 여러분은, 그리고 나는 진선미 중 얼마 만큼의 비율을 실현하며 살아가고 있을까요? 우리 인간 모두는 완전을 지향하는 불완전한 존재자들일 뿐입니다. 진정으로 완벽한 인간은 인간이라는 건 이렇다는, 또는 이래야 한다는 설계도, 이데아의 세계 속에서만 가능한 것입니다. 만약 자신이 진선미를 모두 갖춘 완벽한 존재라고 자신하는 사람이 있다면, 그는 과대망상자이거나 거짓말쟁이에 불과할 것입니다. 불완전한 현상 세계는 오직 완전한 청사진, 설계도인 이데아 세계의 불완전한 카피본에 불과하다는 것이 플라톤의 생각이고, 이렇게 세계를 둘로 나누어 보는 생각이 바로 서양철학의 특징인 형이상학적 이원론이라고 하는 것입니다.

플라톤은 이러한 이원론을 '동굴의 비유'를 통해서 다음과 같이 설명하고 있습니다.

* 출처: 16세기, 플라톤의 동굴의 비유를 묘사한 그림

동굴 속에 사는 사람들은 동굴 속에서 나고 자라고 그곳에서만 살기에, 동굴 밖의 세계에 대해 아무 것도 모릅니다. 심지어 굵은 쇠사슬로 묶여 있어서 몸이나 고개를 돌려서 동굴 밖의 세계를 바라볼 수도 없습니다. 오직 동굴의 벽쪽만 바라보고 있어야 합니다. 그들은 동굴 밖과 자신들 사이에서 타오르는 장작불로 인하여, 동굴 위로 지나다니는 사람들이 동굴 벽에 아른거리는 그림자를 드리우는 것만 볼 수 있습니다. 그러나 그들은 그 벽의 아른거리는 그림자들이 실재하는 것이고 현실 세계임을 믿어 의심치 않습니다. 그들은 동굴 밖의 세계를 바라볼 수 없고 단 한 번도 본 적이 없기에, 아무리 그 동굴 벽의 그림자가 진짜 세계가 아니고, 동굴 밖에 실재하는 다른 세계가 있다고 말해도 믿지 못할 것입니다. 플라톤은 동굴 속 사람들이 진짜 세계라고 믿고 바라보는 희미한 그림자의 세계가 우리가 감각 경험하는 현상 세계이고, 동굴 밖 진짜 세계가 이데아의 세계라고 말합니다. 이것이 그 유명한 동굴의 비유입니다. 우리 인간은 죽어도 이데아의 세계를 감각할 수도, 경험할 수도 없지만, 진짜 세계인 이데아의 세계는 우리의 감각 경험과 시공간을 초월하여 분명히 존재한다고 합니다. 우리의 감각 경험과 시공간을 초월한 진정한 실재의 세계! 이건 마치 인간의 능력을 초월한 신의 세계를 표현하는 것 같지 않나요? 헬레니즘 철학의 최고봉인 플라톤의 바로 이 이데아의 세계가 헤브라이즘의 신神, God 개념과 결합하며, 중세 이후의 서양철학을 형성하게 되는 것입니다. 그래서 앞에서 인용하였던 요한복음의 "신이 곧 말씀이라"는 해석은 정확하게 플라톤 철학의 관념, 이데아론과 결합하게 됩니다. 말씀이 바로 이데아가 되는 것입니다. 플라톤의 이데아 개념으로 기독교의 신 개념을 합리화하는 작업, 그것이 바로 중세 서양철학의 핵심입니다.

그러면 눈으로 볼 수 없고 귀로 들을 수 없으며 손으로 만질 수 없는 이 이데아, 신神이 존재한다는 것을 우리는 어떻게 알 수 있을까요? 그저 "인식하지 못하므로 믿는다"는 명제를 받아들여야 하는 걸까요? 오늘날에는 받아들이기 힘든 말이 아닐까요? 과거 서양철학에서는 신의 존재를 증명하려고 한 여러 가지 철학적 시도들이 있었습니다. 그 중 가장 대표적인 것이 중세 시대 안셀무스St.Anselm, 1033-1109의 '신의 존재론적 증명'입니다. 안셀무스의 증명 방식은 아주 간단합니다. "완전성이 존재를 함축하기 때문에 그러한 존재는 필연적으로 존재한다"는 것입니다. 그는 정의定義, definition로부터 시작해서 간단한 삼단논법으로 신의 존재를 증명합니다.

1. 신은 완전한 존재이다.(정의: definition)
2. 완전함은 없어서는 안 되는 필연적 존재를 함축한다.
   (= 완전함은 비존재를 결여한다 = 완전하다면 비존재할 수 없다. 왜? 완전하니까.)
3. 그러므로 신은 존재한다.

뻔한 말장난처럼 보일지 모르지만, 안셀무스의 주장은 신의 관념이 신의 존재 자체를 함축하고 있다는 말입니다. 즉 신이 완전한 존재라면 어느 곳에서든, 또 언제든지 존재해야 한다는 것입니다. 그런데 신을 이미 완전한 존재라고 정의하였으니, 완전한 존재인 신은 어느 곳에서든, 또 언제든지 존재하게 되는 것입니다. 이것이 그 유명한 '신의 존재론적 증명'입니다. 라틴어로 씌어진 엄청나게 두꺼운 안셀무스의 신학 서적이 말하는 핵심은 이렇게 단순한 것입니다.

여기에서 우리는 서양철학의 또다른 특성을 알게 됩니다. 그것은 서양철학은 형이상학과 논리학, 인식론이 중심이 된다는 것이지요. 서양철학에서 관심을 가지는 세계는 이 세계를 넘어선 세계, 플라톤의 이데아 세계와 같이 우리가 감각 경험으로 파악할 수 없는 세계입니다. 이렇게 형체를 가진 물질적 세계形而下學, 形而下學를 초월한 세계에 대한 탐구를 우리는 형체를 넘어선 것에 대한 학문, 즉 '형이상학形而上學, metaphysics'라고 합니다. 물리학 그 위의 학문이라는 뜻이지요. 서양철학의 핵심이 바로 이 형이상학입니다. 그리고 형이상학에서 자신이 경험하지도 못하는 초경험적 세계를 탐구하고 그것을 다른 사람들에게 전달하려면 어떻게 해야 할까요? 우리는 자신이 경험한 일에 대해서는 다른 사람들에게 쉽고 정확하게 전달할 수 있습니다. 예컨대 내가 사과를 먹어본 일이 있다면, 역시 사과를 먹어본 다른 사람에게 사과에 대해 정확하게 내 의견을 전달할 수 있습니다. "사과 맛있지?" "그래." 두 사람은 이 짧은 말로 사과의 맛에 대하여 서로 정확하게 의견을 전달합니다. 그런데 만약 나는 사과를 먹어본 적이 있지만 상대방이 사과를 본 적도 먹어본 적도 없다면, 사과의 맛에 대해 상대방에게 전달하기가 매우 어려울 것입니다. 이때 나는 무엇이라고 사과의 맛에 대해 설명할 수 있을까요? 사과의 맛은 새콤하고 산도 몇도이고 씹히는 맛이 어떻고 모양이 붉고 둥글고 등 아무리 설명해도 정확한 전달은 힘들 것입니다. 그런데 만약 나도 상대방도 사과를 본 적도 먹어본 적도 없다면, 어떻게 서로 사과의 맛에 대해 의견을 나눌 수 있을까요? 이데아도, 신神도 우리는 경험할 수 없는 대상이고 또한 현상 세계 시공간을 뛰어넘어 존재합니다. 이러한 초경험적인 대상에 대해 어떻게 우리는 의견을 나누고, 그것의 진위에 대해 논의할 수 있을까요? 결국 우리는 경험이 아니라 논리성에 의지할 수 밖에 없게 될 것입니다. A=B 이고 B=C, C=D 라면, 경험 여부를 떠나 A=D 가될 것입니다. 그래서 서양철학에서 논리학이 그렇게 중요한 부분을 차지하게 되는 것입니다. 또한 그런 어려운 과정을 거치며 우리는 "인간이 안다는 것이 도대체 무엇을 의미하는가?", "우리 인식의 한계는 어디인가?" 라는 등의 질문을 하게 됩니다. 그래서 서양 근대철학은 인식론을 중심으로 발전하게 됩니다. 서양 근대철학의 대표인 칸트 철학의 핵심이 바로 이 인식론입니다. 칸트는 인간 인식의 한계를 철저히 따진 뒤, 그것을 넘어서는 신의 존재를 요청하게 됩니다. 그래서 결국 다시 중세 신학과 연계하게 됩니다. 서양철학은 결국 신학이라는 주장이 그래서 등장하게 되는 것이지요.

생 각 해 보 기 ▐

1. 서양철학의 철학적 과제는 무엇이었는가, 서양철학은 어떤 문
   제 의식을 가지고 시작되었는가를 생각해봅니다.
2. 서양적 사유의 특성을 두 가지로 요약해봅시다.

제3강

동양적 사유의 특성: 사람 섬기는 일도 아직 알지 못하는데, 어떻게 신을 섬길 수 있는가?

未能事人, 焉能事鬼

지난 시간에 우리는 서양적 사유의 특성은 형이상학적 이원론이고, 그것은 서양철학의 과제가 우리가 살고 있는 이 세계 너머에 있으면서 이 세계를 이 세계로 존재하게 하는 근원적인 원인, 유래, 실체를 찾고자 하는 데서 비롯되었다는 이야기를 했습니다. 사실 실체 Substance라는 단어가 의미하는 것도 경험적인 현상 세계의 '밑에, 아래에 sub' '서 있는 것stance'이라는 뜻이거든요. 이 책상을 책상으로 존재하게 하고, 이 의자를 의자로 존재하게 하며, 나를 나로 존재하게 하는 근원적인 원인을 가리키는 말입니다. 현상 세계 너머에서 현상 세계를 현상 세계로 존재하게 하는 '실체'를 찾고자 하는 것이 그리스 철학에서 시작되는 서양철학의 목표였습니다. 그것을 물질적인 것으로 본 철학자들은 탈레스 등 자연철학자들이었고, 정신적인 것으로 본 철학자들은 플라톤이나 아리스토텔레스, 이후의 중세 철학자들이었죠. 플라톤의 이데아, 아리스토텔레스의 제1원인- 아리스토텔레스에 대해서는 나중에 성리학 부분에서 다시 자세히 다루게 될 것입니다-, 중세 철학자들의 신神 개념이 바로 그들이 찾아낸 실체였습니다.

이 '실체' 개념을 더 분명히 이해하기 위해 다른 예를 들어 보겠습니다. 최근에 리메이크 되어 큰 인기를 끈 영화 '작은 아씨들'에서는 조가 로리의 청혼을 거절하고 작가가 되고 싶어 하죠? 그 이유가 무엇일까요? 로리의 역할은 티모시 샬라메라는 엄청 섹시하고 잘생긴 남자배우가 맡았고 영화에서 조는 어린 시절부터 로리와 절친이기도 했는데, 그와의 키스를 거절합니다. 왜 그랬을까요? 그 이유는 물어볼 것도 없이 너무 분명합니다. 첫째, 대본에 그렇게 써 있기 때문이죠. 대본에서는 조에게 로리를 거절하고 "우리가 만약 결혼하면 서로를 미워하게 될 거야"라고 말하라고 쓰여 있습니다. 당연히 조는 로리가 아무리 매력적이어도 대본대로 그를 거절할 수 밖에 없었겠지요. 둘째, 감독이 그렇게 시켰기 때문이죠. 이 영화의 감독은 그레타 거윅이라는 여자 감독인데, 그 자신 무척 아름다운 배우입니다. '레이디 버드'라는, 개인적으로 제가 작년에 본 영화 중 세 손가락 안에 드는 영화의 각본, 감독을 맡았던 정말 멋있는 분이죠. 이 감독이 조에게 로리의 청혼을 거절하라고 지시하였기 때문에 조는 감독의 명령을 따를 수 밖에 없었습니다. 바로 이 대본과 감독이 서양철학에서 말하는 '실체'에 해당합니다. 조가 로리를 거절하게 만든 이유가 '대본'이라고 보는 것이 바로 헬레니즘의 플라톤 이데아 철학이고, '감독'이라고 보는 것이 헤브라이즘의 기독교 신관입니다. 플라톤은 이데아 세계가 대본, 청사진, 정의定義, definition의 세계라고 했습니다. 우리가 살고 있는 이 현상 세계의 모든 존재자들과 그들의 삶, 움직임 모든 것이 이미 이데아 세계에서 설계되어 있고, 우리는 그 설계대로 살아가고 있는 것뿐입니다. 마치 배우가 대본대로 연기하는 것과 같이요. 기독교에서는 이 세계와 우리 인간은 '신의 명령에 따라' 창조된 피조물이고, 따라서 '신의 뜻대로' 살아가야 하는 존재입니다. 그래서 아담이 신의 명령을 어기고 선악과 열매를 따먹은 것이 도저히 용서할 수 없는 '원죄原罪'가 되는 것입니다. 배우가 감독의 지시를 어기고, 또는 대본대로 하지 않고 자기 마음대로 연기하는 것에 비유할 수 있겠지요. 조가 자기 마음대로 로리의 청혼을 받아들였다면 어떻게 되었을까요? 감독이 이런 상황을 받아들이기 어려운 것과 같이, 신도 인간들에게 화를 내서 삶의 고통을 내려주는 것이라고 해석합니다. 이처럼 우리의 현실적인 세계와 삶을 스크린 위의 영화와 같이 생각하고, 그 이면의 내원, 근본 원인, 실체를 찾으려하는 것이 서양철학의 기본 구도라고 할 수 있습니다. 그리고 그것을 대본과 감독이라는 크게 두 가지로 생각할 수 있고, 이두 가지가 각각 헬레니즘과 헤브라이즘이라는 서양 문화의 근간이 되는 것입니다. 서양에서는 대본이 어떻게 쓰여 있는가를 따지는 것이 철학의 내용이 되고, 감독의 속마음이 어떤 것인가를 가늠해보는 것이 신학의 내용이 되지요. 그러다가 우리가 대본이나 감독의 뜻을 파악할 능력이 있는가를 회의하고 따져보는 것이 근대 인식론 철학이 된다고 볼 수 있습니다.

이에 반하여 동양철학은 이 '실체'를 인정하지도 않고, 실체를 찾으려는 시도도 하지 않았습니다. 동양철학에서는 이 현실세계, 즉 감각 경험으로 파악할 수 있고 지금도 우리가 그 시공간 속에서 살고 있는 이 현상 세계를 있는 그대로 받아들입니다. 결코 이 현상 세계를 초월하여 존재하는 어떤 다른 세계를 상정하여 찾아보려고 하거나, 이 세계를 이 세계이게 만드는 근본적인 내원인 실체를 찾으려는 시도를 하지 않습니다. 즉 동양철학적 사유에는 대본이나 감독과 같은 '실체' 개념이 원래 없습니다. 물론 후대에 불교가 들어오면서 실체 개념이 생겨나기도 하지만, 그래도 대세는 현실주의이고 '형이상학적 일원론'입니다. 우리가 살고 있는 이 현상 세계 이외에 다른 세계를 인정하지 않고 오직 이 현상 세계만을 인정하기 때문에 형이상학적으로 일원론이라고 하는 것이지요. 동양철학의 철학적 과제는 "우리가 삶을 의탁하고 있는 이 우주는 어떻게 있는가?", "그렇게 있는 세상 속에서 우리는 어떻게 살아가야 하는가?" 하는 문제를 해결하고자 하는 것입니다. "이 우주가 어떻게 있는가?"라는 질문은 천도天道, 우주의 길, 즉 천지의 운행과 변화에 대한 관심에서 비롯되었고, "우리는 어떻게 살아야 하는가?"라는 질문은 인도人道, 인간의 길, 즉 현실로 존재하는 세계를 있는 그대로 받아들인 뒤 그 속에서 살아가고 있는 인간의 삶의 방식에 대한 관심을 나타냅니다.

동양철학은 크게는 유학, 도가, 불교 사상이라는 세 파트로 나누어볼 수 있고, 동양철학은 실제로 이 '세 가지 가르침'삼교,

三敎를 중심으로 하고 있습니다. 후대에 가면 이 삼교가 사실은 하나의 진리를 다르게 표현한 것에 불과하고 그 정신은 실제로 하나라는 주장삼교일치론 三敎一致論이 등장하기도 하지만, 동양철학이 이 세 사상을 기둥으로 하여 진행되고 있다는 것에는 의심의 여지가 없습니다. 우선 불교가 이 형이상학적 주제에 대하여 어떻게 대응하고 있는지는 붓다의 '독화살의 비유'에서 엿볼 수 있습니다.

> 부처님의 제자들 중 말룬키아풋타라는 제자가 부처님께 다음 세 가지를 질문하였다. "첫째, 이 세계는 누가 만들었습니까? 둘째, 영혼과 육체는 함께 존재하는 것입니까, 아니면 따로따로 존재하는 것입니까? 셋째, 내생來生이 있습니까?"
>
> 그러자 부처님께서는 이렇게 말씀하셨다. "만약 어떤 사람이 길을 가다가 독화살에 맞았다고 하자. 그런데 독화살을 맞은 그가 화살은 뽑지 않고 '이 화살을 쏜 사람은 누구일까? 그는 왜 나에게 독화살을 쏘았을까? 그리고 이 화살을 만든 나무의 재질은 무엇이고, 또 이 화살촉에 묻은 독의 성분은 무엇인가?' 등을 물으며 이러한 궁금증을 모두 다 알기 전에는 이 독화살을 뽑지 않겠다고 한다면, 그는 어떻게 되겠는가?"
> 말룬키아풋타는 "그는 독이 온몸에 퍼져 죽게 되겠지요."라고 대답하였다.
>
> 『아함경』

이 독화살의 비유는 여러분들도 한번은 들었음직한 일화라고 생각됩니다. 제자 말룬키아풋타가 붓다에게 한 질문들 중 "이 세계는 누가 만들었는가?" "내생, 즉 죽은 뒤의 세계가 존재하는가?"는 서양철학의 문제 의식과 정확히 일치합니다. 현재 우리가 감각 경험하며 살아가고 있는 이 현실 세계의 내원에 대한 질문, 그리고 이 세계 너머에 또다른 세계가 존재하는가에 대한 의문인 것입니다. 그런데 이에 대한 붓다의 대답은 자신은 형이상학적인 문제들에 관심이 없고, 자신의 모든 관심은 이 독화살을 뽑아서 사람을 살리는 데 있다는 것입니다. 이 독화살이 어디에서 왔는가, 또는 누가 쏘았는가 하는 것은 중요하지 않고, 독화살은 맞은 지금 이 현실 세계만을 받아들이고 이 화살을 뽑는 데만 관심을 기울이겠다는 것이지요. 그가 어떤 방식으로 이 독화살을 뽑아서 이 사람의 생명을 구했는가 하는 것은 바로 불교의 해법입니다. 말하자면 붓다에게 철학은 현실을 긍정한 위에서의 해독제의 역할이 중요한 것이지, 현실을 초월한 형이상학은 아무런 의미도 없는 것이 됩니다. 스님들이 염송하는 "공즉시색空即是色, 색즉시공色即是空"은 바로 이를 말하는 것입니다. '공空'은 텅 비었다는 뜻인데, 여기에서는 실체의 성격을 가리킵니다. 불교가 보기에, 실체라는 것은 텅 비어서 없다는 것이죠. '색色'은 현상을 가리킵니다. 따라서 '공즉시색空即是色'은 실체空가 바로即是 현상色이라는 뜻이고, '색즉시공色即是空'은 현상이 바로 실체라는 것입니다. 불교가 보기에 정해진 실체라는 것은 텅 비어 없기 때문에, 실체가 바로 현상이 되고 현상이 바로 실체라는 것입니다. 실체라는 것이 따로 있는 것이 아니라 바로 이 현상으로 나타나 있는 것 외에 존재하지 않고, 현상의 모습이 바로 실체 그 자체가 된다는 것이지요. "공즉시색, 색즉시공"은 바로 동양철학의 일원론을 가장 잘 드러내는 말입니다.

이러한 붓다의 입장은 공자에게도 동일하게 나타납니다. 공자 제자인 계로가 공자에게 두 가지 질문을 하는데, 여기에 대한 공자의 대답은 유학의 인간 중심주의 정신을 가장 잘 나타내는 유명한 말입니다.

> 계로가 귀신(=神)을 섬기는 일에 대하여 질문하였다. 공자는 "아직 사람을 섬기는 일도 제대로 알지 못하는데, 어떻게 귀신을 섬길 수 있겠는가?"라고 대답하였다.
> 다시 죽음에 대해 질문하였다. 공자는 "아직 삶도 알지 못하는데, 어떻게 죽음을 알겠는가?"라고 대답하였다.
> 季路問事鬼神, 子曰, 未能事人, 焉能事鬼, 敢問死 曰, 未知生, 焉知死
>
> > 『論語・先進』

> Chilu asked about serving the spiritual beings. Confucius said, "If we are not yet able to serve man, how can we serve spiritual beings?"
> "I venture to ask about death." Confucius said, "If we do not yet know about life, how can we know about death?"

여기에서 공자는 귀신, 즉 신을 포함한 영적인 존재들을 무시하거나 부정하고 있지 않습니다. 죽음의 세계, 즉 삶의 세계를 초월하여 존재하는 다른 세계를 부정하고 있지도 않습니다. 단지 자신의 관심은 신을 섬기는 것이 아니라 인간을 섬기는 것이고, 죽음의 세계가 아니라 삶의 세계에 있음을 분명히 하고 있을 뿐입니다. 형이상학적인 문제들에 관한 한 불가지론不可知論입니다. 이것은 붓다도 마찬가지입니다. 붓다 역시 형이상학적인 문제들 수십 가지를 언급하며, 자신은 이러한 문제들에 아무런 관심도 없음을 천명합니다. 이 현상 세계를 초월한 어디에 실체의 세계나 신의 세계가 있을지도 모르지만, 그것이 있든 없든 상관없이 공자와 붓다는 이 현실 세계만을 인정하고 여기, 즉 이 현실에서의 '사람'과 '삶'에 자신의 모든 관심과 에너지를 집중하겠다는 것입니다. 굳이 따지자면 이 현상 세계만을 인정하므로, 형이상학적 일원론이 되는 것이지요. 이것이 바로 동양적 사유의 특성입니다.

서양의 성서에 해당하는 동양 고전은 공자의 『논어論語』라고 할 수 있을 것입니다. 이 『논어』의 첫 귀절은 다음과 같이 시작되는데, 저는 이것이 동양철학의 알파와 오메가를 다 보여주는 부분이라고 생각합니다.

> 공자가 말하였다. "배우고 때맞추어 익히면, 기쁘지 않은가? 친구가 먼 곳에서 오면 즐겁지 않은가? 다른 사람이 나를 알아주지 않더라도 성내지 않으면 즉, 가슴에 꽁하게 쌓아두지 않으면 군자답지 않은가?"
> 子曰, 學而時習之, 不亦說乎. 有朋自遠方來, 不亦樂乎. 人不知而不慍, 不亦君子乎.

Confucius said, "Is it not a pleasure to learn and to repeat or practice from time to time what has been learned?
Is it not delightful to have friends coming from afar?
Is one not a superior man if he does not feel hurt even though he is not recognized?"

동양의 성서라고 할 고전의 첫 시작으로 보기에는 참으로 소박한 귀절입니다. 공자라는 사람의 소박하고 따뜻한 인품을 잘 보여주고 있지요. 우리는 어떤 새로운 것, 인간과 세계에 대한 통찰력을 키워주는 새로운 지식, 새로운 기술을 배울 때의 기쁨을 잘 알지 않나요? 이 배우는 것이 무엇이더라도 우리는 새로운 것을 배우고 그것을 잘 익히기 위해 때때로, 또는 때맞추어 반복하고 복습합니다. 그래서 그것이 내 것이 되었을 때의 기쁨을 공자는 이야기하는 것입니다. 송대 유학에서는 이 구절을 보다 그럴듯하게 보이기 위하여 이 배움의 대상을 선비라면 반드시 해야 할 6가지 교양인 육예六藝, 즉 예악사어서수라고 설명합니다. 육예는 예절, 음악, 활쏘기, 말타기, 글쓰기, 수학입니다. 그러나 반드시 육예가 아니더라도 무엇인가 배운다는 것은 큰 기쁨입니다. 그리고 우리 삶의 가장 큰 즐거움은 친구 관계에 있다는 것 역시 우리 모두는 알고 있지요? 어느 시인은 "인생 뭐 있는가? 친구들 몇몇이 아웅다웅하다 가는 것, 그것이 인생이지"라고 노래하기도 했지요. 친한 친구가 멀리서 나를 보기 위하여 찾아와 차 한잔, 술 한잔 나누며 하는 담소, 이 세상에서 이보다 즐겁고 소중한 것이 있을까요? 몇 천 년 전 공자의 이야기가 바로 지금 내 이야기처럼 느껴집니다. 또한 우리 가슴을 가장 아프게 하는 것은 사람들이 "나를 알아주지 않는 것"이지요. 그러나 이 아픔을 가슴속에 꽁하고 쌓아두고 있으면, 자존감이 바닥을 치고 세상에 대한 분노가 사라지지 않아 기회가 있으면 이상한 모습으로 폭발하거나 비인간적인 행동을 하게 됩니다. 누가 누구를 알아준들 그것이 무슨 큰 의미가 있으며 알아주지 않아도 큰 문제가 없다고 생각하고 툭툭 털어버리면, 내 마음은 언제나 편안하고 세상에 대한 분노를 품게 되지도 않습니다. 그렇게 사는 삶은 가볍고 즐겁습니다. 인간답게 살 수 있습니다. 그래서 공자는 말합니다. "다른 사람이 나를 알아주지 않더라도 가슴에 쌓아두고 성내지 않으면, 참으로 군자답지 않은가!" 참고로 이때의 군자君子는 사실 번역이 불가능한 단어입니다. 직역으로는 임금의 자식이라는 말이 됩니다. 군자는 덕이 있는 사람, 인격이 훌륭한 사람이라는 뜻과 동시에 재위在位자, 즉 정치적 지위에 있는 사람이라는 뜻을 동시에 가지고 있습니다. 유학에서는 인격이 훌륭한 유덕자가 정치를 하는 것을 이상적으로 보고 있기 때문에 그렇습니다. 그래서 한글로는 그냥 '군자답다'라고 번역하였고, 영어로는 'a superior man'이라고 번역하였지요. 그러나 아무리 문화가 달라서 번역이 어렵다고 해도 군자가 슈퍼맨은 아니지요. 이 단어는 'gentleman', 'good man', 'superior man' 등 다양한 번역의 시도를 거쳐 현재는 번역불가능한 단어이므로 그냥 음역으

로 'jūnzi'라고 정착된 상태입니다. 하여튼 『논어』의 이 첫귀절
은 삶에서 우리가 누구나 느끼는 소박한 말들입니다.

 이에 반해서 서양의 구약성서는 첫 시작을 '세상을 창조한
이야기창세기'로 시작합니다. 참으로 거창하고 멋있습니다.

 태초에 하나님이 천지를 창조하셨다. 땅이 혼돈하고 공
 허하며 흑암이 깊음 위에 있고, 하나님의 영은 수면 위에
 운행하셨다. 하나님이 빛이 있으라 하시니 빛이 있었고,
 빛이 하나님이 보시기에 좋았다. 하나님이 빛과 어둠을
 나누시고, 빛을 낮이라 부르시고 어둠을 밤이라 부르셨
 다.. 하나님이 우리의 형상을 따라 우리의 모양대로 우리
 가 사람을 만들고 그들로 바다의 물고기와 하늘의 새와
 가축과 온 땅과 땅에 기는 모든 것을 다스리게 하자 말
 씀하시고, 자기 형상, 곧 하나님의 형상대로 사람을 창조
 하시되 남자와 여자를 창조하셨다. 하나님이 그들에게 복
 을 주시며, 생육하고 번성하여 땅에 충만하라, 땅을 정복
 하라, 바다의 물고기와 하늘의 새와 땅에 움직이는 모든
 생물을 다스리라 말씀하셨다.
 『구약성서·창세기』 1장 1-3절.

In the beginning God created the heavens and the earth.
Now the earth was formless and empty, darkness was
over the surface of the deep, and the Spirit of God was
hovering over the waters. Then God said, "Let there be
light", and there was light. And God saw that the light
was good, and God separated the light from the
darkness. God called the light Day, and the darkness he
called Night.. God said, "Let us make humankind in
our image, according to our likeness; and let them have

dominion over the fish of the sea, and over the birds of the air, and over the cattle, and over all the wild animals of the earth, and over every creeping thing that creeps upon the earth." So God created humankind in his image, in the image of God he created them; male and female he created them. God blessed them, and God said to them, "Be fruitful and multiply, and fill the earth and subdue it, and have dominion over the fish of the sea and over the birds of the air and over every living thing that moves upon the earth."

『Old Testament · Genesis』

서양의 『구약성서』 창세기 첫부분과 동양의 『논어』 첫 구절을 비교해보면, 동서양 철학이 얼마나 큰 차이가 있는지 한눈에 보입니다. 창세기는 우선 전지전능한 신의 존재를 상정하고, 이 신이 이 우주 전체를 하나하나 창조해나가고 생명체들을 창조해가고 마침내 자신을 닮은 인간을 창조하는 과정을 스펙터클하게 다룹니다. 그리고 이 창조된 모든 것들이 "하나님이 보시기에 좋았다"고 마무리합니다. 참 아름다운 문학적 표현입니다. 그리고 인간에게 "생육하고 번성하여 땅에 충만하라"고 축복하며 다른 생물들을 정복하고 다스릴 권리를 줍니다. 얼마나 멋있고 감동적인 광경입니까. 반면에 『논어』의 첫 구절은 생활 속의 단상처럼 보이고 단순하기 그지없습니다. 뭔가 배우니 기쁘더라, 친구가 놀러오니 즐겁더라, 다른 사람이 너를 알아주지 않더라도 맘 상하지 마라, 도무지 철학같지가 않습니다. 그래서 동양철학이 서양철학에 비해 뭔가 부족하고 깊이가 없다고 보는 사람들이 있습니다. 특히 서양철학자들은 동양철학이 "일종의 상식이나 잠언에 불과하지 깊이가 없다"고 비판합니다. 이것은 앞으로 다룰 기회가 있겠지만, 근대시기 서양 제국주의 세력의 동양 침략이라는 역사적 상황과 연관된 평가이기도 합니다. 그러나 앞의 인용문을 포함해서 사실 『논어』에는 이런 일상 속에서의 깨달음을 말하는 소박한 내용들이 많습니다. 예컨대 「이인편」에서는 "부모님이 살아계실 때에는 멀리 놀러가지 않는다. 놀러가면 반드시 있는 곳을 알려드린다"子曰, "父母在, 不遠遊. 遊必有方.", "부모님의 나이를 알지 않으면 안 된다. 한편으로는 기쁘고, 다른 한편으로는 두렵다"子曰, "父母之年, 不可不知也. 一則以喜 一則以懼."는 공자의 다른 말들을 전합니다. 우리는 부모님의 연세를 생각하면 오래 사시는 것이 기쁘면서도 다른 한편으로는 돌아가실 날이 멀지 않았다는 사실에 두려운 생각이 들게 됩니다. 우리 마음의 정감에는 항상 이런 양면성ambivalence이 존재하지요. 논어의 이 구절은 누구나 경험하는 애틋한 느낌을 표현하고 있습니다. 우리는 이 구절에 감동하면서도 놀러갈 때 어디가는지 부모님께 알려드리는 이것이 과연 철학인가? 라고 반문하게 됩니다.

저 역시 동양 최고의 고전이라고 평가받는 『논어』를 처음 읽었을 때 실망했었죠. 너무 체계가 없어 보이고 멋도 없어 보이고, 할머니 할아버지들이 늘 하는 말들 같았습니다. 사실 동양철학사를 『논어』의 해석사, 또는 주석사로 볼 수도 있을 만큼 동양철학에서 『논어』의 위치는 큽니다. 그래서 멋있고 체계적으로 보이는 서양철학에 더 끌렸고, 이해도 못하는 칸트의 삼 비판서를 들고다니며 '있어보이려' 했지만 다 읽고나서는 내가 그 어려운 책들을 드디어 다 읽었다는 결과만 남았을 뿐 내 삶에 달라진 것은 아무 것도 없었습니다. 그에 반해 10년마다 새로 읽으면서 새로운 감동을 주는 『논어』는 일견 별것없어 보이지만, 실제로는 우리 삶의 깊은 이야기를 전하고 있습니다. 체계적이고 멋있는 구조물과 같은 헤겔이나 칸트의 멋진 철학 체계가 "그래서 그게 뭐라고? 그래서 어쨌다는 건데?"라는 질문에 속절없이 무너질 때, 저는 우리 사상의 가치에 비로소 눈을 뜨게 되는 경험을 하게 됩니다. 그래서 동양철학 전공을 하기로 마음을 먹게 되었지요.

동양철학은 늘 삶의 문제에 관심을 두므로 윤리학, 정치학이 중심이 될 수 밖에 없습니다. 이것이 동양적 사유의 중요한 특성입니다. 이미 있는 이 세계에서 우리는 어떻게 살아야 할 것인가? 라는 질문 자체가 바로 윤리학의 영역입니다. 또한 인간은 홀로 살아가는 것이 아니므로, 이 질문 속으로 인간과 인간의 관계를 질문하는 정치학이 들어오게 됩니다. 이미 있는 이 세상 속에서 인간은 어떻게 자연의 질서에 맞게 살아갈 것인가? 사람들이 모여 사는 무리, 즉 사회 속에서 어떻게 갈등없이 조화롭게 살 수 있을까? 하는 물음에 관심을 집중하다보니, 자연히 윤리학, 정치학이 발달할 수 밖에 없었던 것입니다. 형이상학적 문제들을 다루지 않으므로 굳이 논리적 방법을 쓸 필요가 없고, 문학, 역사, 철학이 구분되지 않고 하나가 되는 학문 경향을 띠게 됩니다. 동양철학에서 문사철은 하나입니다. "하늘의 마음 천심天心은 부모가 자식을 사랑하는 마음 부모심父母心과 같다"고 말합니다. 우리 모두는 부모가 얼마나 자식을 사랑하는지 잘 알고 있습니다. 그러니 굳이 신의 존재론적 증명 운운하며 논리적으로 이 하늘의 마음을 증명하려고 애쓸 필요가 없습니다.

생 각 해 보 기

1. 동양철학이 해결하려고 한 철학적 과제는 무엇이라고 생각합니까?
2. 동양적 사유의 특성을 두 가지로 요약해 보세요.

제4강

동양철학의 역사적 배경(Ⅰ): 서세동점 西勢東漸의 시대

우리는 현재 동양철학, 동양사, 동양문학사, 한국철학, 한국
사 등 흔히 접하는 학문에 너무 익숙한 나머지 이들 학문들이
서양철학이나 서양사와 같이 언제나 당연히 있었던 분야라고
생각하기 쉽습니다. 실제로 동양의 역사는 몇 천 년이나 되고,
중세 이전에는 서양보다 동양이 과학이나 경제 분야 등에서 앞
서 있었다는 이야기도 심심찮게 들어본 적이 있어서 동양의 역
사나 사상, 철학 등을 다루는 학문이 있는 것을 당연하다고 여
깁니다. 그러나 실제로 동양이 학문의 연구 대상이 된 것은 근
대近代 이후의 일입니다. 동양의 근대를 보통 서세동점西勢東漸
의 시대, 서양의 세력이 동양을 향해 점진적으로 침략해가는
시대라고 합니다. 한 마디로 동양의 근대는 서양 제국주의
Imperialism 세력이 동양을 식민지, 또는 반식민지로 점령해가는
시기라는 것이지요. 그런데 이 제국주의 세력의 동양 침략은
서양인 선교사, 학자들로부터 시작되었습니다. 우리가 '미션'
등의 영화에서 보는 신앙에 투철한 존경할 만한 선교사들이나
오지에 들어가 '원주민들'을 위해 자신을 희생하며 사는 종교

인들이 사실은 서양 기독교를 무기로 동양을 침범하는 제국주의의 선도자 역할을 알게 모르게 수행하고 있었던 것입니다. 서양 기독교의 전파를 통해서 유구한 역사적 뿌리를 가진 동양의 고유 종교, 사상, 철학, 문화가 우수한 물질 문명으로 뒷받침된 서양의 사상, 철학, 종교, 문화에 밀려서 뭔가 미개하고 미신적이고 여하튼 보편적이지 않은 것으로 보여지게 되는 겁니다. 당시의 보수적인 기독교 신학에서 볼 때 아무리 선하게 산 사람이라도 그가 불운하게도 동양에 태어나서 서양의 신 즉 야훼나 예수의 이름을 들어본 적이 없고 기독교 신앙을 가지지 못하였다면, 그는 결국 구원받지 못하고 지옥에 떨어지고 맙니다. 제국주의는 선교사들의 순수한 '종교적 열정'을, 서양보다 훨씬 미개하고 부족한 동양을 구원하고 돕는다는 미명 하에 '제국주의적 탐욕'에 활용했다고 할 수 있습니다. 학자들 역시 마찬가지입니다. 그들의 학문적 열정은 서양 제국주의 국가들에게 식민화를 위한 다양한 지식들을 제공하는 데 매우 잘 활용되었던 것이지요. 예컨대 고고학이란 신학문이 생겨난 것도 문화적, 역사적 가치가 있는 유물을 확인하고 그것을 침탈해가기 위한 사전 작업이라고 할 수 있습니다. 강도질도 무엇이 가치있는 것인지 알아야 가능한 것이니까요. 그를 위해 서양 국가들은 학자들에게 탐색과 연구에 필요한 모든 비용을 제공하였다고 알려져 있습니다. 조금 다른 예이기는 하지만 지금도 미국 과학기술 연구비의 70% 이상이 미 국방부에서 나온 것이라는 얘기를 들은 적이 있습니다. 근대 시기 제국주의 국가나 현재 미 국방부가 인류애나 순수한 학문열에 불타서 많은 선교 활동비와 연구비를 제공하였다고 생각하지는 않겠지요? 그들의 선교와 연구의 결과물로 어떤 경제적 '이득'이 있을 거라는 예상에서 하는 일종의 '투자'라고 할 수 있을 것입니다.

근대 시기, 또는 전근대 시기에 우리가 불행히도 동양에 태어나서 예수의 이름을 들어본 적도 없고 기독교라는 종교에 대해 아무 것도 몰라서 지옥에 떨어지게 된다면, 이는 얼마나 불공평한 일입니까? 이러한 모순을 해결하기 위해 20세기 대표적 신학자 칼 라아너Karl Rahner, 1904-1984는 '익명의 크리스천'Anonymous Christian이라는 개념을 제시하였습니다. 예수의 이름이나 기독교를 모르거나 심지어 거부했던 사람이더라도, 사람을 사랑하라는 기독교 교리에 어긋나지 않게 산 사람이라면 그는 예수 그리스도를 통해 구원받을 수 있다는 것입니다. 이러한 주장은 "구원은 기독교 안에만 있는 것이 아니라 타종교 안에도 얼마든지 있을 수 있다", "타종교 안에도 그리스도가 있을 수 있다"는 의미입니다. 이로써 다양한 종교들을 인정하고 일치를 추구할 수 있는 신학적 근간이 마련되었고, 카톨릭의 에큐메니칼 운동의 동력이 되었다고 평가됩니다. 물론 이에 대해서는 그 이후 많은 논쟁이 제기되었습니다. 그리고 한편으로는 그러한 개념 역시 기독교 중심의 이론이라는 비판도 가능합니다. '익명의 크리스천'만이 아니라 '익명의 불교도', '익명의 힌두교도' 개념을 기독교 내에서 받아들일 수 있을까 하는 의문이 생기기 때문입니다. 어쨌든 '미개한', '미신만을 신봉하는', '불쌍한' 동양인들에게 서양의 선교사들이 유일무이한 종교적 가치를 지닌 서양 종교, 기독교를 제시하였던 근대 시기보다 더 진보한 견해인 것만은 사실인 듯합니다. 근대 시기에는 서양 문화, 서양 종교, 서양철학만을 유일한 척도로 삼고 절대적으로 보는 태도가 지배적이었습니다. 동양과 서양이 '다르다'고 하여 무가치한 것이 아닌데도 그것을 인정하지 않았던 것이지요. 영화 '작은 아씨들'에서 큰 언니 메그는 일 대신 결혼을 선택하는 것을 반대하는 동생 조에게 말합니다. "내 꿈과 네 꿈이 다르다고 해서 내 꿈이 중요하지 않은 것은 아니야." 동양 문화가 서양 문화와 다르다고 해서 그것이 중요하지 않은 것은 아닙니다. 서양적인 것이 우월하고 열등함을 구분하는 절대적인 척도가 될 수 없는 것은 당연하지 않나요? 그러나 당시에는 서양적인 것이 유일한 척도로 받아들여졌고, 이 척도 아래서 동양적인 모든 것은 평가절하되었습니다. 힘의 논리에 밀린 것입니다.

1840년 중국에서 아편전쟁이 일어난 이후부터 동양에서 본격적인 근대 시기가 시작된다고 보는데, 이 이후부터 서양인 선교사, 학자들로부터 근대 학문의 정립이 시작되었다고 할 수 있습니다. 근대 역사학, 동양철학, 고고학, 인류학 등 다양한 근대 학문이 이 시기에 성립하게 됩니다. 서양인 학자들로부터 이들 신학문이 시작된 만큼, 이들은 자연히 동양의 역사, 사상 철학, 문화의 가치를 평가하는 데 인색하였습니다. 예를 들어 중국에는 하夏·은殷·주周, 삼대三代라는 고대 왕조가 수천 년 전에 존재하였지만, 서양인 학자들은 이를 인정하지 않았습니다. 이 시기들은 전설, 내지는 신화에 불과하고 역사상에 실재했던 왕조가 아니라고 볼 것입니다. 그래서 하은주 삼대 시기에 존재했다고 여겨지는 철학, 사상, 문화들을 다 부정하였습니다. 서양인 학자들은 동양철학이 공자의 『논어』부터 시작하였다고 보고-『논어』는 서책으로 존재하였으니 부정할 수 없었겠지요. 이 시기는 주 나라 말엽에 해당합니다-, 그 이전의 역사와 사상을 모두 부정하였습니다. 동양철학의 유구한 역사성과 우수성을 모두 부정한 것입니다. 그러한 입장에 반대하는 동양인 학자들에게 그들은 말했습니다. "과학적 증거를 내놓아라"라고요. 과학적 증거가 없는 한 모든 역사와 사상을 전설과 신화로 몰아부쳤습니다. 수천 년 전의 역사에 대해서, 과학적으로 기술적으로 접근할 학문적 방법에 익숙하지 않은 이들에 대해서 그들은 '증거물'을 요구하였습니다. 비유하자면 이러한 주장은 지금 우리나라에서 의료 사고가 날 경우, 의료 지식이 전혀 없는 피해자나 피해자 가족들이 의사의 실수, 또는 잘못이라는 과학적, 의학적 '증명'을 해내야 겨우 인정받는 것과 같습니다. 사실은 과학적, 의학적 지식을 가진 의사가 자신의 실수가 아니라는 증명을 해야 하는 것이 아닌가요? 그러나 현실은 힘의 논리로 진행되어 갑니다. 피해자가 불공평한 이런 룰에 저항하지 않는 한에서는 그렇습니다. 그러나 동양의 필패가 될 것 같았던 서양인 학자들의 과학적 증거 운운하는 이러한 주장은 이후 거대한 반전을 가져오게 됩니다. 이것이 역사의 아이러니이자 재미인지도 모르겠습니다. 이 부분은 다음 강의에서 다루게 될 것입니다.

　동양 근대에서 학문은 서양인 학자들의 지대한 영향을 받는 동시에 이에 비판적으로 대응하고자 하는 동양인 지식인들의 근대적 학문 정립의 노력에서 시작되었습니다. 일예로 중국학자 호적胡適, 1891-1962은 1917년에『선진철학사』, 1919년『중국철학사대강』이라는 책을 써서 동양철학을 근대 학문의 하나로 정립하려고 시도하였습니다. 이는 "동양에는 철학이라고 할 만한 것이 없다"거나 "동양철학은 철학도, 학문도 아니다"라고 저평가하는 서양인 학자들에 대항하려는 민족적 자존심에서 나온 시도였다고 할 수 있습니다. 우리 속에도 서양 제국주의 학자들이 씨앗을 뿌린 이런 열등감이 아직 많이 남아있습니다. 우리나라도 구한말, 많은 사람들이 "공자왈, 맹자왈 하다가 망했다"고 동양철학을 비판했습니다. 과연 우리나라가 망한 것이 동양철학 때문이었을까요? 그럴 수도 있고 아닐 수도 있지만, 여기에서 제가 지적하고 싶은 것은 우리 자신, 동양적인 것에 대한 열등감입니다. 일반적으로 우리 속에는 서양이라면 합리적이고 도덕적이며 성숙하고 보편적이고 심지어 '정상적'이라는 이미지가 있습니다. 반면에 동양이라면 비합리적이고 열등하며 도덕적으로 타락하거나 정상에서 벗어난, 약간은 '이상한 것'이라고 봅니다. 바로 이 이미지는 동양에 대한 서양의 우월성을 말하고 있고, 이러한 생각은 동양에 대한 서양의 지배를 합리화합니다. 특히 근대 시기에는 이런 위험이 컸습니다. 당시 제국주의는 어마어마한 경제적, 군사적, 문화적 힘으로 동양으로 몰아치며 동양의 기를 죽였습니다. 그래서 서양의 식민지, 또는 반식민지가 되는 건 너무 당연하다는 합리화와 무저항을 낳았습니다. 우리는 일본 제국주의가 한국을 침략하며 했던 동일한 방법을 알고 있습니다. "엽전=한국인은 안 돼", "조센징은 안 돼", "조선 민족은 서로 자기들끼리 싸우다가 망한 한심한 민족이야", "우리 일본 민족은 식민지 기간 동안 한국을 침탈한 게 아니라 도와준 것뿐이야", "조선을 근대화시킨 것은 일본이다" 등 무수한 쓰레기같은 말들을 뿌려댔습니다. 안타깝게도 그 말들은 한국 사회 전반에, 한국 사람들의 마음속에, 역사학계에 아직 생생히 살아있습니다. 이제 끝날 때가 온 것 같기는 하지만 말입니다.

그 대표적인 것이 역사학계에 아직 남아있는 식민사관입니다. 근대에 일본 제국주의의 한국 침략을 도운 일등공신이 바로 역사학입니다. 일본의 한국 침략이 본격화되면서 형성된 이 식민사관은 현재까지도 실증주의 사학을 중심으로 남아있고 영향을 미치고 있습니다. 일본인 역사학자 시라도리가 말한 "조선인은 자기 힘으로 하는 것이 없다. 무력에서도 문명이란 점에서도 자기 힘으로 이룬 바가 없다. 그래서 늘 큰 나라의 눈치를 보고, 큰 나라를 따르는 것을 목적으로 삼는다"는 견해가 바로 대표적인 식민사관입니다. 아예 타율성을 조선의 중요한 특징이라고 주장하는 학자도 있었습니다. 1919년 사이토 마코토齋藤實 총독은 소위 문화통치를 내세우며 다음과 같은 교육지침을 내렸습니다. "먼저 조선 사람들이 자신의 일, 역사, 전통을 알지 못하게 만들어서 민족혼, 민족문화를 상실하게 한다. 그들의 선조와 선인들의 무위, 무능과 악행 등을 들추어내 그것을 과장하여 조선인 후손들에게 가르침으로써 조선인 청소년들이 그 조상들을 경시하고 멸시하는 감정을 일으키게 하여 그것을 하나의 기풍으로 만든다. 그 결과 조선인 청소년들이 자국의 모든 인물과 역사에 관하여 부정적인 지식을 얻어 반드시 실망과 허무감에 빠지게 될 것이다. 그때 일본 사적, 일본 인물, 일본 문화를 소개하면 그 효과가 지대할 것이다." 그리고 이러한 식민사관의 확립을 위해 역사학계에 당시 100만엔이 넘는 어마어마한 연구비를 투자했습니다. 마지막 조선총독 아베 노부유키阿部信行는 해방 후 일본으로 돌아가며 무서운 경고를 남겼습니다. "우리는 패했지만 조선은 승리한 것이 아니다. 장담하건대, 조선인들이 제 정신을 차리고 찬란하고 위대했던 옛 조선의 영광을 되찾으려면, 100년이라는 세월이 훨씬 더 걸릴 것이다. 우리 일본은 조선인에게 총과 대포보다 무서운 식민교육을 심어놓았다. 결국은 서로 이간질하며 노예적 삶을 살 것이다."

이러한 식민사관은 서양이 동양을 침략할 때 써먹은 방식인데, 일본 제국주의는 이것을 그대로 배워서 한국 침략에 톡톡히 활용하였던 것입니다. 실제로 동양에 대한 서양의 우월성은 유구하고, 이는 동양에 대한 서양의 지배를 합리화한 것은 물론이고 오늘날까지도 동양인들의 심리적 트라우마, 상처로 남아 있습니다. 이러한 서양 우월주의 담론을 '오리엔탈리즘', 또는 동양주의라고 부릅니다. 오리엔탈리즘은 1978년 아랍계 미국인 학자 에드워드 사이드Edward W. Said, 1935-2003가 『오리엔탈리즘』에서 주장한 이후 보편적으로 받아들여지고 있습니다. 이 책은 서구 국가들이 비서구사회를 지배하고 식민지화하는 과정에서 동양에 대한 왜곡된 인식과 태도가 어떻게 만들어지고 확산되는가를 분석한 현대 최고의 명저 중 한 권입니다. 이 책은 다행히 한국어로 번역되어 있습니다. 그러니 우리는 반드시 읽어야 합니다. 박홍규 역, 『오리엔탈리즘』(교보문고. 2015) 사실이 책은 아랍문학사를 중심으로 오리엔탈리즘이라는 문제를 다루고 있기 때문에 몹시 난해하지만, 그래도 한번은 시도해보시기 바랍니다. 특히 역자 박홍규님의 후기는 꼭 추천합니다. 책의 1/4쯤에 달하는 엄청 긴 분량에다 그렇게 재미있는 후기를 저는 처음 보았습니다. 오리엔탈리즘은 근대 시기, 즉 19세기 후반부터 본격적으로 전개되었고, 서양의 동양 침략 과정에서 침략 대상인 동양에 대한 왜곡된 상을 만듭니다. 그 핵심은 정체적이고 수동적인 동양은 스스로 발전하거나 변화할 수 없으므로, 서양의 개입과 지배가 꼭 필요하다는 견해입니다. 진취적이라고 주장하는 서양의 침략은 억압이 아니고 동양인 스스로 바란 것이라고 정당화, 합리화하는 것입니다. 이때 실제로는 동양에 속한 일본은 '동양이라는 껍질의 서양'이라고 자신을 대변하며, 일본 제국주의 침략을 서양으로부터의 '동양의 해방'이라는 논리로 합리화합니다. 강자의 약자에 대한 왜곡된 담론이 모두 오리엔탈리즘과 같은 방식으로, 강자의 약자 지배를 정당화하고 합리화하는 경향을 띤다는 것은 놀라운 일입니다. 강자는 약자의 단점을 강조하고 부각시킴으로써 강자의 약자 지배가 당연하다는 생각을 하도록 합니다. 남성의 여성 지배, 가진 자의 못 가진 자에 대한 천시 등이 모두 동일한 논리로 정당화됩니다. 여성은 남성보다 못하다는 논리로써 남성은 여성을 지배하고 낮은 지위에 머무르게 하며 '못난' 여성의 본분은 '잘난' 남성을 뒷바라지하는 것으로 제한합니다. 현재 페미니즘을 받아들여 남성중심주의 시각은 많이 바뀌었다지만, 아직도 우리나라는 강건한 가부장제 사회입니다. 흑인은 백인보다 못하다거나 동양인은 백인보다 못하다는 등의 생각도 우리가 알게 모르게 가지고 있는데, 이 모두가 정치적인 논리에서 나온 잘못된 생각이라는 것이 느껴지나요? 못 가진 자는 게으르고 노력하지 않기 때문에 가난한 것이니, 노력하는 자본가를 욕해서는 안 된다는 말이 상식처럼 받아들여집니다. 동양에 대한 서양의 우위를 말하는 오리엔탈리즘은 갑을 관계의 심리적 전이의 한 예에 불과한 것입니다.

현재 코로나19 상황에 이르러서 이런 오리엔탈리즘이 극복될 가능성이 보입니다. 여러분이 좋아하는 『사피엔스』의 저자인 유발 하라리는 '코로나 바이러스 이후의 세계'라는 글에서 이렇게 말합니다.파이낸셜타임즈. 2020.03.20일 자 참조 "지금과 같은 위기 상황에서 우리는 두 가지 힘들고 중요한 선택을 해야 한다. 첫째는 전체주의적인 감시체제와 시민적 역량 강화 사이에서의 선택이다. 두번째는 민족주의적 고립과 글로벌 연대 사이에서의 선택이다." 그리고 이 두 가지 선택지 중 가장 현명한 선택을 하고 있는 나라가 한국임을 말합니다. 세계는 시민적 역량 강화와 글로벌 연대를 선택한 한국의 길을 가야 한다는 것입니다. 사실은 이 부분에 대해 좀더 이야기하고 싶지만, 우리는 주제에서 지금 너무 멀리 와 있습니다. 더 나아가고 싶은 유혹을 참고 본론으로 다시 돌아가야겠습니다. 앞에서 우리는 동양철학 등의 학문들이 근대에 성립된 신학문임을 이야기하고 있었지요. 핵심은 이것입니다. 동양에서의 모든 '학문'은 서세 동점의 근대에 뿌리를 두고 있으며, 서양의 동양 침략을 쉽게 하기 위하여 정립되기 시작하였다는 것입니다. 그러한 서양인의 오리엔탈리즘적 학문의 시도와 그에 대응하는 동양인 학자들의 민족적 자존심을 건 저항이 동양에서의 근대 학문을 낳았습니다. 실제로 당시는 서양적인 것이 무조건 보편적이라고 여겼던 시기입니다. 예컨대 당시 영국의 철학자 러셀Bertrand Russell, 1872 -1970 은 *The History of Western Philosophy* 『서양철학사』라는 제목의 책을 냈는데, 당시 큰 관심을 받고 논쟁거리가 되었습니다. 왜냐하면 책 이름에 굳이 안 써도 되는 '서양의 Western'이라는 단어를 썼기 때문이지요. 당시에는 철학하면 당연히 그리스에서부터 시작되는 서양철학이 보편적인 철학이지, 서양 외의 지역에서 철학같은 고차원의 정신적 산물이 나온다는 것은 상상도 못할 일이었지요. 따라서 철학의 역사에 대한 책이라면 대부분 그냥 철학사나 일반철학사 정도의 제목을 붙였는데, 러셀은 틱 하니 『서양철학사』라는 제목을 붙였던 것이죠. 이것은 서양 외에 동양이나 아프리카 등 비서구지역에도 철학이 존재한다는 것을 웅변하는 말입니다. 실제로 러셀은 당시 몇 년간 중국에 머물면서 강연도 다니고 동양문화의 많은 것에 심취했다는 기록이 있습니다. 러셀의 『서양철학사』, 꼭 한번 읽어보시기 바랍니다. 저도 철학 전공으로서 처음 읽어보려고 한 책이 바로 이 서양철학사입니다. 그것도 심지어 원서로요. 당시 종로에 있던 종로서적에 가서 이 책 원서를 비싸게 샀습니다. 영어와 전공 공부를 동시에 해보자는 생각이었는데, 무척 재미있기는 했지만 역시 1/3 정도에서 그치고 말았습니다. 물론 책이 무지 두껍기 때문이라고 변명하겠습니다. 하여튼 책에 보면 러셀의 자서전적 이야기가 많이 나오는데 참 재미있습니다. 그는 청춘 시절에 자살의 충동을 수학에 대한 열정으로 간신히 이겨냈다고 하는 특이한 천재였습니다. 그는 자신을 평생 사로잡았던 세 가지 열정이 있는데, 그것은 사랑에 대한 동경, 지적 욕구, 그리고 인류의 고통에 대한 참을 수 없는 연민이라고 말합니다. 실제로 러셀은 90세가 넘어서도 길거리에 나가 전단을 뿌리면서 데모하는 참여형 지식인이고, 사랑에 대한 동경 때문인지 학자치고는 꽤 많이- 3번인가, 4번인가 가물가물합니다 - 결혼하였습니다. 첫 번째 결혼 생활을 이어가던 어느날 아내가 집에서 저녁 식사를 준비하고 있는 사이에 아무말 없이 자전거를 타고 집을 나왔고 다시는 돌아가지 않았다는 둥 매우 개인적이고 비인간적인, 재미있는 이야기도 많이 나옵니다. 러셀 자서전에 나오는 이야기였는지도 모르겠습니다.

오늘은 유독 삼천포로 빠져서 다른 이야기를 많이 했네요. 오늘 강의의 핵심은 이렇습니다. 우리가 공부하는 동양철학은 오랜 과거부터 지속되어온 전통 학문이 아니라 근대에 시작된, 혹은 발명된 신종 학문이라는 것입니다. 그것은 동양을 침탈하려는 서양 제국주의의 도전과 그에 대한 동양 지식인들의 대응이라는 과정을 통해 등장하였습니다. 동양철학뿐 아니라 역사학, 심리학, 고고학, 인류학 등 지금 우리가 하는 거의 모든 학문들이 다 그렇습니다. 사실은 동양인 학자들이 어떻게 서양의 도전에 대응하였는가 하는 것을 더 다루었어야 하는데, 이제 시간이 없네요. 그러나 이 주제는 앞으로 두고두고 다루게 될 것이니, 오늘은 여기에서 그치겠습니다.

생 각 해 보 기

1. 동양에서 '근대' 시기는 어떤 성격을 띠는가요?
2. '오리엔탈리즘'은 무엇을 의미할까요? 본인이 이제껏 한 경험, 예컨대 영화나 책, 사람들의 대화, 주변의 경험 등 다양한 예를 들어 구체적으로 생각해보세요.
3. '익명의 크리스챤' 개념은 어떤 의미입니까? 여기에 대한 본인의 생각을 간략하게 정리해보세요.

제5강

동양철학의 역사적 배경(Ⅱ): 하夏·은殷·주周 삼대 사상

오늘은 동양철학의 원류인 중국 고대의 하·은·주 삼대三代 사상에 대해 이야기해보기로 하겠습니다. 철학 사상을 포함한 이 세계의 귀중한 유산들은 모두 한 천재의 힘으로 한 순간에 창조된 것이기보다는 긴 역사를 통해 전해진 문화와 사상을 바탕으로 그 속에서 잉태되어 태어났다고 보는 것이 마땅할 것입니다. 언뜻 보기에 새로운 철학 사상이라도 실제로는 과거 사상과의 상호 융합 및 반작용 등을 통하여 이루어집니다. 단순화해서 말하자면, 모든 철학 사상은 역사적, 사회적 산물이라고 할 수 있습니다. 예를 들어 유학 사상 역시 공자라는 한 위대한 철학자가 창조해낸 사상이라고만 보기는 어렵습니다. 유학 사상은 하은주 삼대라는 유구한 역사적, 문화적 산물의 영향을 받아 형성된 것이기 때문입니다. 공자 역시 자신의 철학에 대해 "나는 전해내려온 것을 서술하지 창작하지는 않는다" 子曰, 述而不作. 『論語·述而』라고 하였습니다. 하은주 삼대 사상에 대해서는 이렇게 말하였습니다. "하 나라 예 禮=제도는 내가 말할 수 있지만, 그 후예인 기 나라에는 하 나라에 대한 증거가 부족하다. 은 나라 예도 내가 말할 수 있지만, 그 후예인 송 나라에는 징험이 부족하다. 문헌과 현인 賢人: 문화와 사상의 전문가들이 부족하기 때문이다. 남아있는 것이 충분하다면 나는 하은주 삼대 문화의 영향을 증명해낼 수 있다."『논어·팔일편』

앞에서도 말하였듯이 중국 근대시기 역사를 연구하는 서양인 학자들은 이 하은주 삼대가 실재한 시기가 아니라고 단정하였습니다. 과거 문헌들에서 하은주 삼대에 대한 단편적인 기록들이 없는 것은 아니었지만, 그것은 후대의 조작이나 신화 전설에 대한 기술일 뿐 그 나라들이 역사적으로 실재하였다는 '과학적 증거'라고 인정되지 않았습니다. 그러나 근대에 시작된 새 학문인 고고학의 발전과 더불어 과학적 증거들이 속속 발견됨으로써 하은주 삼대가 전설이나 신화가 아니라 역사적으로 실재했던 시기임이 극적으로 증명되는 일이 일어났습니다. 1899년 금석학자 왕의영은 심한 감기에 걸렸던 한 서양인 문헌학자 친구를 위해서 함께 북경의 한의원에 감기약을 지으러 갔습니다. 금석학은 비문이나 청동, 철기 등에 조각된 고대 문자를 연구하는 학문이고, 문헌학은 말 그대로 고대 문헌을 연구하는 학문입니다. 문자, 문헌 전문가 두 명이 '우연히' 당시 환자들을 잘 고친다고 소문난 한의원에 약을 지으러 들렀던 것입니다. 한의원 의사는 용골龍骨: 전설상의 동물인 용의 뼈이라는 이름의 만병통치약을 보여주며 이 약만 달여먹으면 어떤 병이든 다 나을 수 있다고 큰 소리를 쳤습니다. 용골을 본 왕의영은 이 약재가 보통 약재가 아니라 아주 중요한 문화적 유산임을 직감하고, 비싼 가격을 지불하고 용골을 구입하였습니다. 그 용골이라는 이름의 뼈에는 자연 상태의 동물뼈라면 있을 수 없는 어떤 기호, 부호같은 것들이 표시되어 있었거든요. 이것은 분명히 인간이 인위적으로 새겨 넣은 표식이고 고대 문자와 관련이 있다고 생각한 왕의영은 북경의 그 한의원에서 팔고 있는 용골들을 다 사고자 하였습니다. 그러나 애석하게도 한의원의 용골들은 환자들이 치료제로 대부분 고아서 먹어버렸기 때문에 많이 남아있지 않았습니다. 왕의영이 용골을 비싼 값으로 산다는 소문이 돌자 '가짜' 용골들이 많이 조작되어 팔리기도 했습니다. 나중에 이 용골은 은 나라 왕조의 것이고, 여기에 쓰여진 부호들은 지금 우리가 쓰고 있는 한자의 고대 형태임이 밝혀지게 됩니다. 한 금석학자의 예리한 눈이 이 귀중한 자료들을 발견하게 해주었던 것입니다. 이들 고대 문자는 용골이라는 이름의 거북이 껍질甲과 사슴 어깨뼈骨에 주로 쓰여졌다고 하여 갑골문甲骨文이라고 불리게 됩니다.

이들 용골은 중국 중부 지역인 하남성 안양현 소둔리 근처에서 나온 것이었습니다. 당시 안양현 소둔리는 밭에서 동물뼈들, 이후에 용골로 팔린 뼈들이 많이 나와서 농사짓기 매우 어려운 곳으로 소문난 곳이었다고 합니다. 그래서 그곳 농민들은 농작물을 심으려면 먼저 밭에서 뼈들을 제거하는 작업을 해야만 했습니다. 마을에 이들 뼈들을 갖다버리는 공동 쓰레기터까지 있었다고 하니, 농사짓는 데 얼마나 애로가 많았을지 알 수 있겠지요? 어느날 그 마을의 한 젊은이가 밭에서 뼈들을 찾아 없애고 농사 준비를 하라는 부모님의 명령을 받았습니다. 밭에 나오기는 했으나 일하기 싫었던 그 젊은이는 밭에 누워서 빈둥거리다가, 하지 않아도 될 일들을 하게 된 것에 화가 나서 동물뼈를 손에 들고 던져버리려 하였습니다. 그런데 문득 그 동물뼈를 보니, 일반 동물뼈와는 달랐습니다. 왕의영이 보고 의문을 느꼈던, 뼈에 새겨진 부호들이 눈에 들어왔던 것입니다. 마을 사람들도 똑같이 동물뼈들을 보았겠지만, 이 젊은이만이 그 점에 주목하였습니다. 아마도 여러분처럼 머리 좋고 창의력이 있었던 젊은이였나 봅니다. 그는 이 '특별한' 동물뼈들을 모아서 북경의 한 한의원에 용골이라는 이름으로 갖다 팔아서 큰 돈을 모았습니다. 의문 없이 성실하기만 한 것이 반드시 바람직한 것은 아닌가 봅니다.

그러나 이 갑골문에 대한 제대로 된 연구가 시작되기까지는 우리 인생이 그렇듯이 무수한 우여곡절을 겪어야만 했습니다. 그 우여곡절을 생각하면 갑골문이 우리에게까지 전해지고 밝혀진 것이 기적같이 느껴집니다. 후대에 '갑골문의 아버지'로 불리게 되는 왕의영은 북경 한의원에서 갑골을 만나고나서 애석하게도 겨우 1년 뒤인 1900년에 서양 8개국 연합군에 의해 북경이 함락되자 자살하였습니다. 이후 그의 아들인 왕숭열은 부친의 유언에 따라 소장한 갑골 1,500여 조각을 아버지의 친구이자 저명한 문인인 유악에게 전달하였습니다. 유악은 수많은 갑골 조각들을 더 수집하여 5,000 여 조각들 중 비교적 문자들이 분명하게 드러난 1,058 개의 갑골 조각들을 탁본하여 『철운

장귀鐵云藏龜』를 발행하였습니다. 이것이 갑골문에 대한 첫 번째 책입니다. 그러나 얼마 안가 유악은 다른 사람의 모함으로 낯선 지방으로 유배되어 객사하고 말았고, 유악의 죽음으로 집안이 어려워진 가족들은 수집된 갑골들을 다 팔아버렸습니다. 그 과정에서 이들 갑골들은 상당 부분 영국, 일본 등 외국으로 흩어져갈 위험에 처하였습니다. 이 당시 유악의 사돈이었던 문헌학자 나진옥羅振玉 1866-1940은 갑골을 보고 크게 감동하여 수년간 끊임없이 탐방한 끝에 호남성 안양현 소둔리라는 황하 지역의 작은 마을이 전설상 왕조인 은 나라 수도 은허殷墟의 소재지이자 갑골의 발굴지라는 결론을 내리게 됩니다. 이후 정부의 주도 아래 안양현 소둔리는 1928년에서 1937년까지 15차례 이상 대대적으로 발굴이 진행되었고, 그 과정에서 무수히 많은 유물, 유적들과 함께 갑골 15만 조각이 발굴되면서 갑골문에 대한 심도깊은 연구가 가능하게 되었습니다. 지속된 연구로 인해 갑골문은 현재 99% 이상 해독되었고, 그로 인해 은 왕조의 사회, 문화, 사상에 대한 많은 것들이 밝혀졌습니다. 더욱이 방사성 동위원소 C14를 이용하여 은허의 유물, 유적지 연대를 측정한 결과, B.C.1800년에서 1200년 시기에 해당하는 것으로 밝혀졌습니다. 서양인 학자들이 그렇게 주장하던 '과학적' 증거로 인하여 이제 은 나라가 전설이나 신화가 아니라 실재하던 고대 왕조임을 부정할 수 없게 되었던 것입니다. 그 이후 1959년에 중국 하남성 언사현 이리두에서 하 나라 유적들이 발견되고, 방사성 동위원소 탄소연대를 측정한 결과 B.C. 2300년에서

1800년 사이의 것으로 밝혀졌습니다. 문자학에서도 갑골문의 발전 시간으로 추정해 보았을 때 500년 정도의 시간이 걸리는 것이 맞다는 입장을 취하였습니다. 그리하여 하 나라 역시 전설상의 신화가 아니라 실재하는 고대 국가임이 밝혀지게 되었습니다. 결국 하은주 삼대가 실재하는 역사라는 것이 완전히 밝혀지게 된 것이죠. 이것은 당시 고고학 등 신학문의 발전과 더불어 중국 학자들의 민족적 자존감이 가능하게 한 일이었습니다.

그러면 중국 고대의 삼대 사상은 어떠한 것이었을까요? 하夏 나라 문화와 사상은 소박한 자연주의를 바탕으로 형성된 것이었습니다. 하 나라는 최초의 고대 국가로서 부족 결합체인 사회 구조를 가졌고, 농경을 위주로 하는 민족이었습니다. 그러므로 농사에 지대한 영향을 미치는 자연의 운행과 작용에 관심을 기울였던 것은 너무나 자연스러운 일이었다고 할 수 있습니다. 따라서 하 나라 문화는 농경 민족의 현실 위주의 자연주의, 실용주의가 중심이 됩니다. 이들은 태음태양력에 해당하면서 현재도 우리가 아직 활용하는 24절기가 나오는 하력夏曆을 완성하였습니다. 즉 농경을 위해 자연의 흐름을 세밀하게 관찰하고 분석한 작품이라고 할 수 있습니다. 그 이후 역대 중국 황제의 가장 중요한 임무는 바로 달력Calender의 제작과 분배가 되었습니다. 왕조가 바뀔 때마다 더 정확한 달력을 만들려고 노력하였습니다. 바로 농사에 도움이 되는 달력의 제작이 황제의 첫 번째 의무이자 존재 이유였기 때문입니다. 몇 천 년 전에 살아야 했던 인간의 눈으로 보면 자연은 경이롭고 신비로운 동시에 두려운 대상이기도 했을 것입니다. 그래서 다른 무엇보다 자연의 질서를 파악하고자 하였을 것입니다. 그래야 일정한 생산력이 보장되고 생존이 가능해질 테니까요. 그리고 이때 하나라 민족이 생각하는 이상적인 인간상이 등장하게 됩니다. 그것은 우리가 흔히 동양적 이상향, 유토피아를 가리킬 때 '요순堯舜 요 임금, 순 임금 시대'라는 표현을 가능하게 한 요 임금, 순 임금, 그리고 우 임금입니다. 요 임금은 인격적 감화를 주는 왕으로서, 자연의 질서에 따라 인간 법도를 정하고 치산치수治山治水: 산을 다스리고 물을 다스림를 하였던 임금입니다. 그는 임금 자리를 자식이 아니라 현명한 신하에게 물려주는 선양禪讓제도를 실천합니다. 자신의 지위를 자식이 아니라 사회 전체를 위하여 일할 능력이 있는 다른 사람에게 전하는 것, 당시 사람들은 이것을 이상적이라고 생각했고, 이를 실천한 요 임금을 성왕으로 존경하였던 것입니다. 이러한 선양은 현재의 한국 사회에서는 가능하지 않은 일이지요. 대형 교회의 목회자 자리를 재산을 물려주듯 자식에게 물려주고, 못난 자식이 부모의 휘광만을 등에 업고 정치가로 등장하는 시대입니다. 우리 역사는 수천 년 전 하 나라에 비해 근본적으로 거의 발전하지 못했는지 모르겠습니다. 순 임금은 인륜人倫, 인간의 질서의 모범자로서, 자신을 죽이려했던 부모에 대해서도 효성을 다하였다고 알려져 있습니다. 우 임금은 매우 근면하였고, 민생을 위한 정치를 행한 임금으로 알려져 있습니다. 그는 농사에서 가장 중요한 치

수治水에 성공하였고, 집앞을 지나치면서도 7년 동안 단 한 번도 집에 들린 적이 없었다고 합니다. 얼마나 열심히 일하였든지 그의 다리에는 털이 다 닳아없어져 남은 털이 한 가닥도 없었다고 합니다. 우리는 여기에서 오늘날까지도 면면히 전해져 오는 이상적 인간상을 발견하게 됩니다. 하 왕조의 이러한 소박한 자연주의 사상은 이후 도가道家 사상으로 발전하게 됩니다.

하 나라는 B.C.1800년대에 들어서면서 쇠퇴하기 시작하였습니다. 하 나라 걸왕은 사치를 일삼고 백성들을 도탄에 빠뜨려 은 나라 탕왕에 의해서 멸망되었다고 기록되어 있습니다. 이것이 소위 탕왕의 역성易姓 혁명입니다. 그러나 걸왕의 사치와 정치의 실패가 실제 사실인지는 확실하지 않고, 아마도 은 나라라는 새로운 나라의 등장에 대한 합리화에 가까울 것입니다. 은 나라는 하 나라와는 완전히 다른 성격의 문화와 사상을 가지고 있었습니다. 근본적으로 두 나라는 서로 다른 민족들이 세운 나라였기 때문입니다. 우리는 고대 국가를 현대의 국가 개념으로 파악해서는 안 됩니다. 현대의 국가들은 서로 국경으로 구분되어 있고 사람들이 살지 않는 빈 공간이 거의 없지만, 고대 국가 시대는 정반대였습니다. 황하 지역을 누가 점령하고 있는가에 의해 왕조가 달라졌다고 볼 뿐입니다. 하 나라가 세력을 잃고 변방으로 옮겨가자 은 나라가 힘을 얻어 중앙으로 진출하였습니다. 이때 하 나라는 농경 민족이었고, 은 나라는 유목 민족이었습니다. 농경 민족에게 중요한 자연주의가 중심이 되었던 하 나라 문화와 달리, 은 나라에서는 유목 민족의 특징인 미신적 신비 사상, 종교 사상이 대두하게 됩니다. 추상적인 신귀神鬼 관념이 등장하게 되는 거죠. 실제로 은 나라 문자인 갑골문은 대개 점복의 기록卜辭, 즉 큰 전쟁이나 국가의 중요한 결정을 내릴 일이 있을 때 점을 치고 점친 결과를 기록한 글들입니다. 왜 유목 민족에서는 미신 종교 사상이 발달하게 되는 것일까요? 농사짓는 일은 한 곳에 정착해서 사는 일입니다. 할아버지가 살던 집과 밭을 아버지가 이어받아 살고, 아버지가 살던 집과 밭을 자식이 이어받아 살면서, 자손대대로 한 곳에서 똑같은 일을 하며 살아갑니다. 한 곳에 정착하여 사는 삶은 비교적 안정적입니다. 그곳의 자연, 풍토, 이웃과의 관계 등 많은 것들이 어느 정도 예측 가능합니다. 반면에 유목 생활은 끊임없이 이동하는 삶입니다. 오늘 내가 목축을 위해 머물렀던 이곳은 오늘 하루, 또는 내가 머무는 시간 만큼의 안정을 줄 뿐, 나는 내일이면 내가 모르는 다른 곳으로 떠나야 합니다. 그 곳에 소와 양이 먹을 맛있는 풀과 맑은 샘물이 있을지, 물도 없고 풀 한포기도 없는 황야가 있게 될지 나는 알 수 없습니다. 지리적 지식이 부족했던 수천 년 전에는 더욱 그러했을 것입니다. 내일 아침이면 가축들을 이끌고 전혀 모르는 어디론가 떠나야 하는 전날 밤, 여러분 마음은 어떨까요? 만약 동쪽으로 가겠다는 내 판단이 잘못되어서 물도 풀도 없는 황야로 가게 된다면, 가축들은 굶어죽고 가축에 의지해 사는 나도 결국 죽게 될 것입니다. 그러니 동쪽으로 갈까, 서쪽으로 갈까 결정해야 하는 나는 몹시도 불안하고 두려울 것입니다. 불안하고 두려운 사람은 지푸라기에라도 의지하고 싶어집니다. 그래서 우리는 점을 칩니다. 은 나라에서는 시귀풀이나 짐승뼈, 거북이 껍질 등을 이용해서 다양한 점을 쳤습니다. 우리도 마음이 가는 사람이 생겼을 때, 꽃잎이나 나뭇잎을 한 장 한 장 떼며 상대방의 마음을 헤아려보곤 하지요. "사랑한다, 사랑하지 않는다, 사랑한다, 사랑하지 않는다.." 세계의 종교는 거의 모두 유목 민족에게서 나왔습니다. 기독교 역시 유목 민족 문화에서 싹튼 것입니다. 성서에는 예수가 자신을 목자로 지칭하는 구절들이 많이 나옵니다. "나는 착한 목자이니, 너희를 맑은 샘물과 맛있는 풀들이 있는 곳으로 인도하리라"는 선언이나 잃어버린 양을 찾아가는 목자의 비유 같은 것이 바로 그 예입니다. 기독교 신학이나 기독교 실존주의에서는 인간을 '도상途上의 존재', 길 위의 존재로 파악합니다. 그에 따르면 우리는 한순간도 한 곳에 머물지 못하고 끊임없이 어딘가로 떠나야 하는 존재입니다. 매순간마다 선택하고 그 선택들에 대해 책임지면서 살아가야 합니다. 그러나 불안하고 두렵더라도 순간마다의 선택과 책임, 이것이 우리 인간을 인간이게 합니다. 우리가 어떤 고정된 장소, 정해진 해답에 정착하는 순간 우리는 비인간화됩니다. 쉽게 말해 바로 꼰대가 됩니다. 그래서 길 위의 존재인 인간에게 신은 묻습니다. "아담아, 너는 어디에 있느냐?" 그 물음을 통해 인간은 자신이 어디에 있는지, 지금 어디로 향하고 있는지를 돌아볼 수 있습니다. 그런 면에서 은 나라의 신귀 개념 역시 지금의 신 개념과 다를 바 없는 효능을 가지고 있습니다.

갑골문은 점친 기록이라고 했습니다. 나라에 일이 있을 때 임금과 신하들이 모여서 몸 마음을 깨끗이 한 뒤, 불에 달군 쇠막대기를 있는 힘껏 거북이 껍질에 바로 박으면서 마음속으로 간절히 질문합니다. "이 문제에 대해 저희들이 어떻게 하면 좋겠습니까?", "옆 부족과 전쟁을 하는 것이 좋겠습니까?" 그리고 쇠막대기의 열과 압력으로 인하여 거북 껍질이 갈라지면 거기에 생긴 균열의 모습을 가지고 신의 뜻을 보고 길흉을 예측하였습니다. 점을 뜻하는 글자인 '복卜' 자체가 거북이 등껍질에 생긴 균열을 형상화한 것입니다. 그래서 오른쪽으로 균열이 생기면 길하다告 좋다, 행운이다, 왼쪽으로 균열이 생기면 흉하다凶 나쁘다, 재앙이다, 또는 여러 사람들이 점을 쳐서 다수결로 신의 뜻을 예측하기도 합니다. 그리고 이러한 미신적 신비 사상은 종교로 발전해 나아가게 됩니다. 우리는 기도를 통해, 혹은 점복을 통해 신의 뜻, 신이 나에게 바라는 것, 즉 내가 내면에서 진정으로 바라는 것을 찾고자 시도합니다. 현대 신학에서는 "신학은 인간학이다"라고 규정합니다. 신에 대한 논의나 정의는 사실은 바로 인간 자신에 대한 논의나 정의라는 것이지요. 예컨대 신은 사랑이라는 말은 바로 인간은 사랑이라는 말입니다. 신은 인간 자신의 거울인 것입니다. 신이 자신의 형상대로 인간을 창조한 것이 아니라, 사실은 인간이 자신의 형상대로 신을 창조했다고 보아야 할 것입니다. 리처드 도킨슨의 『만들어진 신』(김영사, 2007)은 현대 종교학의 결정판이라는 평가를 받는 무지 두꺼운 책인데 다행히도 번역이 되어 있으니,

추천드립니다. 이런 근거에서 보면 신의 뜻은 바로 진정한 자신의 뜻입니다. 그래서 점복은, 그리고 기도는 단순히 결과의 좋고 나쁨을 예측하는 것을 넘어섭니다. 이때 미신적 신비 사상이 종교로 발전하게 되는 것입니다. 그렇지 않나요? 우리는 몸과 마음을 깨끗이 한 뒤 현재 내게 가장 간절한 질문을 물어야 합니다. 그리고 그 질문에 대해 깊은 속 진정한 내가 가리키는 방향으로 나아가야 합니다. 비록 그 앞에 무엇이 기다릴지 모를지라도, 나는 그 곳으로 가야 합니다. 그때만이 인간은 인간답게 살 수 있습니다. 나라는 제한된 나를 넘어 보편적인 인간의 길을 가게 됩니다. 그래서 미신은 보편적인 휴머니즘과 윤리성을 장착한 종교로 발전해가게 됩니다. "황야로 가라." 그것이 신의 뜻이라면 그곳으로 가야 합니다. 그것이 진정한 나자신의 내면이 바라는 것이라면요. 그냥 점술에 대한 제 생각을 말한 것인데, 여러분 생각이 궁금하군요. 갑골문은 주로 이런 것들을 기록하고 있습니다. "몇년 몇월 몇일, 이웃 부족과 전쟁을 할 것인가 하는 문제를 두고 임금과 신하 대여섯 명이 점을 쳤다. 전쟁하는 것이 길하다는 결과가 나와 전쟁을 해서 이겼다" 운운.

은 나라 문화는 신귀神鬼; 신적인 존재, 귀신들 개념에서 시작해서 조상숭배 사상이 주가 되는 특징을 가집니다. 시간이 지남에 따라 많은 신귀들이 존재한다는 다신론多神論은 일신론一神論으로 발전하게 되는데, 이때의 일신은 가장 높은 지위와 힘을 가진 지고신至高神이자 바로 조상신이 됩니다. 은 나라의 독특한 신 개념인 이 조상신 사상은 주 나라로 가면서 천제天帝 즉 하늘의 제왕, 상제上帝 개념으로 발전하게 되지요. 은 나라에서는 은 나라를 만든 씨족신, 조상신만이 지극히 높은 신인 지고신이 되고, 그 지고신에 제사하는 사람이 왕이라는 생각이 바탕에 깔려 있습니다. 이러한 시기를 신정神政, Theocracy 시기라고 합니다. 지고신의 출현이 빠른 부족, 즉 군왕이나 추장이 추대되어 많은 무리의 구심점이 되고 조직과 단결력을 갖춘 부족은 강대한 힘을 보유하고 그 부족은 빨리 발전한다고 합니다. 그러므로 은 나라에서는 지고신인 조상신에게 제사를 드리는 제사 사상이 발전하게 됩니다. 이런 사상이 주 나라 시기를 거쳐 유학에까지 흘러들어오게 되고, 그래서 21세기인 현재까지도 우리는 조상의 기일이나 명절에 맛있는 음식들과 향긋한 술을 준비하여 조상들에게 제사를 지냅니다. 은 나라 문화가 현재의 우리에까지 들어와 있는 것입니다. 이 제사는 따지고보면 상당히 유치한 생각입니다. 제사상 다리가 부러질 것 같이 음식을 차리는 것은 지고신인 조상의 귀신들이 와서 그 음식을 먹고 후손들에게 복을 내려달라고 부탁하는 것입니다. 여러분들도 제사를 지내면 진짜 귀신들이 와서 그 음식을 먹는다고 생각하나요? 그렇게 생각하지도 않으면서 왜 제사를 지내는 거죠? 제사는 조상의 후손들이 모여서 음식을 나눠 먹으면서 서로 우애를 확인하는 것, 그리고 조상을 한번 더 생각하고 추모하는 것, 그 정도의 의미를 가지고 있을 뿐이지 종교적 행위는 아닙니다. 아마 얼마 안 가서 사라질 문화라고 생각합니다. 전

세계에서 우리나라만이-북한도 포함해서- 이 형식적인 제사를 지내고 있습니다. 풍요로운 사회에서 많은 음식을 먹는 것은 사람들이 바라는 일이 아니라 피해야할 일이니, 아마 다른 추모의 형식을 찾게 될 것입니다.

일반적으로 농경 사회는 부계 중심이고, 유목 사회는 모계 중심이라고 합니다. 은 나라도 모계 중심이었다가 중원으로 들어오며 부계 사회와 결합한 형태의 문화를 형성하게 됩니다. 부계 사회인 앙소문화와 모계 사회인 용산문화가 결합하여 은 나라 문화를 형성한 것이지요. 은 나라 선조인 유아씨의 딸 간적이 목욕을 하다가 현조玄鳥가 떨어뜨린 알을 삼키고 설을 낳았다는 난생 설화 자체가 아버지가 없는 자식, 즉 모계 사회의 문화를 반영하는 것입니다. 또한 은 나라 때 청동기가 출현하고 많은 청동기 유물들이 수도인 은허에 남겨져서 우리가 볼 수 있게 됩니다. 유물들 중 상당 부분이 지고신에게 제사지내는 제기 등 종교적인 도구들입니다.

이후 은 나라가 쇠퇴하고 주 나라가 등장하면서 비로소 인간이 중심이 되는 인문주의人文主義 = Humanism가 등장합니다. 자연도 신도 주인공이 아니고 인간이 주인공인 시대가 도래한 것입니다. 주 왕조는 B.C.1200년에서 700년 사이에 해당하는 시기입니다. 은 나라의 멸망과 주 나라의 등장이라는 정치 드라마는『서경書經』이라고 불리우는『상서』에 잘 기록되어 있습니다. 물론 역사 기록이 으레 그렇듯이 어디까지나 이긴 자winner의 시각으로 쓰여진 글입니다. 영화 '맘마미아'에도 나오는 아바의 명곡 "The winner takes all" 이라는 노래가 생각납니다. 이긴 자가 모든 것을 가진다는 이 노래 가사는 단순히 사랑의 일만이 아니라 오히려 역사에서 일반적인 것이라고 할 수 있습니다. 그러나 무엇보다 주 나라의 인문주의의 핵심에는 협애한 조상신 사상을 넘어선 보편적인 신 관념이 등장하였다는 사실이 놓여 있습니다. 천제天帝, 상제上帝 사상이 바로 그것입니다. 과거 은 나라의 조상신 사상에서는 은 나라 민족 이외의 다른 민족들은 그 지고신의 은애를 받을 수 없어서 소외될 수 밖에 없었습니다. 은 나라 조상신은 당연히 자신의 후손들만을 사랑하고 다른 부족들을 사랑할 리 없습니다. 그러니 이런 협애한 종교 사상은 은 나라 민족 외에 다른 민족들을 통합해야 하는 당시 상황에서 오히려 국가 발전에 걸림돌이 되었습니다. 그러다 주 나라가 등장하며 은 나라 조상을 지고신으로 삼는 종교 사상은 자연스럽게 사라지게 되고, "하늘은 사방의 민족들을 다 사랑한다"는 천애사방민天愛四方民 사상이 등장하게 됩니다. 보편적인 천은 모든 부족들을 다 사랑하니 하나로 통합할 수 있습니다. 보편적인 신 관념인 천天 사상을 바탕으로 해서 주 나라는 중국 전역을 다스리는 큰 나라로 성장해 갑니다. 그리고 임금은 사방의 백성들을 다 사랑하는 하늘의 자식인 천자天子라고 불리고, 온 세상은 하늘 아래인 천하天下가 됩니다. 명실공히 보편적인 천天, 하늘이 지고신의 자리를 빼앗게 된 것입니다.

이러한 보편적 신 개념 아래서는 자연히 백성이 중심이 되는 민본주의民本主義 사상이 등장하고, 이 민본주의가 주 나라 인문주의의 가장 중요한 부분이 됩니다. 왜 그럴까요? 하늘은 모든 백성들을 사랑하는데, 사랑하면 동등해지기 때문이지요. 여러분도 누군가를 사랑하면 그 사람과 동등해지거나 오히려 그 사람보다 자신을 낮추게 되지 않나요? 누군가를 사랑한다고 하면서 그 상대방과 동등한 존재임을 인정하지 못한다면 그것은 진정한 사랑이 아닐 것입니다. 이때의 사랑은 명분일 뿐 실제로는 권력 관계가 분명히 작동하는 갑을 관계가 되는 것입니다. 이 문제를 남녀 관계에

적용시켜 분석한 여성학의 명저, 케이트 밀레트의 『성의 정치학』(현대사상사, 2007)이 생각나는군요. 읽어보기를 추천합니다. 하여튼 천天, 하늘이 백성들을 사랑하니, 백성들은 천과 같은 곳으로 지위가 높아집니다. 그러니 천 아래에 위치한 신하들, 즉 정치가들은 천과 같은 위치에 있는 백성들을 위해 봉사하는 존재가 되어야 합니다. 여기에서 백성이 근본이 된다는 '민본주의', 백성을 위해 정치를 행해야 한다는 '위민爲民' 사상이 나오게 됩니다. 그리고 주 나라의 이러한 인본주의 사상은 고스란히 유학 사상으로 흘러들어가게 됩니다. 이렇게 주 나라에서 인문주의가 강화되면서 동양 고대 사상은 황금기를 맞게 됩니다. 그리고 주 나라는 이러한 도덕 정치를 제도화한 봉건주의 사회 구조를 형성하고, 인륜 관계에 따른 질서를 예

제화하게 됩니다. 이 봉건주의에 대한 설명은 아무래도 다음 시간으로 넘겨야 하겠습니다.

생 각 해 보 기

1. 하은주 삼대(三代) 사상의 특징에 대해 생각해 보십시오. 세 왕조의 문화와 사상이 어떻게 다르게 형성되었는지에 대해서도 정리해 보세요.

2. 봉건주의 사회 구조란 무엇을 말하는 것일까요? 현대사회와 봉건주의 사회구조의 차이가 무엇인지 이야기해 보십시오.

제6강

고난의 시기, 온갖 꽃들이
다투어 피어나다

百花爭鳴

오늘부터 드디어 동양철학의 중요한, 어쩌면 가장 중요한 파트인 유학 사상을 공부해보기로 합니다. 그러나 유학 사상을 제대로 이해하기 위해서 빠뜨려서는 안 되는 것이 그 사회경제적 배경입니다. 그래서 이 부분에 대한 얘기를 조금만 더 하려고 합니다.

지난 시간에 얘기한 것처럼 주 나라에 들어서며 동양 사회는 비로소 인문주의를 바탕으로 체계적인 사회 제도를 확립하였고, 그에 따라 우리가 흔히 동양적, 또는 전통적이라고 할 때 그 대상이 되는 사상 문화가 형성되기 시작하였습니다. 유학의 창시자인 공자가 "참으로 내가 많이 쇠약해졌구나! 내가 꿈에서 다시 주공周公을 만나지 못한 지가 참으로 오래되었다."라고 탄식했다는 일화가 『논어·술이편』에 기록되어 있습니다. 이 말은 공자가 주 나라 사회 체제를 확립한 주공을 높이 평가하는 말입니다. 자나깨나 주공을 염두에 두고 자신의 사상적 멘토로 삼았다는 말이기도 하지요. 이처럼 유학 사상은 주 나라 사회 제도 및 규범에 뿌리를 두고 있습니다. 은 나라를 멸망시키고

난 주 나라는 중원에 자리를 잡으면서 '봉건주의'Feudalism를 확립하고 실시하였는데, 이것은 천자를 중심으로 중앙 정부는 수도 등 일부 지역만 직접 통치하고 다른 대부분의 지방들에 제후를 임명하여 다스리게 하는 일종의 지방분권주의 체제입니다. 주 나라에서는 전국의 지역들을 50여 개의 제후국들로 나누고, 왕족과 공신들을 위주로 제후들을 봉립하고 그들에게 실권을 주었습니다. '봉건封建'이라는 단어 자체가 주 나라 천자가 제후로 임명하여=봉封하여 세운다=건建는 의미입니다. 천자는 주로 자신과 같은 혈연인 주 나라 왕족들을 제후로 임명하였고, 그들에게 토지를 나눠주고 나라, 제후국을 세워주었습니다. 그리고 이 제후국들은 중앙 정부와 거의 반독립되어 다스려지고, 제후국 안에서 정치 권력은 전적으로 제후에게 귀속되게 됩니다. 그리고 이 제후들은 자신의 밑에 대부大夫라는 관리들을 임명하고 그들에게 더 작은 행정 단위인 채읍采邑을 나누어주고 실질적인 정치를 행하게 하였습니다. 대부들 역시 제후와 혈연 관계를 가진 이들이 대부분이었습니다. 그리고 그 밑에 다시 가家라는 하급 관리들이 있고, 그 하급 관리들 밑에 우리와 같은 일반 백성들이 자리잡게 되는 것이죠. 이러한 계급적, 계층적인 통치 구조를 '봉건주의'라고 부릅니다.

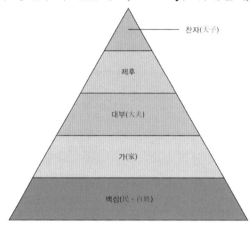

이와 같은 봉건주의는 일종의 족벌 체제와 같은 형태라고 보면 이해가 쉬울 것입니다. 현대의 관점에서 보면 제후국은 반독립된 국가처럼 보일 정도로 강력한 지방분권제 형태를 취하고 있으나, 그럼에도 이 제후국들은 천자 아래 똘똘 뭉친 하나의 거대 연합체로서 더 기능하였습니다. '존왕양이尊王攘夷'라고 하여 주 나라 천자王를 높여서尊 나라 밖 민족들인 오랑캐夷를 물리친다攘는 것이 당시의 정치적 슬로건이었습니다. 이 천자와 제후들은 실제로 같은 혈연 관계로 묶인 하나의 '대가족'이고, 제후국들의 연합체인 국가는 마치 족벌 체제가 운영하는 대기업 그룹과 같은 형태를 띠었기 때문입니다. 예컨대 천자의 성이 '희'씨라면 다른 제후들의 성씨도 대부분 '희'씨로서 천자의 큰 동생, 작은 동생, 작은 아버지, 조카 등 천자의 혈연 공동체가 나라 전체를 다 소유하고 지배하는 형태를 띠었던 것이죠. 연방 체제인 현대 미국에 비유해보면, 각 주의 주지사들을 대통령이 임명하는 데다 그들 대다수가 대통령과 같은 성을 가진 혈연 가족인 국가 형태를 상상해볼 수 있을 것입니다. 그리고 그 주지사들이 다스리는 주의 관리들은 모두 주지사들과 혈연 관계에 있고 사회 전체가 철저한 계급, 계층 구조를 이루고 있는 제도를 생각하면 될 것입니다. 그렇게 생각해보면 우리는 '개인의 권리'라는 측면에서 역사가 얼마나 발전해온 것인가를 새삼 느끼게 되지 않나요? 아무리 현대 사회에 계급성이 존재한다고 해도, 지배 계층에 혈연적으로 속하지 않는 한 아예 가능성 자체가 주어지지 않았던 봉건 사회를 생각해보면 이러한 불평등에 저항해서 사회를 개혁해온 많은 분들께 저절로 감사의 마음이 듭니다. 그러니 우리가 투표를 해서 우리의 대표자를 선택할 수 있다는 것은 큰 축복인 것입니다. 그런 의미에서 여러분 투표 잘하셔야 합니다. 투표는 우리의 권리이자 의무인 것입니다.

그러나 한편으로 주 나라의 봉건주의는 온 세계가 한 가족이라는 이상주의를 표현한 것이기도 했습니다. 신분계층 구도에서 최상위권에 있는 천자와 제후들이 모두 혈연으로 연결되어 있으니 이론상 온 세계가 하나의 대가족이 되는 것입니다. 가부장제家父長制, Patriarchy를 바탕으로 생각하면, 하나의 대가족 속에서 천자와 제후들이 백성들에게 일종의 아버지, 작은 아버지, 큰 아버지 역할을 하며 사랑으로 다스린다고 생각할 수 있습니다. 또한 천자 아래 제후국들은 서로 형제들로서 싸우지 않고 서로 도우며 우애있게 살아갈 수 있을 것이라고 상상했던 것인지도 모릅니다. 마치 형제들이 서로 다투고 욕심을 내기도 하지만, 부모님 휘하에 있을 때는 부모님의 영향으로 큰 갈등이 야기되지 않은 것과 같습니다. 이처럼 봉건주의는 부모와 자식의 관계 등 인륜 관계에 따른 질서를 예제화한 것이고, 혈연 사이의 도덕 관계를 제도화한 것이라고 할 수 있습니다. 아직도 우리 사회에는 이러한 시각이 남아 있지요. 대통령과 정부에게 아버지 역할을 기대하고, 회사를 가족으로 생각하라면서 상사와 직원들의 관계를 부모와 자식 관계로 상정하는 경우가 바로 그런 예라고 할 수 있습니다. 이렇게 온 세계를 하나의 가족으로 생각하는 것을 봉건주의의 '천하일가天下一家' 사상이라고 합니다.

이 봉건 제도를 떠받치는 세 가지 원칙이 있는데, 친친親親, 현현賢賢, 존존尊尊이라는 것입니다. '친親'은 친하다, 혈연 관계가 가깝다는 뜻입니다. '친친親親'에서 앞의 친은 동사V로서 '친하게 여기다'는 뜻이고, 뒤의 친은 명사N로서 친한 사람으로서 혈연 관계가 가까운 사람, 예컨대 부모를 뜻합니다. 따라서 '친친親親'은 "친한 사람을 친하게 여기다", 즉 "혈연 관계가 가까운 사람을 가깝게 여긴다"는 뜻으로, 실제로는 천자, 제후 등의 지배 계층이 자신과 혈연 관계가 가까운 사람을 더 가깝게 대우한다, 더 높은 자리를 준다는 뜻을 가지고 있습니다. 내가 어떤 사람을 등용할 때 그 자리에는 자신과 혈연 관계가 가까운 사람을 쓰는 것을 원칙으로 하라는 의미입니다. 나와 혈연이 먼 사돈의 팔촌과 혈연이 가까운 동생이 있다고 할 때, 이들 중에서 나는 능력 여부보다 혈연 관계의 친밀성을 우선으로 해서 등용해야 한다는 것이지요. 이것이 바로 진정한 봉건주의 정신인 것입니다. 우리 사회에서도 아직 이 봉건주의 정신이 잘 실현되고 있는 것을 우리는 많이 보고 있지요? 물론 이렇게 하다보면 사회에 부족한 부분이 많이 생길 것이니, 두 번째 '현현賢賢'이라는 원칙이 제기됩니다. '현명한 사람賢'을 '현명하게 대하라賢'는 원칙입니다. 천자와 혈연 관계가 가까운 사람만을 지배 계층으로 두면 능력없는 사람들이 많아서 사회가 잘 돌아가지 않을 것이니, 능력 있는 현명한 사람을 찾아서 그 현명함에 걸맞는 대우를 좀 해주어서 등용해 쓰라는 말입니다. 그러나 어디까지나 '현현'은 앞의 '존존'에 대한 보조 수단입니다. 능력있는 사람들을 잘 골라 써서 혈연 관계를 중시하는 지배 질서를 보완하라는 의미입니다. 그리고 세 번째가 '존존尊尊'의 원칙입니다. 존尊은 높다, 지위가 높다는 뜻이고, 존존尊尊은 역시 높은 사람을 높은 사람으로 대우하다, 지위가 높은 사람을 높은 사람으로 대우하여 우선으로 한다는 뜻입니다. 지위가 높은 사람을 존중하라는 말로서, 봉건주의 계급 질서에 대한 존중을 의미합니다.

친친, 현현, 존존이라는 이 봉건주의 질서는 마치 우주의 질서처럼 체계가 잡혀 보입니다. 그리고 혈연주의를 바탕으로 하고 있다는 점에서 이 동양의 봉건주의는 서양 봉건주의와는 전혀 다른 성격을 가집니다. 영주와 농노의 지배-피지배 관계를 바탕으로 하는 서양의 봉건주의는 봉건주의 계급 제도라는 면에서는 동일하지만, 그들 사이에 혈연 관계를 상정하지 않고 있다는 점이 다릅니다. 봉건주의 제도에서는 내가 어떤 계급, 어떤 집안의 몇째로 태어났는가 하는 것이 이 사회의 어느 지점이 나의 위치인가 하는 것을 그대로 결정해버립니다. 개인의 권리보다 '사회'의 질서를 우선에 둔다면 봉건주의처럼 질서있고 아름다워 보이는 체제는 찾기 힘들 것입니다. 모든 사람이 태어날 때부터 자기 위치와 자기 분수를 가지고 태어나 모든 것에 질서가 부여됩니다. 도무지 모든 것이 너무나 깨끗하게 정리되어, 마치 신이 만든 공예품처럼 보일 지경입니다. 그 사람의 출신, 성별, 계급이 그 사람의 사회적 신분과 직업과 역할, 인간 관계, 모든 것을 결정짓게 됩니다. 과거 봉건주의 사회에서는 심지어 그 사람의 의복의 모양과 색깔, 집의 크기, 술잔의 모양과 크기 등 모든 것이 계급에 따라 자세히 규정되어 있었습니다. 문제는 공자의 유학 사상이 바로 이 주 나라 봉건 제도를 빼놓고는 이해할 수 없다는 점입니다. 내가 아무리 공자를 좋아해도, 유학이 주 나라 봉건주의 계급 제도를 뒷받침하는 사상이라는 건 부정할 수 없습니다. 특히 공자가 활동한 시기의 초기 유학은 이후 한대漢代 유학을 거쳐 송대宋代 성리학에 이르면 완전히 봉건주의 이데올로기Ideology로 자리를 잡게 됩니다. 이미 공자 사상 내에서도 "임금은 임금답고, 신하는 신하답고, 부모는 부모답고, 자식은 자식다워야 한다"君君, 臣臣, 夫夫, 子子", 『論語·顏淵』는 봉건주의 윤리 원칙이 굳건히 등장하

고 있습니다. 여러분은 여러분의 출신, 성별, 계급이 여러분 인
생의 모든 것들을 결정짓고 이것을 우주의 원리라고 받아들이
라고 압력을 가하는 봉건주의에 대해 어떻게 생각하세요? 일단
개인의 선택과 책임이 없으니 어쩌면 사회가 가리키는 그대로
사는 것이 속편할지도 모르겠습니다. 그러나 인간을 봉건주의
나 또다른 정해진 틀에 박히게 하는 것은 쉬운 일이 아닙니다.
그러니 그 틀에 집어넣을 사회적 압력이 필요하고, 그 압력, 억
압의 방법은 교육, 규범, 개인 윤리, 정치 제도, 경제 등 전방위
적으로 시행됩니다. 유학에서는 이러한 전방위적인 방법들을
문물 전장제도, 즉 '예禮'라고 부릅니다. 예는 에티켓이 아닙니
다. 식탁 예절과 같은 에티켓도 물론 포함하지만, 그 이상을
의미하는, 제도 규범 모두를 포괄하는 전방위적인 개념입니다.
"예禮가 아니면 보지도 말고, 예가 아니면 듣지도 말고, 예가
아니면 말하지 말라"子曰, 非禮勿視, 非禮勿聽, 非禮勿言." 『論語·顏
淵』는 공자의 말은 에티켓을 잘 지키라는 말이 아니라 봉건주
의 윤리 규범에 따라 살아가야 함을 강조하는 말입니다. 그 사
회 질서의 틀에 자신을 잘 맞춘 사람은 무난하게 살아가고, 거
기에 맞추지 못한 사람은 살아가기가 힘들겠지요. 그래서 조선
의 여성들 중 예술적인 능력과 사회적인 성향을 가지고 태어난
이들은 삶이 지옥같았고, 사회에서 요구하는 성향과 자신의 성
향을 맞추지 못해서 고통받다가 결국 일찍 세상을 뜨고는 했습
니다. 그러나 사회와 나 개인의 갈등, 거기에서 생기는 소란함,
생동감, 다이나믹함, 그것은 현대 민주 사회의 특성입니다. 여

러분은 어느 쪽이 이상적인 사회인 것 같나요? 조화롭고 질서 있고 우주적인 아름다움을 갖춘 것처럼 보이는 봉건주의 사회와 복잡하고 소란하고 고통스럽고 생동감 넘치며 다이나믹한 현대 사회 중에서. 역사에서 새로운 장場으로 펼쳐진 근대의 가장 큰 테마는 그래서 '개인'이 되는 것입니다. 개인보다 사회를 앞세우고 그 사회의 규범으로 개인을 억누르는 사회, 그것이 바로 봉건주의인 것입니다. 우리는 봉건주의를 완전히 극복했을까요? 우리 사회, 우리 자신 속에는 이 봉건주의가 아직도 많이 남아 있습니다. 따뜻한 가족주의의 탈을 쓰고요. 지금 우리에게 필요한 것은 건강한 개인주의입니다.

주 나라 봉건제도는 혈연을 바탕으로 한 종법宗法 질서를 통해 중앙 정부의 통제력을 유지하였으므로, 종묘 사직에 제사를 올리고 종법 질서를 확인하는 일이 크게 중시되었습니다. 이 주 나라 봉건주의는 초기에는 잘 지속되었습니다. 그런데 자식들이 사이가 좋다가도 부모님이 돌아가시면 유산을 둘러싼 갈등이 생겨나는 등 형제들 사이가 달라지는 것처럼, 주 나라 왕조도 시간이 지남에 따라 제후들의 세력이 점차 강화되고 제후와 주나라 왕실간의 혈연 관계도 약화되면서 종법 질서를 중심으로 한 통제 체제가 약화되게 됩니다. 그리고 주 나라 왕실이 이민족의 침략으로 수도를 상실하고 낙읍洛邑으로 옮겨오면서 실질적인 국력 우위마저 사라지게 되자 중앙 정부의 통제력이 완전히 소멸되고 혼란기가 찾아옵니다. 이 혼란기를 춘추 전국 시대라고 하며, 전반기인 춘추 시대에는 주나라 왕실의 권위를 존중하여 제후들이 패자를 중심으로 왕실을 보호하는 양상이었으나 후반기인 전국 시대가 되면 제후들이 모두 왕을 자칭하고 주나라 왕실과 동등한 독립국으로 행세하기에 이르게 됩니다.

예컨대 주 나라 초기에는 제후들의 부국강병의 능력 차이에도 불구하고 제후국 A와 제후국 B, 제후국 C 사이는 나쁘지 않았습니다. 제후들은 모두 형제들이었기 때문에 한 나라가 좀 못해도 다른 나라가 도와주었는데, 한 나라에 IMF가 발생해도 옆 나라에서 달러를 보내준 것에 비유할 수 있습니다. 그러나 시간이 감에 따라 제후국 A와 제후국 B, 제후국 C 의 제후들은 형제 사이에서 사촌 사이가 되고, 사촌 사이에서 팔촌 사이가 되고, 마침내 성은 같을지 몰라도 먼 친척, 사돈의 팔촌 사이가 됩니다. 이런 관계에서는 제후국들 사이가 서로 우애있는 관계가 되기 어렵습니다. 상대 제후국이 약해지는 것은 내가 그 나라를 병합하여 더 큰 나라가 될 수 있는 기회가 됩니다. 천자의 힘이 강했을 때는 천자의 눈치를 보느라 감히 그런 일을 하지 못했지만, 천자의 힘이 점차 약해지고 천자의 존재가 오직 형식적인 어른 위치 정도로 그치자 슬슬 제후국들 사이에 갈등과 경쟁이 시작됩니다. 그리하여 제후국들 사이에 부국강병의 경쟁이 생겨나고 서로 이리 합당하고 저리 합당하며 약한 제후국들을 병합하는 일이 일어나기 시작합니다. 한 제후국의 명운이라는 것이 봄이면 생겨났다 가을이면 시들어가는 한 포기 풀과 같다고 해서 역사가들은 이 시기를 '춘추春秋 시기'Spring and Autumn Period, B.C.770 주 나라의 낙양 천도- B.C.403 진晋 나라의 삼

분라고 불렀습니다. 그러나 이 시기는 그래도 명목상으로라도 천자의 존재가 인정되던 시기였습니다. 이 시기를 지나면 천자의 존재가 완전히 무력화되고 현실에서 가장 강한 힘을 가진 제후가 패자霸者가 되어 그야말로 대놓고 제후국들 사이에 전면적인 전쟁이 일어나게 됩니다. 제후국들 사이에서 먹느냐, 먹히느냐의 적나라한 싸움이 벌어지고, 다양한 합종연횡의 정치 드라마를 거쳐 진秦 나라가 천하를 통일할 때까지 이 전쟁은 계속됩니다. 이 시기는 '전국戰國 시기'Warring States Period, B.C.403- B.C.221 진秦 나라의 통일라고 불립니다. 제후국들 사이에 세계 전쟁을 치루는 시기라는 뜻입니다. 주 나라 초기에 50여 개가 넘었던 제후국들은 춘추 시대를 거치며 7대 강국으로 병합되었고, 전국 시기를 거치며 7대 강국은 마침내 하나로 통일되었습니다. 진秦 나라의 통일이 바로 그것입니다. 춘추전국 시기는 진 나라 통일 이전이라는 의미에서 '선진先秦' 시기라고도 불리웁니다. 그러니 이 시기를 거치며 얼마나 많은 사람들이 고통을 받고 얼마나 많은 사람들이 죽었을까요? 제1차, 제2차 세계대전이나 6.25 동족상잔의 전쟁을 거치며 겪었던 고통과 피해를 생각해보면 이시기 민중의 고통을 추측해볼 수 있습니다. 그리고 춘추전국 시기를 지나며 주 나라 봉건주의는 완전히 소멸에 이르게 됩니다. 당시 상황을 기록한『시경』자료를 잠깐 살펴볼까요?

천둥 번개 요란하니 두렵고 불안하다.

크고 작은 강 흘러넘치고 많은 산봉우리 무너지네.
높고 높던 언덕이 무너져 내려 낮은 구릉으로 변하였고,
깊고 깊던 산골짜기 갑자기 솟아올라 언덕이 되었네.
『詩經·小雅·節南山之什·十月之交』

가을풀 치고 마르지 않는 것 어디 있으며
오랜 전쟁통에 홀아비 과부 아닌 사람이 어디 있는가.
불쌍한 병사들 싸움터에서 얼마나 고생하는지
사람이 호랑이나 들소가 아닌데 어찌하여 광야로 끌려가는가.
불쌍한 병사들 밤낮으로 고생만 하네.
『詩經·小雅·魚藻之什·何草不黃』

사방을 밝게 비춘다는 하늘이시여.
어찌 조금도 나를 불쌍히 여기지 않으십니까.

하늘이시여, 이렇게 괴롭히시다니
나를 죽게 하려는 것입니까.

하늘을 우러러 보아도 나를 사랑하지 않으시네.
이렇게 큰 재앙만 거듭 내리니 불안해서 어떻게 살까.
『詩經·小雅·節南山之什·五月 외』

이러한 전쟁 시기에 봉건주의 원칙은 무너져내리고, 종법 사상은 동요하였습니다. 언제나 그렇듯이 어려운 시기일수록 지배 통치자는 피지배자인 백성들을 더 수탈하고, 민본 정치는 변질하게 됩니다. 봉건주의 원칙 자체가 무너져 내린 상황에서는 언제나 신분 제도에서 제일 밑바닥에 있는 백성들이 제일 고생하기 마련입니다. 그래서 『서경』에는 이 세계 전쟁 와중에

서 "죽은 사람들의 피가 강처럼 흘러서 절구공이가 떠내려갈 정도였다"는 비참한 실상을 기록하고 있습니다. 맹자는 이 기록이 차마 사실일 리 없다면서 가슴아파합니다. 『시경』에서 백성들은 자신을 수탈하는 지배 계층을 '큰 쥐'라고 부르면서 그들을 떠나 낙토樂土, 평화로운 이상 세계로 떠나고 싶어합니다.

어떤 이는 밖에서의 비참한 울부짖음을 못 듣는지 편히 쉬고 있지만,
어떤 이는 잔혹한 억압과 착취에 숨이 막히네.
　　　　　　　　　　　　　　　　『詩經·小雅·谷風之什·北山』

쥐야 쥐야 큰 쥐야, 내 곡식을 먹지 마라.
내 너를 돌본 지 삼 년이거늘 너는 나를 돌보아 준 게 없다.
나 널 버리고 떠나리라, 내가 바라는 낙토樂土를 찾아서.
낙토여, 낙토여, 그곳이 바로 내가 살 곳이로다.
　　　　　　　　　　　　　　　　『詩經·國風·魏風·碩鼠』

　그러니 이 고난의 시기에 많은 사상가들이 등장하여 이 어지러운 사회의 평화와 안전을 위해서 어떠한 방책을 써야 할지 해결책도 제시하고, 인간과 세계에 대한 다양한 해석을 제시한 것은 놀라운 일입니다. 공자를 비롯해서 맹자, 노자, 장자, 양주, 묵자, 한비자 등 다양한 사상가들이 마치 봄에 수많은 꽃들이 다투어 피어나듯 나타나서 자신의 철학을 설파했다고 합니다. 그래서 춘추전국 시기라는 이 고난, 고통의 시기를 우리는

어두움의 시기가 아니라 '온갖 꽃들이 다투어 피어나는 시기', '백화쟁명百花爭鳴의 시기'라고 부릅니다. 우리는 어려움 속에서도 희망을 잃지 않는 존재입니다. 만약 그 어려움과 고통이 인간을 완전히 죽이거나 망가뜨리지만 않는다면, 우리는 그 어려움과 고통을 통해 더 나은 인간으로 성장할 수 있습니다. 그래서 맹자도 다음과 같이 말하였지요. 인간은 "우환에서 살고 안락에서 죽는다"生於憂患, 死於安樂", 『孟子·告子 下』고요. 시대 역시 마찬가지입니다. 이 시대가 자신이 안고 있는 그 시대적 우환으로 인간들을 완전히 망가뜨리지만 않는다면, 그것들을 이겨내는 과정에서 우리는 더 나은 시대로 나아가게 될 것입니다. 춘추전국 시기라는 고난의 시기에 수많은 사상가들이 나타난 원인을 다음과 같은 맹자의 말을 통해 추측해보고자 합니다. 수천 년 전 한 사상가의 말을 지금 들어보면 어떤 생각이 드는지요?

하늘은 장차 큰 일을 이 사람에게 맡기려고 할 때는, 반드시 먼저 그 사람의 마음과 뜻을 괴롭히고 그 근육과 뼈를 지치게 하고 그 몸과 살을 굶주리게 하며, 빈곤하게 한다. 이것은 그의 마음을 흔들어서 인내하는 성질을 기르게 하여, 지금까지 불가능하였던 일들을 더 해낼 수 있도록 하기 위하여서이다.

When Heaven is about to confer a great reponsibility on any man, it will exercise his mind with suffering, subject his sinews and bones to hard work, expose his body to hunger, put him to poverty, place obstacles in the paths of his deeds, so as to stimulate his mind, harden his nature, and improve wherever he is incompetent."

天將降大任於是人也, 必先苦其心志, 勞其筋骨, 餓其體膚, 空乏其身, 行拂亂其所爲, 所以動心忍性, 曾益其所不能.

『孟子·告子 下』

생 각 해 보 기

1. 동양 봉건주의는 그 특징이 무엇이라고 생각합니까?

2. 봉건주의 3대 원칙은 무엇입니까? 그 원칙이 어떻게 봉건주의 계급제도를 지지한다고 생각합니까?

3. 우리 사회에 아직 남아있는 봉건주의의 예를 구체적으로 들어 보세요. 본인이 생활속에서 느낀 점이나 생각한 점을 중심으로.

제7강

자기를 이기고 예를 회복하는 것, 그것이 인仁이다

克己復禮爲仁

서양을 대표하는 사상가를 한 사람 뽑는다면 아마 예수나 플라톤이 될 것이고, 동양을 대표하는 사상가를 한 사람만 뽑는다면 이의없이 공자가 붓다가 될 것입니다. 그 정도로 동양 문화 전체에서 공자가 차지하고 있는 영향력은 큽니다. 특히 현실사회에 더욱 그러합니다. 우리 마음을 컴퓨터에 비유해본다면, 컴퓨터 바탕 자체가 공자의 유학 사상으로 세팅되어 있는 상태라고 할 수 있을 것입니다. 이 컴퓨터에 각 개인이 집어넣는 파일들은 개인의 삶과 성향에 따라 다른 내용들로 차게 되겠지만, 우리 마음 바탕 자체가 유학으로 세팅되어 있다는 것은 부정할 수 없을 것입니다. 내 속을 들여다보면 볼수록 유학의 영향이, 그 뿌리가 얼마나 깊은지 놀랄 지경입니다. 개인에게나 사회 전체에나 이 유학이라는 바탕 위에 불교도 들어오고, 기독교도 들어오고, 서양의 다양한 현대 사상들도 들어와 자리잡지만, 이들은 애초에 들어왔을 때의 모습과는 조금씩 달라지게 됩니다. 사상적으로 불교도 인도 불교가 아니라 동아시아 불교만의 독특한 특성을 가지게 되었고, 기독교도 서구 기독교의 모습 그대로가 아니라 샤머니즘이나 불교와 연합되어 어딘가 달라진 모습으로 나타나게 되었습니다. 그 이유는 우리 마음과 사회 전반의 바탕에 기본적으로 세팅되어 있는 유학 사상과 융합되기 때문이라고 생각됩니다. 유학은 먼 과거의 지나가버린 추억에 지나지 않는다고 생각할지 몰라도, 현재도 이 사회의 많은 곳에서, 그리고 우리 자신도 의식적, 무의식적으로 유학 사상을 자신의 가치관으로 받아들이고 있습니다. 예컨대 우리는 인간에게 가장 중요한 것이 인품, 인간성, 덕이라고 생각합니다. 그래서 재산을 많이 가진 사람이나 지식을 많이 쌓은 사람보다 인간됨이 훌륭한 것이 가장 중요하다고 생각합니다. "사람이면 다 사람인가? 사람이라야 사람이지"라는, 할머니들이 늘 하시는 말씀, 그리고 누구나 부정하지 않고 받아들이는 그 원칙, 그것이 바로 유학의 핵심입니다. 그래서 우리는 정치가도 실력이 뛰어나거나 말을 잘하는 사람보다 오히려 말은 못해도 품성이 있는 사람을 선택하고는 하지요. 실력이 뛰어나거나 말 잘하는 사람은 최고의 정치인이 아니라 그 정치인을 보완하는 책사 역할이면 충분하다고 생각합니다.

유학의 창시자인 공자孔子, B.C.551-479, 즉 공 선생님은 춘추시대 말엽에 제후국 노魯 나라에서 주로 활동했던 사상가로 알려져 있습니다. 동양 최고의 사상가라고 하기에는 그다지 출신 성분이 훌륭하지 않아서, 그에 대한 가장 오랜 기록이 실려있는 사마천의 『사기史記』에는 "공자 아버지 숙량흘은 안씨녀와 야합野合하여 공자를 낳았다.. 공자는 가난하고 천하였다"라고 기록되어 있습니다. 하급 관리였던 숙량흘이 시골 마을을 지나다가 시냇가에서 빨래하고 있는 어린 아가씨인 안씨녀를 보고 관계를 가져 공자를 낳았는데, 공자가 태어났을 때 아버지의 나이는 70세가 넘었고 어머니는 열여섯 살이었다고 합니다. 이 안씨녀는 무녀였다는 기록도 있는데, 이 때문에 공자는 어른이 된 후에도 무녀의 아들이라는 손가락질을 받았습니다. 『논어』에도 공자가 젊었을 때 대단히 고생하며 지냈다는 기록이 남아 있습니다. 어느 제자가 "선생님께서는 성인이신가 봅니다. 어찌 그리도 다재다능하십니까?"라고 감탄하니, 공자가 그 말을 듣고 "나는 젊어서 천하게 살아서 다재다능하다"고 대답하였다는 기록이 있습니다. "夫子聖者與, 何其多能也.. 子聞之曰, 吾少也賤, 故多能." 『論語·子罕』 다른 곳에서도 공자는 젊은 시절에 남의 소와 양을 키워준다던가 창고를 지킨다던가 장부 정리를 한다던가 하는 여러 가지 잡일들을 많이 해서 못하는 일이 거의 없다고 말하는 내용이 나옵니다. 그의 아버지는 송宋 나라에서 노魯 나라로 옮겨온 하급 관리였다고 하는데, 그나마도 공자 나이 3세가 되었을 때 세상을 떠났습니다. 현재 한국에서도 19살 어린 아가씨가 3살 난 아들 하나 데리고 남편없이 혼자 살아야 한다면, 그 삶은 얼마나 신산하겠습니까? 그러니 수천 년 전에는 오죽했을까요? 그런데 똑같은 시대라도 그렇지 않은 나라들도 있습니다. 캐나다에서는 어린 자식이 만 18세가 될 때까지 미혼모에게 거주할 아파트와 생활비 월 200만 원이 지급됩니다. 그 모자를 방치해서 아이가 범죄자가 될 때 그 뒷

치다꺼리를 하는 비용과 비교해서 큰 차이가 없다는 계산 하에, 예방 차원에서 비용을 쓰는 것이라고 합니다. 우리는 같은 시대를 살고 있는 게 맞나요? 그 얘기를 처음 듣고 저는 큰 충격을 받았습니다. 사회 복지란 것의 실체를 처음으로 손으로 만져본 느낌이었지요. 어쨌든, 공자와 공자 어머니는 먹고 살기 위해서 안 해본 일이 없었고, 그래서 공자는 못하는 일없이 다재다능하게 되었던 것입니다. 삶의 고난이 그 사람을 완전히 망가뜨리지만 않는다면 훌륭한 사람이 될 수 있다고 지난 시간에 이야기했었지요? 이렇게 개인적으로나 사생아로 태어나 사회적, 경제적으로 어려움 시대적으로나 춘추전국 시대 어려운 상황에서 공자는 "인간이란 무엇인가?", "어떻게 하면 이 혼란한 사회에 평화를 오게 할 수 있을까?"를 질문하였습니다. 그는 결국 자기의 질문의 크기만큼 위대한 인물이 되었고, 이후 동양 사회에 지대한 영향을 끼쳤습니다. 서양의 예수 또한 요셉의 자식이 아니었고 마리아의 사생아였다고 하지요? 그러니 동서양 최고의 성인은 모두 사생아였고 고난을 겪었다는 공통점을 가지고 있었군요. 그런데 이것이 단순히 우연의 일치일까요? 모르겠습니다만 중요한 것은 그들이 그 고난에 지지 않았다는 사실입니다.

공자가 처음에 관심을 둔 분야는 '정치'였고, 그는 정치가가 되어 어지러운 사회에 자신의 철학을 실현해보고자 하였습니다. 그러나 당시는 봉건주의 사회였기에 정치를 하기 위해서는 당시 제후나 대부 등 지배층에 있는 이들이 그를 발탁해서 정치가로 등용해야 했지만, 아무도 그에게 일을 맡기는 사람이 없었습니다. 그는 결국 자신을 정치가로 써줄 이들을 찾아 노 나라를 떠나서 온 세상을, 온 제후국들을 수십년간 돌아다닙니다. 『사기』에서는 이를 "천하를 주유했다"고 표현하고 있습니다. 그러나 아무도 그를 하급 관리로나마 등용해서 일할 기회를 주는 사람이 없었습니다. 수십 년간 죽을 고생을 하면서 전 세계를 다 돌아다녔지만, 모두가 그를 귀찮게 여겼고 어떤 제후는 심지어 자객을 보내 죽이려고까지 하였습니다. 그러면서 세월이 가고 공자는 나이 육십을 넘었습니다. 그는 자신의 인 생이 실패하였다는 것을 자각하고, "다 되었다, 다 되었다"라고 좌절합니다. 그러면서 그는 마침내 정치가로서의 삶을 포기하 고 고향인 노 나라로 돌아가기로 마음먹습니다. 노년에 이르러 비로소 젊은이들을 가르치는 일로 인생의 방향을 전환한 것입 니다. "돌아가자, 돌아가자. 우리 고향의 젊은이들은 박력있고 이상이 높아서 재능이 뛰어나지만, 그것을 어떻게 다듬어야 할지를 모른다."_{"歸與歸與. 吾黨之小子狂簡, 斐然成章, 不知所以裁之."}
『論語·公冶長』

　공자가 정치를 하면서 실현해보고자 한 철학은 무엇일까요? 그것은 한 마디로 '인仁'입니다. 이때 인仁은 어질다는 뜻에 걸 맞게 즉 인간애, 인간과 인간의 연대 의식을 의미합니다. 현대 자본주의 사회에는 잘 안 맞아서, 요새 어떤 사람을 인하다고 평가하면 좀 바보같이 착하다는 뉘앙스를 가지기도 합니다. 실 제로 공자의 사후에 제자들이 공자의 말과 행동을 기록한 『논어』에는 '인仁'에 대해서 언급한 곳이 50여 군데가 될 정도로 이 인仁이 공자 사상의 핵심이라고 할 수 있습니다. 참고로 『논어』는 공자의 저서가 아니라, 공자 제자의 제자들, 즉 재전제자再傳弟子에게 전해져오는 큰 선생님의 언행을 기록한 책입니다. 『논어』에 나오는 인에 대한 이야기 중 가장 대표적인 것이 "인仁은 사람을 사랑하는 것이다"仁, 愛人也"는 정의입니다. 여기에서 '애愛'는 동사(V)로서 사랑하다는 뜻이고, '인人'은 명사로서 자기 자신을 제외한 다른 사람을 가리킵니다. 따라서 '애인愛人'은 다른 사람을 사랑하는 것, 즉 사람이라면 누구나 가지고 있는 사람에 대한 정, 인간애를 가리킵니다. 사람은 자신뿐 아니라 다른 사람들을 사랑하며 살아야 한다는 것입니다. 인간애를 가진 사람이라야 진정한 사람이라는 앞의 할머니들의 말이 바로 그것이지요. 문제는 이 인해야 한다, 사람을 사랑해야 한다는 너무나 당연한 말을 공자가 춘추전국 시기에 사회적 해결책이랍시고 내놓았다는 것입니다. 마치 예수의 "원수를 사랑하라", 붓다의 자비행에 대한 말을 듣는 것 같습니다. 그러니 당시 전쟁터인 현실 세계에서 공자가 '비현실적'이라고 비판받고, 그가 돌아다닌 나라들의 어떤 제후도 그를 등용하지 않았던 것이 당연한 일인지 모르겠습니다. 전쟁터에서 "사람을 사랑하라"는 메시지가 현실적인 정치가들에게 어떻게 들렸을지 자명합니다.

그런데 공자의 이 '인仁'은 윤리적이기도 하지만 사실은 매우 정치적인 함의를 가진 용어입니다. "자기를 극복하고 예禮

를 회복하는 것이 인仁이다”“克己復禮爲仁”, 『論語·顔淵』는 구절이
이를 잘 나타냅니다. 인을 ‘자기를 극복한다’(극기克己)는 윤리
적인 측면과 ‘예禮를 회복한다’(복례復禮)는 정치적인 측면의 두
가지 결합으로 설명하고 있습니다. 극기는 우리가 잘 아는 뜻
그대로, 자기가 가진 욕망, 이기심 같은 것들을 극복해야 다른
사람을 사랑할 수 있다는 뜻입니다. 옛날에는 공부하기 싫을
때 책상 위에 극기라는 글을 써놓고 스스로를 격려하는 슬로건
으로도 많이 썼었죠. 그런데 인의 개념에서 더욱 중요한 것은
‘예를 회복한다’는 측면입니다. 예禮가 주 나라 봉건제도와 사
회 규범 등을 포괄하는 전방위적인 개념이라는 것은 지난 시간
에 이미 말한 적이 있었지요. 그러니 예를 회복한다는 것은 예
절바르게 살아야 한다는 뜻이 아니라, 주 나라 봉건주의를 회
복해야 한다는 의미입니다. 춘추전국 시대는 주 나라 초기의
봉건주의 제도가 동요하다가 소멸해가는 시기였습니다. 봉건주
의 하이어라키에 따르면, 천자가 맨 위에 있고, 그 다음이 제
후, 그 다음이 대부大夫, 가家 등 하급 관리가 있고, 맨 밑바닥
에 백성들이 있는 구조로 되어 있습니다. 그리고 여기에서 천
자는 천자 역할을 하고, 제후는 제후 역할을, 대부大夫, 가家도
각각 대부와 가의 역할을, 그리고 백성들은 백성들 역할, 즉 농
사와 같은 생산 활동을 하면 아무 문제없이 돌아가는 매우 질
서있는 사회 구조입니다. 그런데 공자가 살았던 춘추 시대 말
엽에 천자는 이미 아무 실권이 없는 명목상의 존재에 불과하였
고, 제후국들 사이에는 우애 없이 오직 경쟁만 있는, 약육강식

의 질서만 존재하던 시기였습니다. 한 마디로 주 나라 초기의 봉건주의와 봉건 규범은 이미 찾아볼 수 없게 된 시기였던 것입니다. 공자는 바로 이 사회에 평화를 가져오려면 주 나라 초기의 봉건주의 제도를 회복해야 한다는 주장을 하고 있는 것입니다. 당시 동요하고 있던 봉건주의 질서를 회복시키는 것, 그것이 바로 인仁의 의미입니다. 그래서 공자의 유학 사상을 복고적, 퇴보적, 봉건적이라고 비판하는 것입니다. 주 나라라는 과거로 돌아가자는 주장이니 복고적이자 퇴보적이고, 봉건주의를 회복하자는 주장이니 봉건적이라는 것입니다. 따라서 공자가 주장하는 인仁은 단순히 사람을 사랑하고 인간애를 가지고 살자는 의미만이 아니라 주 나라 봉건주의를 회복하자는 심오한 정치적 뜻을 가진 매우 복합적인 개념인 것입니다. 이때 사람을 사랑하자는 뜻의 인仁에 대한 해석에서도 이것이 단지 보편적인 인간애나 인류애를 말하는 것이 아니라, 백성이라는 뜻의 민民과 대비되는 용어로서 지배 계층을 의미한다고 해석하는 학자들도 있습니다. 현대 중국의 사회주의 계열 학자들이 주로 그런 주장을 합니다. 그렇게 보면 '애인愛人'은 사람은 사람을 사랑해야 한다는 보편적인 의미가 아니라 지배 계층은 같은 지배 계층을 가까이해야 한다는 것, 봉건주의 원칙인 친친親親, 존존尊尊과 같은 뜻이 되어 버립니다. 인仁이 "지배 계층이여, 단결하라!"가 되는 것입니다. 그러니 근현대 중국에서, 특히 5.4 문화운동 당시 지식인들이 "공자의 가게를 불태워버려라!"는 슬로건을 내걸고 많은 사람들이 이에 동조한 것이 당연한 일인 듯보입니다. '반反봉건주의', '반反제국주의'가 근현대 동양 지식인들의 민족주의 운동에서 가장 중요한 이념이었으니, 봉건주의의 상징symbol이라고 할 공자의 유학 사상을 비판하지 않을 수 없었을 것입니다. 근현대 시기의 지식인들은 한편으로는 봉건주의 사상을 비판하여 제거하고 다른 한편으로는 서양 제국주의 세력에 저항하는 것을 시대적 과제로 삼았습니다. 그것은 한국도 마찬가지였습니다.

그러나 공자는 흐트러진 사회 질서를 과거 좋았던 봉건주의 제도를 회복함으로써 해결할 수 있다는 소박한 생각을 하였던 것은 아닐까요? 그의 '인仁' 사상은 그러한 사회 안에서 사람들이 서로 존중하고 사랑하며 살아가는 유토피아를 그린 것인지도 모르겠습니다. 부모는 자식을 사랑하고, 자식은 부모를 존경하고, 형제는 서로 우애있으며, 친구들은 서로 신뢰를 지키고, 임금은 신하를 자애롭게 대하고, 신하는 임금에게 충성하고, 제후국들은 서로 돕고 인한 정치 인정仁政를 행하고.. 뭐 이런 이상 사회. 공자는 심지어 제후가 자신을 등용하여 3년의 시간을 준다면, 자신이 다스리는 곳을 요순 시대와 같은 이상적인 나라로 만들 수 있다고 자신하였습니다. 그러나 행인지 불행인지 공자는 자신의 이런 철학을 실험해볼 기회를 갖지 못하였습니다. 또 한 가지, 공자의 유학 사상을 21세기인 현재의 눈으로 그대로 보고 비판하는 것은 문제가 있다고 생각합니다. 서양의 플라톤이나 아리스토텔레스 사상도 지금의 눈으로 보면 말도 못하게 봉건주의적이고 비논리적, 비과학적인 측면이 있지만, 그렇다고 해서 그 당시 그들의 사상이 가졌던 의의와 후대에 미친 긍정적인 영향을 부정해버릴 수는 없습니다. 마찬가지로 공자의 유학 사상 역시 과거로 돌아갈 것을 주장했다고 해서 그 사상이 가진 긍정적인 의의를 인정하지 않을 수는 없습니다. 공자 사상은 형식적인 '예禮'에 인간 심성의 가장 깊은 정서인 '인仁'이라는 내용을 채워넣은 사상가라는 평가를 받고 있습니다. 공자에게서 봉건주의인 예는 그저 제도나 형식에 그치는 것이 아니라 그 속에서 인간과 인간의 관계인 인륜의 정서가 살아숨쉬는 것이었습니다. 공자에 대한 이런 보편적인 평가 외에도, 그의 사상을 제대로 이해하려면 우리는 그가 살았던 사회·정치적 상황 위에서 그 사상을 보아야 합니다. 공자는 노 나라에서 살았습니다. 그런데 그가 살았던 노 나라는 제후가 권력을 제대로 잡지 못하고, 하급 관리에 불과한 세 명의 가家가 실권을 잡고 있던 정치적 상황에 있었습니다. '삼가三家'라고 불리는 이 세 명의 가에 대한 비판은 『논어』 곳곳에 나오고 있습니다. 삼가가 마치 제후나 천자 노릇을 하고 있다는 비판이지요. 이때 공자가 "주 나라 봉건주의를 회복해야 한다"고 주장한 것은 비상식적으로, 비합법적으로 권력을 가진 삼가에게 "너희들은 정치적 정당성이 없다. 그러니 물러나야 한다"는 주장을 한 것이나 마찬가지입니다. 노 나라 권력은 노 나라 제후가 가지고 있어야 하는 것이지, 하급 관리에 불과한 가는 노 나라 권력을 가질 자격이 없다는 비판이지요. 이는 실질적인 정치 권력자에 대한 정면 도전이라고 할 수 있습니다. 한국에

서도 과거에 군사 쿠데타로 정권을 잡은 대통령 앞에서 "당신
은 정치적 정당성을 가지고 있지 않다. 그러니 물러나야 한다"
고 비판하던 사람들은 다 어떻게 되었던가요? 그들은 운동권
인사로 분류되어 감옥에 가거나 목숨을 잃는 등 큰 박해를 받
았습니다. 공자 역시 노 나라 실권자인 삼가들에게 박해를 받
아 목숨이 위태로워서 노 나라를 떠날 수 밖에 없었습니다. 공
자가 천하를 주유한 것은 자신의 사상을 실천할 기회를 갖기
위해서이기도 했지만, 당시 실권자인 삼가에게 박해를 받아 노
나라에서 살 수 없었기 때문이기도 했습니다. 그러한 역사적
상황을 이해하고 보면, 공자는 당시의 기득권자에 정면으로 대
항한 운동권 인사였다고 할 수 있고, 그의 인 사상은 대단히
진보적이고 사회저항적인 사상이었다고 평가할 수 있습니다.
여기에서 공자의 인 사상에 대한 두 가지 대조적인 평가가 나
오게 되는 것입니다. 그의 사상을 복고적, 퇴보적, 봉건적이라
고 부정적으로 보는 평가와 사회저항적, 진보적, 보편적이라고
긍정적으로 보는 평가가 동시에 존재합니다. 여러분은 공자의
사상을 어떻게 평가하고 싶습니까? 물론 평가 이전에 우리는
유학 사상을 제대로 이해해야 하고, 그를 위해서는 먼저 그의
어록집인 『논어』를 읽어야 하겠지요.

　　인仁은 '극기'克己, 자신의 이기심, 욕심을 극복하는 것 더하기 '복
례'復禮, 주 나라 봉건주의를 회복하는 것입니다. 인간은 이 윤리적이
고 정치적인 두 가지 측면을 반드시 실현하면서 살아야 한다는
것이 유학의 핵심입니다. 유학에서는 자기 내면의 이기심, 욕

심을 다 극복한 사람을 '성인聖人'이라고 부르고, 정치적으로 인仁한 정치를 하는 사람을 왕王, 또는 왕도 정치를 행한다고 합니다. 내적으로는 인을 실현하는 성인이 되고, 외적으로는 왕도 정치를 행하는 것, 바로 '내성외왕內聖外王'이 유학이 지향하는 목표입니다. 이것은 공자가 말한 '극기복례'의 다른 표현이기도 합니다. 지금의 말로 달리 표현하면, 내적으로는 자기 한계에 갇히지 않고 인간애를 가지고 살아가는 따뜻한 인간이 되고, 외적으로는 사회적인 개혁을 지향하는 성숙한 인간이 되는 것이라고 할 수 있습니다. 내적으로는 끊임없이 자기 자신을 변혁하고, 외적으로는 자신이 속한 사회와 공동체의 문제를 개혁해 가는 것, 이 두 가지 지향이 같이 있어야 비로소 인간다운 인간인 인仁한 사람이 될 수 있다는 것이 유학이 우리에게 주는 메시지인 것입니다. 내적인 자기 변혁과 외적인 사회변혁, 평생 이 두 길을 함께 지향하며 살아갈 수 있다면, 그 사람은 바로 유학에서 말하는 인간다운 인간이 될 것입니다. 이것이 바로 전통 유학이 오늘날 우리에게 주는 메시지입니다. 내가 더 나은 인간이 되려고 노력하는 것은 더 많은 지식을 쌓거나 더 많은 것을 가지려고 하는 방향이 아니라, 남을 배려하고 존중하고 사랑하는 방향으로 가야 맞다는 것입니다. 정치적, 사회적인 문제를 외면하는 것은 순수가 아니라는 것입니다. 그것은 사회의 잘못된 측면을 그냥 수용해버리는 극보수의 길이지 더러운 것을 멀리하는 순수성의 발로가 아닙니다. 인간이라면 언제나 이 두 측면을 같이 염두에 두고, 이 두 가지 방향으로 다 노력해가야 한다는 것이 공자가 우리에게 주는 메시지입니다. 구체적으로 어떻게 어떤 일을 하며 평생 이 두 가지를 구현해갈까 하는 방향은 우리들이 모색해가야 할 숙제일 것입니다.

자신이 시도해보고 싶은 것을 한 번도 못해보고 이제 늙고 좌절해서 고향으로 돌아온 공자.. 그러나 공자가 역사에 이름을 남긴 것은 바로 늙어서 고향으로 돌아오고 난 뒤의 활동 덕분이었습니다. 애초에 마음먹은 대로 그는 젊은이들을 모아서 교육하여 능력있고 덕있는 정치가들로 키워냈습니다. 이들이 후대에 '유儒'라고 불리웠기 때문에 공자 사상이 유학儒學이 되었던 것입니다. 더욱이 그는 귀족 계급만 가능했던 당시 교육 풍토에서 일반 평민들도 배우려는 뜻만 확실하면 제자로 받아들여 교육하였습니다. "나는 멸치 한 봉지만 가져오면 누구든지 받아서 가르쳤다"고 합니다. 그리고 천하, 온갖 제후국들을 돌아다녔을 때 모아온 역사 자료들을 정리해서 후대에 『서경書經』이라고 불리우는 『상서尙書』를 편집·저술하였고, 노 나라 역사 자료들을 모아서 『춘추春秋』를 편집하였습니다. 그리고 온갖 제후국들을 다니며 들었던 노래들, 유행가들 중에서 가사가 좋은 것 300 편을 선별하여 『시경詩經』을 편집하였습니다. 그는 역사와 문학이 인간의 심성을 키우는 데 중요한 역할을 한다는 것을 잘 알고 있었습니다. 그래서 제자들에게도, 자식에게도 늘 시를 외울 것을 권하고는 하였습니다. 공자는 훌륭한 교육자이자 문헌학자, 역사가, 시인, 음악가였던 것입니다. 정치가로서는 실패했지만 실패했기 때문에 인생 후반기에서나마 그는 그러한 작업들을 할 수 있었습니다. 그가 교육한 젊은이들이 각 제후국들에 들어가 정치를 하고 제후를 성공적으로 보필하게 되면서, 공자의 유학 사상은 백가쟁명의 다양한 사상들 중의 하나로 자리잡게 되고 한대 이후에는 대표적인 사회 사상으로 자리잡을 수 있었습니다. 그러나 말년에도 그는 여전히 힘겹게 살았습니다. 가장 사랑하는 제자인 안회는 굶어서 영양실조로 죽었고, 공자는 이때 하늘이 자신을 망쳤다면서 통곡하였습니다. 가장 의리있고 공자를 늘 무조건적으로 따랐던 제자 자로는 전쟁에 나갔다가 적군에게 잡혀서 처참하게 죽었습니다. 그는 "도가 실행되지 않아서 뗏목을 타고 바다에 떠 있고 싶다. 이럴 때 나를 따라올 자는 아마 자로겠지"라고 말했던 제자입니다. 공자 아들 역시 공자보다 먼저 죽었는데, 그 당시 공자는 장례를 치를 관도 살 만한 경제적 여유가 없었다고 합니다. 공자의 삶을 일별해보면 참으로 어렵고 고생스러운 한 생입니다.

그러나 공자는 자신의 삶을 다음과 같이 요약합니다. 초년에 사생아로 태어나 고생한 이야기나 정치가로서의 끊임없는 실패, 외적인 고난에 대한 언급은 단 한 줄도 없습니다. 그는 언제나 자기 내면을 응시하고 자신을 성찰하며 살았던 진정한 한 인간이었습니다.

"나는 열다섯 살에 학문에 뜻을 두었고, 서른 살에는 우뚝 섰다. 마흔 살에는 미혹됨이 없었고, 쉰 살에는 천명

天命을 알았다. 예순 살에는 귀가 거스르는 것 없이 순해
졌고, 일흔 살에는 마음이 원하는 대로 따라도 법도에 어
긋나는 일이 없었다."
子曰, 吾十有五而志於學, 三十而立, 四十而不惑, 五十而
知天命, 六十而耳順, 七十而從心所欲不踰矩.

『論語・爲政』

생 각 해 보 기

1. 공자의 핵심 사상인 '인仁'은 무슨 뜻입니까? 예수의 '사랑'과
   어떤 차이가 있는지 생각해봅니다.

2. '내성외왕內聖外王'의 의미는 무엇이라고 할 수 있을까요?

3. 공자 사상에 대한 두 가지 상반된 평가에 대한 자기 생각을 말
   해보세요.

제8강

나는 날마다 나 자신을 세 번 반성한다

吾日三省吾身

오늘부터는『논어』를 직접 읽어보며 공자의 생각을 따라가 보기로 합니다.『논어』는 공자의 언행록으로, 공자가 제자들이나 당시의 위정자들, 숨어 사는 지식인들, 은자隱者와 나눈 단편적 대화들을 기록한 책입니다. 따라서 공자의 저술도 아니고, 어떤 한 사람이 일관되게 공자에 대해 저술한 책도 아닙니다. 공자 사후에 제자들의 활약으로 분기되어 나간 여러 학파들의 전승을 통해 오랜 시간에 걸쳐 집약된 문헌입니다. 그리고 여기에는 공자 시대의 초기 자료가 상당 부분 남아있을 것으로 추정하는데, 그래서인지 우리는『논어』에서 공자의 생생한 캐릭터와 내면적 심성에서 복받쳐나온 거짓없는 표현들을 볼 수 있습니다. 최근 발견된 중국의 곽점초묘 죽간에도『논어』의 몇 구절이 있는 그대로 발견되었습니다. 이것은『논어』파편의 부분적 존재가 이미 B.C.4세기에 확인될 수 있었음을 의미하고, 논論편집과 어語어록의 성문화 작업이 이미 그 시기, 또는 그 이전부터 부분적으로 진행되고 있었음을 의미합니다. 한漢 나라 때는 세 종류의『논어』판본이 전해오고 있었다고 합니다. 송 나라 주희는 『논어』와 『맹자』, 그리고 『예기禮記』의 한 편에 불과하였던 「중용편」, 「대학편」을 독립시켜서 묶고 이를 '사서四書'라고 불렀는데, 그 이후 과거 시험 교재로 사용되는 등 매우 중시되었던 것은 여러분도 알고 있을 것입니다. 자, 이제부터 『논어』의 세계로 들어가보기로 합니다.

『논어』는 이미 보았듯이 "배우고 때로 익히면 기쁘지 않은가"로 시작되는 소박한 공자의 말을 맨 앞에 두고 시작합니다. 그리고나서 『논어』 편집자는 다음과 같이 제자인 유자의 말을 바로 뒤에 오도록 이어서 편집하였습니다. 편집자는 왜 하필이면 공자의 말이 아닌 유자의 이 구절을 선택한 것일까요? 이것은 전형적인 봉건 윤리를 보여주고 있고, 그래서 아마 봉건 시대의 편집자는 좋아했겠지만 우리는 썩 좋아하기 어려운 내용이기도 합니다. 유학의 보편적인 휴머니즘에도 불구하고 이 구절은 봉건 윤리를 내면화하기 위해 우리가 자기 자신과 사회를 억압하는 측면을 잘 보여주고 있습니다. 그것이 『논어』 편집자가 굳이 공자의 말도 아닌 공자 제자의 말을 앞에 두어서 강조한 이유인지도 모르겠습니다.

유 선생님이 말씀하셨다. "그 사람됨이 효성스럽고 공손하면서도 윗사람을 범하기를 좋아하는 사람은 드물다. 윗사람을 범하기를 좋아하면서도 난리를 일으키기를 좋아하는 사람은 있어본 적이 없다. 군자는 근본을 힘쓴다. 근본이 서 있으면 길(=방법, 수단)이 생겨난다. 효성스러움과 공손함이 인간의 근본일 것이다.(또는 인仁을 실천하는 근본일 것이다, 또는 인仁의 근본일 것이다.)"

"有子曰, 其爲人也孝弟, 而好犯上者鮮矣. 不好犯上, 而好作亂
者未之有也. 君子務本, 本立而道生. 孝弟也者, 其爲人之本與"

『論語・學而』

Yu Tze said, "Few of those who are filial sons and
respectful brothers will show disrespect to superiors,
and there has never been a man who is not respectful
to superiors and yet creates disorder. A superior man is
devoted to the fundermentals (=the root). When the root is
firmly established, the moral law (=Tao) will grow. Filial
piety and brotherly respect are the root of humanity.

여기에서 말하는 '효성스러움孝, Filial piety'은 부모와 자식 간
의 덕목이고, '공손함弟, brotherly respect'은 형제간의 덕목입니다.
유학에서는 혈연 관계에서 자연스럽게 생겨나는 정감을 인륜의
덕성의 근본으로 삼았지요. 실제로 부모는 자식을 사랑하고 자
식은 부모를 존경하며 따르게 되어 있고, 형제들간에는 함께
자라면서 생기는 우애가 있기 마련입니다. 유학은 이처럼 혈연
에 근거한 정감을 바탕으로 윤리적 질서를 세웠고, 이 정감에
근거해서 사회 정의 개념도 확립하였습니다. 따라서 공자가 말
하는 인仁은 단순한 윤리적인 범주이기보다는 인간애, 또는 인
간과 인간의 유대를 말하는 감성적이고feeling-oriented, 심미적인
esthetical 범주라고 볼 수 있습니다. 두 사람의 관계에서 생겨나
는 '관계론적 사유Related Thinking'의 전형이라고 할 수 있지요.
송대 이후 성리학에서는 이 인을 이성적 판단에 기초한 도덕적

요구postulation, 형이상학적인 범주로 이해하였고, 우주의 법칙이라고까지 이야기합니다. 초기 유학에서도 인간됨의 기본을 '효제孝弟'라는 가족 윤리로 규정하고 있음을 여기에서 엿볼 수 있습니다.

더욱이 여기에서는 '윗사람을 범하는 것', 즉 하극상下剋上을 대단히 비판하고 있습니다. '하극상'은 글자로는 아랫사람이 윗사람을 이긴다는 뜻으로, 현재 우리 사회에서도 자주 쓰는 말입니다. "하극상을 경계해야 한다"는 식으로요. '아랫사람'은 부모가 아닌 자식, 형이 아닌 동생, 임금이 아닌 신하, 남자가 아닌 여자, 나이 많은 사람이 아닌 나이 적은 사람, 연장자가 아닌 젊은이, 사회적 지위가 높은 사람이 아닌 지위가 낮은 사람을 가리키고, '윗사람'은 그 반대를 가리킵니다. 이 '윗사람', '아랫사람'이라는 표현 자체가 바로 봉건주의 신분 질서를 전제로 한 용어입니다. 그리고 아랫사람은 어떤 경우에도 윗사람을 범해서는 안 된다, 즉 이기려 하거나 비판하거나 결례를 보이거나show disrespect to superiors 해서는 안 된다는 원칙을 강조합니다. 인간됨의 핵심인 효성스럽고 우애있는 사람 중 이러한 봉건 신분 질서를 받아들이지 않고 도전하는 사람은 있어본 적이 없다고 강하게 표현합니다. 윗사람에게 대드는 사람은 인간답지 못한 사람이라고 압박하는 것입니다. 그런가요? 인간다운 사람은 정말 윗사람과 아랫사람을 칼같이 나누고 여기에 상하 관계를 부여하여 아랫사람은 윗사람에게 어떠한 경우에도 반대하거나 저항해서는 안 되는 걸까요? 아, 이것은 유학에서 인간다움을 의미하는 이 보편적 인仁을 봉건주의와 결부시키는 순간부터 피할 수 없는 길인 것입니다. 유학의 이 이중성을 우리는 잘 응시해야 합니다. 이 원칙은 아직도 우리 사회의 민주화에 큰 장애로 작용하고 있습니다. 그를 위해 우리는 일단 독립적인 한 개인이어야 합니다. 자식은 부모의 아랫사람이 아니고 부모의 소속품이 아닙니다. 아내는 남편의 아랫사람이 아니고 남편의 소유물이 아닙니다. 연장자, 사회적 지위가 높은 사람이 젊은이, 지위가 낮은 사람보다 '윗사람'이 아니고, 자기 의견을 마음대로 강요할 수 있는 대상이 아닙니다. 왜 우리 사회에서는 인간 관계가 평등하지 못하고, 언제나 윗사람과 아랫사람으로 나누어져서 상하 관계가 되어야 합니까? 지금은 봉건 사회도 아닌데, 왜 언제나 "민중을 까야 하고" 그래서 누가 위인지 아래인지를 정해야 하고 회사의 부장과 직원은 평등한 관계가 될 수 없는 것입니까? 사회 구성원들이 모두 동등한 존재가 될 때, 한 사람 한 사람이 모두 한 개인으로 존중받을 때, 진정으로 이 사회에 민주주의는 가능합니다. 사람의 관계가 윗사람과 아랫사람으로 구분되지 않을 때, 그래서 아랫사람들의 비판적 사고와 창의성을 억압하지 않을 때, 이 사회는 더 발전할 수 있을 것입니다. 이 귀절은 하극상 비판으로, 유학의 보수적·봉건적인 측면을 보여주는 전형적인 표현이지요. 실제로 유학은 농경 사회의 대가족 질서를 반영하는 사상입니다. 대가족 사회의 질서를 잡기 위해서는 이러한 계층 질서가 편리하기는 했을 것이지요.

이 상하 관계가 얼마나 한 인간을 억압하는지 한 가지 예를 들어볼까요? 1997년, 괌에서 대한항공의 비행기 추락사고가 일어나서, 승무원과 승객을 포함한 228명이 사망하였습니다. 조종사나 부조종사, 기관사는 표창장까지 받았던 베테랑들이었고 비행기 기체도 12년 된 것으로 아주 낡았거나 특별한 이상이 발견된 적이 없었기에, 왜 이런 사고가 일어났는가에 대한 논의가 분분하였습니다. 그러나 당시에 저는 그 원인에 대한 설명을 들은 기억은 없고, 그냥 조종사가 일정이 빠듯해서 너무 피곤했던 것이 아니냐, 비행기 점검을 제대로 잘 해야 하지 않느냐, 뭐 이런 이야기가 오고가다가 사람들의 기억에서 점차 사라져갔습니다. 그러다 얼마전 우연히 한 책을 읽다가 이 대한항공 추락사고에 대한 분석이 실린 것을 보았습니다. 그 책은 말콤 글래드웰의 『아웃라이어』(원제는 *The Story of Success*, 김영사, 2009)인데, 여러분에게 강추합니다! 저는 이 책을 읽고 너무나 감명을 받은 나머지 영어 원서로 다시 한번 읽는, 제 생애에서 전무후무한 일을 하기까지 했습니다. 어쨌든, 이 책에 의하면, 블랙 박스를 분석한 결과 대한항공 비행기 사고의 원인은 조종사들이 충돌 위험을 알면서도 기수를 돌리지 않은 것에 기인한 것이었습니다. 피로한 주 조종사가 착각을 하여 위험한 상황에서 착륙을 시도하였는데, 부 조종사는 주 조종사의 잘못을 알고 있으면서도 아니라고, 그대로 진행하면 사고가 나니 빨리 방향을 바꾸어야 한다고 말하지 못하였습니다. 애매하게, 너무나 애매하게 우물거렸을 뿐, 주 조종사에게 자기 의견을 명확하게 전달하거나 아니면 부 조종사 자신이 기수를 돌려야 했는데, 그는 그렇게 하지 않았습니다. 그 결과 예견된 사고가 일어났고, 부 조종사 자신을 포함하여 모두 228 명이 목숨을 잃었습니다. 왜 이런 일이 일어났을까요? 죽음을 코앞에 두고도 자신을 살릴 "No"라는 말을 하지 못하다니요? 무엇이 무서워서요?

　말콤은 이 원인을 한국인들의 '권력 간격 지수Power Distance Index, PDI'로 설명하고 있습니다. 권력 간격 지수는 특정 문화가 위계 질서와 권위를 얼마나 존중하는지를 나타내는 지수입니다. "직원들이 관리자의 의견에 동의하지 않음에도 두려움 때문에 그것을 드러내지 않는 일이 얼마나 자주 발생하는가?"를 보여주는 것인데, PDI 와 항공 사고의 빈도수 사이에는 비례 관계가 성립한다고 합니다. 한국 사람들은 이 권력 간격 지수가 커서 부 조종사는 곧 대형 사고가 날 상황에서도 주 조종사에게 그가 착각해서 잘못하고 있다는 얘기를 하지 못했습니다. 그 자신을 포함해 수백명이 곧 목숨을 잃을 것을 알고 있는 상황에서도 말이죠. 정말 믿겨지지 않는 일입니다. 블랙박스는 다음과 같은 대화를 녹음하고 있습니다.

　　주 조종사: "어, 정말로, 졸려서.."
　　부 조종사: "그럼요. 꽴이 안 좋네요."
　　주 조종사: "비가 많이 온다."
　　부 조종사: "네, 더 오는 것 같죠? 이 안에.."

이 대화 어디에 이 방향으로 비행기가 계속 가면 사고가 난다는 것을 알 수 있는 말이 있습니까? 물론 우리 일상의 생활에서라면 "꽘이 안 좋다"는 말에서 무슨 문제가 있다는 뉘앙스를 잡아낼 수 있을지 모르지만, 곧 비행기가 착륙해야 하는 새벽 시간에 좁은 조종사 칸에서 더욱이 피곤한 상태로 그런 의미를 잡아내기는 누구라도 불가능했을 것입니다. 말콤은 그러면서 한국어의 애매모호한 표현이 나올 수 밖에 없는 한국의 집단주의 문화와 언어 사용법에 주목합니다. 그가 심지어 "경이롭기까지 하다"고 평가하는 다음 대화의 내용들은 그러나 우리에게는 얼마나 익숙한 것일까요?

> 과　　장: "날씨도 으스스하고 출출하네." (=한 잔 하러 가는 게 어때?)
> 회사원: "한 잔 하시겠어요?" (=제가 한 잔 사겠습니다.)
> 과　　장: "괜찮아, 좀 참지 뭐." (= 그 말을 반복한다면 제안을 받아들이도록 하지.)
> 회사원: "배고프실텐데, 가시죠?" (=저는 접대할 의향이 있습니다.)
> 과　　장: "그럼 나갈까?" (=제안을 받아들이기로 하지.)

평소에 주 조종사가 얼마나 권위적인 사람이었는지는 알 수 없지만, 그와 무관하게 부 조종사는 아마 사회 생활에서 대단히 평판이 좋은 사람이었을 것입니다. 예의바르고 공손하다는 평을 받았을 것입니다. 그러나 그 좋은 평판에도 불구하고, 또는 그 좋은 평판 때문에 그는 자신의 생명을 포함하여 228명의 생명을 빼앗았습니다. 그가 바로 『논어』의 위 구절에서 말하는 "공손하면서도 윗사람을 범하기를 좋아하지 않고", "난리를 일으키기를 좋아하지 않는" 사람입니다. 유학의 봉건주의 규범을 완전히 체화하여 윗사람과 다른 의견을 제시한다든가 도전하는 일은 절대절명의 상황에서도 하지 못하는 소위 '인仁한 사람'인 것입니다. 믿을 수 없는 말들이 그대로 블랙박스에 담겨 있으니, 이 놀라운 사실은 부정할래야 부정할 수가 없습니다. 말콤은 다문화 심리학 연구에서 쓰이는 '홉스태드 차원 Hofsteade's Dimensions'을 인용하면서, 개인이 집단보다 개인 스스로를 얼마나 중요하게 생각하는지에 따라 문화들이 구분될 수 있다고 말합니다. '개인주의-집단주의 척도 individualism-collectivism scale'를 활용하여 개인주의에서 가장 높은 지수를 받은 나라는 미국이고 가장 낮은 지수의 나라는 과테말라임을 밝히면서, 한국도 낮은 지수의 나라들에 속해 있다고 말합니다. 이 척도가 낮은 것이 바로 이 대형사고의 궁극적인 원인인 것입니다. 저는 이 개인주의-집단주의 척도가 낮다는 사실과 『논어』에서 말하는 봉건주의 규범의 내적 강화 사이에 결정적인 연관성이 있다고 생각합니다. 우리가 예의를 지켜야 하는 것은 맞지만, 우리 속의 이 봉건주의 규범을 이제는 벗어나서 집단보다 개인을 중요하게 여기며 살아야 하지 않을까요? 다시 말하지만, 건강한 개인주의는 우리 모두의 과제입니다. 그래야 대한항공 추락사고와 같은 대형 사고가 반복되지 않을 수 있을 것입니다. 그러나 얼마전 일어났던 동일한 항공의 땅콩 회항 사건을 보면, 아직

갈 길이 멀다는 생각이 드네요.

유학자들은 늘 자기 자신을 돌아보며 더 나은 인간이 되려는 노력을 그치지 않습니다. 『논어』 편집자는 위 유자의 말 뒤에 역시 공자의 제자인손자라는 말도 있습니다만 증자曾子의 말을 이어서 서술합니다.

> "나는 날마다 나 자신을 세 번(또는 세 가지를) 반성한다. 다른 사람을 위해 도모할 때 충실하지 않은 일이 있었는가? 벗들과 교제할 때 신뢰가 없는 일이 있었는가? 가르침을 전해받은 것을 익히지 않은 일이 있었는가?(또는 내가 익히지 못한 것을 남에게 전하고 있지는 않은가?)"

> "曾子曰, 吾日三省吾身. 爲人謀而不忠乎, 與朋友交而不信乎, 傳不習乎." 『論語·學而』
> Tseng-Tze said, "Every day I examine myself on three points: whether in counseling others I have not been loyal; whether in intercourse with my friends I have not been loyal; and whether I have not repeated again and again and practiced the instructions of my teacher."

이 성실함, 자기 자신에 대한 충실함과 다른 사람에 대한 신뢰는 유학에서 가장 높이 평가하는 가치입니다. 조선에서는 공자 사상을 이해할 때 『논어』보다 『효경孝經』을 핵심에 놓고 파악하였다고 합니다. 공자 사상을 국가 종교, 국가 이데올로기 체계로 활용하기 위하여 그 효를 절대시하는 과정에서 『효경』은 태어났을 것입니다. 전국 시대 말기에 증자 계열 학파에서

『효경』 텍스트가 성립되었고, '충효忠孝'는 바로 이데올로기화되었습니다. 증자가 이 '충', '효' 사상을 강조하는 사상가였고, 증자의 제자들이 『논어』를 편집할 때 스승의 가르침을 강조해 넣었습니다. 물론 이때의 '충忠'은 후대에 쓰이듯이 충성의 의미가 아니라 자기 자신에게 충실한, 성실한 자세를 의미합니다. 증자는 또한 이어서 다음과 같이 말하였습니다.

> 증자가 말하였다. "삶의 끝(죽음)을 신중히 하고 먼 조상
> 을 추모하면, 백성들의 덕이 두텁게 될 것이다."
> "曾子曰, 愼終追遠, 民德歸厚矣."   『論語·學而』

여기에서 '신종愼終'은 끝終을 신중하게 한다愼, 즉 상례를 신중하게 치루어야 한다는 뜻이고, '추원追遠'은 멀리 있는 이遠를 추모한다追, 즉 조상에게 제사를 잘 지내야 한다는 뜻입니다. 상례와 제사, 이 두 가지는 유학에서 가장 중요한 의미를 지니는 의례인데, 『논어』의 이 말에 사상적 근거를 두고 있습니다. 유학에서는 우리 삶의 대표적인 의례로 관冠·혼婚·상喪·제祭라는 4 가지 의식을 들고 있습니다. 관례는 20세에 상투를 틀고 자를 받는 일종의 성인식이고, 혼례는 결혼식입니다. 상례는 빈례殯禮, 빈소 차리는 예, 장례葬禮, 무덤 만드는 예로 나누어지고, 제례는 제사를 의미합니다. 이 4 가지 의례 중 증자는 여기에서 상례와 제례가 가장 중요하다는 것을 강조한 것입니다. 상례와 장례를 중시하여 잘 행하면 "백성들의 덕이 두터워질 것"

이라고, 백성들의 인품이 훌륭해지는 효과를 가져올 수 있다고 본 것입니다.

인간의 죽음에 대한 인식에서 동서양의 사고 방식은 아주 다릅니다. 서양 기독교에서는 인간은 원래 시간 밖에 있는 존재였으므로 죽고 난 뒤에 다시 시간 밖으로 가는 것뿐이라고 생각합니다. 인간이 태어나서 산다는 것은 영혼이 육체에 포로로 잡힌 것이고, 죽으면 영혼은 고향, 본향, 하늘나라, 천국으로 돌아간다고 말합니다. 반면에 동양 유학에서는 나 개인의 존재는 유한하지만 유한한 존재의 연결은 무한하다고 봅니다. 즉 나는 여기에서 죽지만 내 후손에 의해 신종추원愼終追遠되고 끝없이 이어진다고 봅니다. 나의 생명은 먼 조상에서부터 끊어지지 않고 면면히 이어져서 나에게 전해진 것이므로, 나는 생명을 끊지않고 나에게까지 전해준 조상들을 추모하며 감사할 의무가 있다고 생각한 것입니다. 더욱이 나에게 직접 생명을 준 부모에게는 효를 다하고 그분들의 장례에는 정성을 다해야 한다고 여깁니다. 이러한 조상 숭배는 인간의 죽음을 역사 속에서 해결하는 대표적인 방식이라고 할 수 있습니다. 생각해보면, 수만, 수십만 년 전의 그 어떤 이로부터- 그 사람이 아담이든, 이브든, 아프리카의 어느 여자 조상이든- 생명이 끊이지않고 나에게까지 전해져왔다는 사실은 얼마나 놀라운 일입니까? 그렇게 수만, 수십만년 동안 무수한 존재들을 통해서 전달받은 생명의 소유자인 나는 또 얼마나 소중한 존재입니까? 그래서 옛날 유학자들은 "나의 몸과 머리칼, 피부는 모두 부모에게 받

은 것이니, 감히 손상시키지 않는 것이 효의 시작이다"身體髮膚
受之父母, 不敢毀傷, 孝之始也."『孝經』라고 말했습니다. 더욱이 인간
은 반드시 결혼을 해서 자식을 낳아서 내가 조상에게 받은 이
생명을 후손에게 전달해야 할 의무가 있다고 생각했습니다. 우
리가 구시대적이라고 비판하는 '가문의 대를 잇는다'는 행위는
사실은 이러한 철학에서 나온 것입니다.

유학에서 보는 인간은 기氣의 덩어리로서, 하늘의 기인 혼魂
과 땅의 기인 백魄이 결합하여 생겨난 것입니다. 그래서 사람
이 죽으면 하늘의 기는 공중에서 흩어지고 땅의 기는 무덤 속
으로 들어가 사라져간다고 보았습니다. 그러나 하늘의 기인 영
혼이 흩어지는 것은 무덤 속의 뼈가 소멸되는 것보다 오래 걸
린다고 보았기 때문에 120년은 제사를 모셔야 한다고 생각하
였습니다. 1세대를 30년으로 치면 120년은 4대 조상들에게까
지 해당하고, 그러니 4대까지는 제사를 지내야 했습니다. 그러
니 전통사회에서 제사의 의무를 진 종갓집에서 일년 내 모셔야
할 조상들에 대한 제사는 얼마나 많았겠습니까? 하루 건너 하
루를 제사상 차리고 제사 드리는 일을 하면서 보내야 했을 것
입니다. 그래서 죽어서 제사를 지내줄 맏자식에 모든 재산을
남겼고, 한 가문의 맏며느리는 그렇게 중요한 자리가 되었던
것입니다. 오직 남편 가문의 얼굴도 모르는 조상들에 제사를
모셔야 하기 위해서였죠. 우리가 제사지낼 때 향긋한 술을 마
련하는 것은 조상의 혼백이 향긋한 술향기를 맡고 하늘에서,
땅에서 오시기를 바라서였습니다. 여러분은 앞으로 있을 여러

분의 후손들이 제사를 지내며 여러분을 추모하기를 바랍니까? 저는 바라지 않습니다. 제 얼굴도 모르는 후손들이 음식을 차려놓고 저를 추모한다고요? 그냥 그들이 자신에게 전하여진 생명에 감사하며 하루하루 충실하게, 행복하게 살면 그걸로 충분할 것 같습니다. 위 구절에서는 상례와 제사를 지내는 주체가 누군지에 따라 여러 가지 해석이 가능합니다. 일반적으로는 지배층인 천자天子, 제후諸侯, 대부大夫, 사士가 상례와 제사를 잘 지내면, 민심이 후하게 될 것이라고 해석합니다. 조선 시대 다산 정약용은 그 주체를 보편적인 인간으로 보았습니다. 사람들이 상례와 제사를 잘 지내면, 남은 사람들의 덕성이 후덕해진다는 것입니다. 그 이유는 내가 죽은 뒤 가까운 사람들에게 기억되리라는 것을 확인하는 자리가 되기 때문입니다. "나는 죽으나 외롭지 않다. 나는 죽는 순간 매정하게 잊혀지지 않고, 후손들에게 기억될 것이기 때문이다"는 것이 정약용의 말입니다. 약간 감동적이지 않나요? 앞의 해석과는 느낌이 좀 다르지요? 초월적인 신을 상정하지 않는 동양에서 '죽으나 외롭지 않을 방법', 인간의 유한성을 극복하는 방식은 바로 이 조상-나-후손으로 이어지는 생명의 연계, 그리고 역사입니다.

공자 사상은 인仁의 철학입니다. 공자가 말하는 인仁은 자신과 같은 생명체인 사람에 대한 존중을 바탕으로 하고 있고, 특히 공동의 조상으로부터 동일한 생명을 나누어받은 혈연에 대한 애착에 근거합니다. 되풀이해서 말하지만, 유학은 인간의 자연스러운 정감을 바탕으로 한 사상입니다. "인간이 인仁하지 않다면 예를 무엇하겠는가? 인간이 인하지 않다면 음악을 무엇 하겠는가?"“人而不仁, 如禮何. 人而不仁, 如樂何.”『論語·八佾』, “If a man is not humane, what has he to do with ceremonies? If he is not humane, what has he to do with music?"는 말은 그의 심미적 감수성과 함께 생명의 보편적 기반을 보여주는 말입니다. 인간은 귀한 존재이 므로 서로 인仁으로 대해야 한다는 것, 인간의 인성적 바탕은 인 仁이라는 것, 그리고 의례禮와 음악樂은 그 인이 사회적으로 표 현된 것에 지나지 않는다는 말입니다. 공자에게 인간됨을 결정 하는 가장 중요한 준거는 내면의 인입니다.

자공이 질문하였다. "만약 백성들에게 널리 베풀고 많은 사람들을 구제하는 사람이 있다면, 어떤가요? 인仁하다고 평가할 수 있습니까?" 공자가 대답하였다. "어찌 인하다 고만 하겠는가? 반드시 성인이라고 할 것이다. 요순 임 금도 이를 어렵게 여겼다. 저 인한 사람은 자기가 서고자 하면 다른 사람을 세우고, 자기가 도달하고자 하면 다른 사람을 도달하게 한다. 가까운 데서 비유를 취할 줄 알 면, 그것이 인을 실천하는 방법이라고 할 만하다."

子貢曰, 如有博施於民而能濟衆, 何如. 可謂仁乎. 子曰, 何 事於仁, 必也聖乎. 堯舜其猶病諸. 夫仁者, 己欲立而立人, 己欲達而達人. 能近取譬, 可謂仁之方也已.   『論語·雍也』 Tzu-kung said, "If a ruler extensively confers benefit on the people and can bring salvation to all, what do you think of him? Would you call him a man of humanity? He is without doubt a sage. Even Yao and Shun fell short of it. A man of humanity, wishing to establish his own character, also establishes the character of others, and wishing to be prominent himself, also helps others to be prominent. To be able to judge others by what is near to ourselves may be called the method of realizing humanity."

"인한 사람은 자기가 서고자 하면 다른 사람을 세우고, 자기가 도달하고자 하면 다른 사람을 도달하게 한다"夫仁者, 己欲立而立人, 己欲達而達人는 것은 황금률로 불리는 인류 공통의 보편적 지혜입니다. 기독교 신약성경에서도 "무엇이든지 남에게 대접을 받고자 하는 대로 너희도 남을 대접하라."마태복음 7장 12절, 누가복음 6장 31절라는 똑같은 말이 나옵니다. 황금률the golden rule이라는 용어는 3세기에 로마 황제 알렉산드르가 이 문장을 금으로 써서 거실 벽에 붙인 데서 유래하였다는 이야기도 있지만, 황금처럼 고귀한 윤리 지침이라는 의미일 것입니다. 그리고 공자는 이 인을 행하는 방법으로 "가까운 데서 비유를 취하다能近取譬"는 방식을 제안하고 있습니다. 다른 사람의 일을 마치 내 자신에게 일어난 일인 것처럼 느끼는 것입니다. 서로 처지를 바꾸어서 생각해보는 것, 역지사지易地思之도 바로 이에 해당합니다. 사실 인을 행하는 데 무슨 큰 방법이 필요하겠습니까? 우리는 인을 행하는 데에는 무슨 특별한 방법이 필요없고, 단지 인을 행하고자 하는 마음이 필요할 뿐이라는 사실을 너무 잘 알고 있지요? 공자도 다음과 같이 말한 것을 보면 이 사실을 잘 알고 있었던 듯합니다.

"나는 (참으로) 인을 좋아하는 사람과 불인을 싫어하는
사람을 아직 만나본 적이 없다.. 하루라도 그 힘을 인에
쓸 수 있는가? 나는 인에 쓸 힘이 부족한 사람을 본 적이
없다. 있을 수도 있겠지만, 나는 아직 만나본 적이 없다."
子曰, 我未見好仁者, 惡不仁者.. 有能一日用其力於仁矣乎.
我未見力不足者. 蓋有之矣, 我未之見也.　　『論語・里仁』

생각해보기

1. 주변에서 "효성스럽고 공손하여 윗사람을 범하지 않는 사람이
   나 상황"을 본 적이 있습니까? 그의 이야기를 구체적으로 들려
   주세요.

2. '황금률the golden rule'에 해당하는 도덕적 원칙을 다른 문화의
   사상이나 책에서 표현된 것을 본 적이 있으면 알려주십시오.

제9강

아는 것을 안다고 하고 모르는 것을 모른다고 하는 것, 그것이 아는 것이다

知之爲知之, 不知爲不知, 是知也

봄이라서 온갖 꽃들이 피어나고 신록이 정말 아름다운 계절입니다. 저는 어제 산책을 하다가 연녹색 신록을 보면서 여러분 생각을 했습니다. 흠, 뜬금없이 무슨 말이지 라고 생각할지 모르나, 옛날 국어교과서에 실린 이양하 작가의 '신록예찬'이라는 글이 생각났거든요. 오늘 강의 전에 저는 그 글을 찾아보았습니다. 여기에서의 신록 예찬은 사실은 청춘을 예찬하는 글, 바로 여러분 나이의 청춘을 찬양하는 글이랍니다.

"눈을 들어 하늘을 보고 먼 산을 바라보라. 어린애의 웃음같이 깨끗하고 명랑한 오월의 하늘, 나날이 푸르러가는 이 산 저 산, 나날이 새로운 경이를 가져오는 이 언덕 저 언덕, 그리고 하늘을 달리고 녹음을 스쳐오는 맑고 향기로운 바람. 우리가 비록 빈한하여 가진 것이 없다 할지라도, 우리는 이러한 때 모든 것을 가진 듯하고, 우리의 마음이 비록 가난하여 바라는 바, 기대는 바가 없다 할지라도, 하늘을 달리어 녹음을 스쳐오는 바람은 다음 순간에라도 곧 모든 것을 가져올 듯하지 않은가."

(이양하 / '신록예찬' 중)

지난 시간에 우리는 공자 제자인 증자의 사상에 대해 얘기했습니다. 기억나지요? 『논어』에는 증자가 공자 사상을 어떻게 이해하고 있는가를 분명히 보여주는 구절이 있습니다. 이것은 공자의 말이기도 하지만 사실은 증자의 생각이기도 합니다.

> 공자가 말하였다. "삼아! 나의 도는 하나로 꿰뚫는다." 증자가 "예"라고 대답하였다. 공자가 나가자 문인들이 물었다. "무슨 뜻입니까?" 증자가 말하였다. "선생님의 도는 충忠과 서恕일 뿐이다."

> 子曰, 參乎. 吾道, 一以貫之. 曾子曰, 唯. 子出, 門人問曰, 何謂也. 曾子曰, 夫子之道, 忠恕而已矣. 『論語・里仁』
> Confucius sais, "Shen, there is one thread that runs through my doctrines." Tseng Tze said, "Yes." After Confucius had left, the disciples asked him, "What did he mean?" Tseng Tze replied, "The way of our Master is none other than conscientiousness and altruism.

공자가 자기의 도를 '하나로 꿰뚫는다일이관지 一以貫之'고 한 표현은 다른 곳에서도 나오지만, 과연 그 하나가 무엇인가에 대해서는 설명하지 않았지요. 그래서 제자들 사이에서는 그 하나가 무엇인가, 그 핵심이 무엇인가를 가지고 설왕설래하였던 것 같습니다. 이때 증자나 증자가 리더인 제자 그룹에서 공자가 말한 그 하나를 '충忠'과 '서恕'로 해석하였다는 것이지, 공자 생각이 정말 그랬는지는 알 수 없습니다. 다만 증자는 『중용』을 편찬할 정도로 큰 영향을 미친 사상가이니만큼, 그의 해석은 매우 중요합니다. 증자가 말하는 '충忠, conscientiousness'은 충실하다는 뜻으로, 자기 자신을 다하는 것, 자기의 내면적 가능성을 다 발휘하는 것이라고 이해할 수 있습니다. '서恕, altruism'는 자기를 미루어서 생각하는 것, 자기를 미루어 다른 사람에게로 확충해나간다는 뜻입니다. 주희=주자의 『논어집주』를 보면, "자기를 다하는 것을 충이라고 한다盡己之謂忠, 자기를 미루어가는 것을 서라고 한다推己之謂恕"라고 주석을 달고 있거든요. 한 마디로, 증자는 공자 사상이란 다른 것이 아니라 자기 자신에게 충실히 살아가는 것, 그리고 다른 사람을 자기 일처럼 생각하도록 노력해가는 것, 이 두 가지로 요약할 수 있다고 보는 것입니다. 이 충과 서를 번역자가 'conscientiousness성실성', 'altruism이타주의, 이타심'으로 번역한 것은 잘한 것이겠지요?

동양철학이 서양철학과 다른 점은 이 세계를 이원론이 아닌 일원론으로 보고 있다는 점이라는 것은 앞에서 이미 다룬 적이 있습니다. 동양철학에서는 우리가 살고 있는 이 세계를 하나의, 유일한 세계로 보고 있기 때문에, 경험하지 못하거나 현실 세계를 넘어선 비현실적인 세계에 대해서는 관심을 두지 않거나 아예 부정합니다. 공자 사상 역시 마찬가지인데, 그 근거는 다음과 같은 구절에서 찾아볼 수 있습니다.

공자는 괴상한 것, 힘쓰는 것, 어지러운 것, 신비한 것에 대해서는 말하지 않았다.

子不語怪力亂神.　　『論語・述而』

Confucius never daiscussed strange phenomena, physical
exploits, disorder, or spiritual beings.

『논어』의 이 한 마디가 동아시아 문명의 합리성Rationality의
기초가 되었다고 해도 과언이 아닙니다. 『논어』는 한 사람의
말을 적어놓은 일시의 기록이 아니라, 지구상에 존재했던 가장
많은 사람들이 읽고 공감하며 그들의 삶을 구성해왔던 공동체
의 공동 가치의 기반이기 때문입니다. 『논어』는 역사적으로 한
대漢代에 이미 경전화된 이후로 특히 북송 때부터는 목판 인쇄
와 출판물 유통의 비약적 발전으로 대중들이 시중에서 쉽게
사볼 수 있는 서적이 되었고, 명대부터는 과거 제도의 발달과
더불어 동아시아 문명 전체의 기본 텍스트가 되었던 것입니다.
『논어』의 이 구절은 아주 단순하게 보이지만 공자의 지나가는
가벼운 말이 아니라, 동아시아 전체 문명의 틀이라고 할 수 있
습니다. 모든 비합리적인 것에 대한 무관심, 부정인 것입니다.
여기에서 '괴怪'는 Strange Phenomena, Grotesqueness, 기괴한
것, 그로테스크한 것, 불가사의한 것을 말합니다. '력力'은 Physical
exploits, Extraordinary Power, 힘, 예외적으로 강인한 힘이고, '란
亂'은 Disorder, 무질서, '신神'은 Spiritual Beings, Supernatural
Beings, 신적인 존재들을 가리킵니다. 이것들은 각각 '상常, Common
Sense, 덕德, Ordinary Virtues, 치治, Order, 인人, Humanity에 반대되는
개념입니다. 이 말은 공자는 비정상적인 것, 신비로운 것, 초자

연적인 것, 귀신·신과 관련된 모든 환상이나 주장들에 관심을 두지 않았다는 것입니다. 오직 정상적인 것, 인간됨, 즉 덕, 질서, 현실의 존재들만 인정하고 거기에만 관심을 집중하였다는 것입니다. 이것이 바로 동아시아 문화의 합리성의 바탕입니다.

이 문제와 관련해서 제가 개인적으로 『논어』에서 아주 중요하다고 생각하면서 제일 좋아하는 구절이 있습니다. 몇 글자 안 되는 아주 단순한 구절입니다.

공자가 말하였다. "군자는 그릇이 아니다."

孔子曰, "君子不器."   『論語·爲政』
Confucius said, "The superior man is not an implement."

여기에서 말하는 '기器'는 그릇, 도구implement를 가리킵니다. 군자, 즉 인간은 어떤 역할을 하도록 만들어진 도구가 아니라는 것입니다. 한 인간의 가치는 그가 어떤 쓰임새를 갖고 있는가, 그가 어떤 일을 해내는 존재인가 하는 그의 도구적인, 실용적인 쓸모에 있지 않다는 의미입니다. 인간은 실용적인 관점을 넘어서 받아들여져야 한다는 것, 즉 인간은 수단이 아닌 목적이라는 선언입니다. 한 사람은 그의 직업이나 그의 실용적인 쓰임새가 중요한 것이 아니라 인격적 완성이 보다 중요한 것입니다. 한 인간을 평가할 때 어느 한 부분을 얼마나 잘하는가 하는 전문성보다는, 내적인 인격의 완결을 위한 전인성이 보다 중시되어야 한다는 것이죠. 그리고 그러한 가치를 지향하며 살아야 진정한 군자, 진정한 인간이라는 말입니다. 이 짧은 말, "군자는 그릇이 아니다"는 얼마나 감동적인 말입니까. 이 말은 "인간은 수단이 아니다!"는 말의 다른 표현인 것입니다. 삭막한 자본주의 사회에서 공자의 이 말은 이 얼마나 혁명적인 발언이란 말입니까? 우리는 무엇을 잘 하는 능력, 하다못해 스펙, 외모, 가진 것들에 의해 평가받는 도구적 존재가 아닙니다. 우리는 자기 자신이 목적이지, 다른 어떤 멋있는 이즘~ism=이념이라도 그것을 달성하기 위한 수단이 아니라는 말입니다.

　서양 기독교의 직업관은 이와는 대조적입니다. 대표적인 예로 막스 베버Max Weber, 1864-1920의 사상을 들 수 있습니다. 막스 베버는 직업은 '신의 소명'God's calling이고, 따라서 자기의 현세적 삶의 직업에서 최선을 다하는 것이 초월적인 신의 소명을 현세적으로 구현시키는 것이라고 주장하였습니다. 그리고 그 직업적 결과물인 부를 신의 영광을 위하여 저축해가야 한다고 봅니다. 따라서 부의 축적은 신의 소명을 따른 결과로 주어진 것으로서, 매우 긍정적으로 받아들여집니다. 부와 이익은 신의 소명에 따른 결과로, 신이 준 것이기 때문입니다. 기독교, 특히 프로테스탄티즘에서는 초월적인 신에게 철저히 복종할 것을 요구합니다. 나는 지금 이 세계에 살고 있지만 나 자신의 진정한 삶은 이 세계에 속한 것이 아니므로, 세속적인 것에 빠지지 않는 극복의 동기가 부여됩니다. 그리고 이러한 생각은 금욕주의와 연계됩니다. 이 금욕주의가 자본 축적이라는 경제적 합리주의의 결과를 낳았다는 것은 서양 경제사에서 잘 알려진 사실입니다. 막스 베버의『프로테스탄티즘의 윤리와 자본주의 정신』에서는 일견 금욕적인 기독교가 자본주의의 원동력이 되었음을 분석해 보여줍니다. 자본주의를 살아가고 있는 사람이라면 누구나 적어도 한번은 꼭 읽어보아야 할 고전이라고 생각합니다. 베버의 말을 좀더 들어보겠습니다.

"유학자들에게는 세분화된 전문 직종은 그것이 얼마나 사회적으로 유용한 것인가를 불문하고, 진정으로 긍정적인 권위를 갖는 위치로서 인식될 길이 없었다. 가장 결정적인 원인은 공자가『논어』에서 한 말, 문화적으로 교양을 쌓은 인간들, 즉 군자는 하나의 그릇(器)으로 국한되어서는 안 된다는 사상과 관련되어 있다. 즉 군자는 이 세계에 대한 적응, 즉 처세나 자신의 완성을 지향하는 수신의 방식에 있어서 그 자신이 최종적 목적이라고 생각할 뿐, 어떠한 기능적 목적을 위한 수단이라고 생각해본 적이 없다는 것이다. 유교 윤리의 이러한 핵심은 전문직종의 분업을 거부했으며, 근대적 전문직의 관료제를 거부했다. 그리고 무엇보다 이러한 '군자불기'의 사상은 이윤의 추구를 위한 경제학의 훈련을 거부하였다." (막스 베버,『중국의 종교』)

유학의 윤리가 전문직종의 분업, 근대적 전문직의 관료제, 이윤 추구를 위한 경제학의 훈련을 거부하였다는 베버의 분석은 상당히 타당성 있는 비판으로 보입니다. 우리 사회에서 많은 부분 진정한 전문성이 결여되었다고 느낄 때가 있기 때문에 더욱 그러합니다. 그러나 저는 이번에 코로나 정국을 겪으면서 그러한 비판이 편견에서 나온 것일 수도 있다는 반성을 좀 하였습니다. 우리나라 질병관리본부의 활약상을 보면 인간을 수단이 아닌 목적으로 보는 유학의 윤리와 함께 진정한 전문성이란 바로 이를 의미한다고까지 느끼는 감동을 줍니다. 전문성, 관료제, 이윤 추구가 물론 중요한 것이겠지만, 그렇다고 전문성이 보편성보다 우위에 있을 수는 없고 이윤이 인간보다 중요할 수는 없다는 것이 제 생각입니다. 여러분 생각은 어떠한지요?

그렇다고 공자가 늘 인을 강조한 것은 아닙니다. 여기에 대한 재미있는 논의가 있으니, 한번 같이 보기로 하지요.

공자는 이익利과 명命과 인仁에 대해서 드물게 말하였다.

子罕言利與命與仁　　『論語・子罕』
Confucius seldom talked about profit, destiny, and humanity.

위 한문 문장을 문법적으로 분석해보면, '자子: 선생님'는 주어, '한罕, 드물다'은 부사=드물게, '언言: 말하다'이 동사로서 서술어입니다. 문제는 '利與命與仁'인데, 이 구절 전체가 목적절을 이루고 있습니다. 여기에서 '여與'는 'and', '~와'라고 해석되는 조사의 역할입니다. 그런데 문제는 '여與'가 조사 외에도 참여하다, 함께 하다는 뜻의 동사로 쓰이는 경우가 많다는 것입니다. 그래서 조사로 보는가, 동사로 보는가에 따라 다양한 해석이 가능하게 됩니다. 사실은 이런 다양성이 한문으로 쓰여진 고전을 읽는 묘미이기도 합니다. 우리도 잠깐이나마 그 맛을 보기로 해봅시다.

1) 우선 위 인용문처럼 해석하는 것이 가장 일반적입니다. 공자는 이익과 같은 세속적인 주제나 하늘의 명命, 인仁 같은 형이상학적인 주제들에는 관심이 없었고, 따라서 제자들에게 그런 것들을 말하는 경우가 드물었다는 해석입니다.

2) 1)과 똑같이 해석하지만 그 의미가 정반대인 경우입니다. 유학자의 최고 덕목인 이익과 명과 인은 너무나 중요한 개념들이기에, 공자가 경솔히 언급하지 않았다는 해석입니다. 이익과 명과 인은 말로 함부로 규정할 수 있는 수준의 덕목들이 아니라는 것이죠. 특히 인仁에 대해 드물게 말했다는 것은 언급을 적게 했다는 뜻이 아니라 인 자체가 언어로 규정될 수 없는 매우 고차원의 것임을 나타낸다고 보는 것입니다. 공자는 특히 선택받은 소수의 제자들에게만 인仁에 대해 말해주었다고 봅니다. 이것은 송대 성리학의 해석입니다. 성리학은 명, 인, 천, 성 등 형이상학 개념들을 중심으로 전개되고 있으므로, 공자가 이것들을 경시하였다고 보면 안 되겠기에 이러한 해석의 묘수를 낸 것입니다.

3) "공자는 이익에 대해서 드물게 말하였다. 명과 함께 하였고, 인과 함께 하였다."라고도 해석할 수 있습니다. "子罕言利"와 "與命與仁", 두 문장으로 나누어서 본 것입니다. 이때 여與

는 동사로서 '함께 하다'는 뜻으로 쓰인 것입니다.

공자가 인仁을 실현하기 위해 천하를 주유하며 온갖 고난을 겪었던 일을 생각하면 마음이 아픕니다. 이전 강의에서도 말하였지만, 그는 한번도 자신이 해보고 싶은 그 일을 하지 못했습니다. 그러면서 어떻게 그 긴 세월을 포기하지 않고 버틸 수 있었을지 저는 상상도 가지 않습니다. 그의 마음가짐이 어떠했는지를 알려주는 몇몇 구절들이 『논어』에 들어 있지요.

> 공자가 광 땅에서 두려워할 일을 당하였다. 이때 공자가 말하였다. "문왕이 이미 돌아가셨으니, 문화(文)가 여기 나에게 있지 않은가? 하늘이 이 문화를 없애려고 한다면, 뒤에 죽을 이들이 이 문화에 참여하지 못할 것이다. 하늘이 이 문화를 아직 없애려고 하지 않는다면, 광 땅의 사람들이 나를 어떻게 할 것인가?"
>
> 子畏於匡. 曰, 文王旣沒, 文不在玆乎. 天之將喪斯文也, 後死者, 不得與於斯文也. 天之未喪斯文也, 匡人其如予何.
>
> 『論語·子罕』
>
> When Confucius was in personal danger in Kuang, he said, "Since the death of King Wen, is not the course of culture in my keeping? If it had been the will of Heaven to destroy this culture, it would not have been given to a moral like me. But if it is the will of Heaven that this culture should not perish, what can the people of Kuang do to me?"

사마천의 『사기』에는 이 일화, 즉 공자가 광 땅에서 포위되어 목숨이 위태로운 상황에 처하였던 일이 기록되어 있습니다. 이 사건을 공자가 노 나라에서 위 나라로 망명했을 즈음 세상을 주유하기 시작한 초기의 사건으로 보고 있지요. 여기에서 '문화文'라고 한 것은 주 나라 문화, 주 나라 예악 문물제도를 다 합쳐 부른 말입니다. 바로 주 나라의 봉건주의, 인문주의 문화를 의미하는 것이지요. 따라서 이 말은 "하늘이 이 위대한 문화를 인간 세상에서 실현하기를 원한다면 나를 죽일 수 없을 것이다. 왜냐하면 그 문화의 알갱이가 나 공자에게 있기 때문이다"라는 뜻입니다. 이러한 자부심이 있었기에, 그는 어려운 주유의 길을 포기하지 않고 갈 수 있었던 것이겠지요. 사람이 무슨 일을 하려면 이런 정도의 자부심이 있어야 합니다. 어떤 어려움과 위험에 처해서도 이겨낼 수 있다는 자신감은 자기 일에 대한 신념에 뿌리를 둔 것입니다. 그 신념은 자신의 일이 '하늘의 뜻'이라고 생각할 정도의 깊이를 가진 것이어야 합니다.

그러나 그 실현 과정에서 공자 역시 우리가 그렇듯이 인간 관계의 쓴맛과 단맛을 경험했을 것입니다. 그래서 다음과 같은 그 유명한 말이 나오게 된 것이겠지요. 공자가 참으로 예술적인 정감을 가진 사람임을 알게 하는 말입니다.

> 공자가 말하였다. "날씨가 추워진 뒤에야 소나무와 잣나무가 늦게 시듦을 알겠다."
>
> 子曰, 世寒然後, 知松柏之後彫也.　　『論語 · 子罕』

저는 이 구절은 추사 김정희의 '세한도歲寒圖'에서 가장 빛을 발한다고 생각합니다. 추사가 그린 그림의 제목인 세한도는 바로 『논어』의 이 구절에서 가져온 것입니다. 세상이 추워졌을 때 소나무나 잣나무같이 그 마음이 변하지 않는 사람을 비유해서 그린 그림입니다. 조선 시대 말엽, 추사는 윤상도의 옥사에 연루되어 1840년부터 1849년까지 9년간 귀양살이를 하였는데, 그의 최고 역작 중 하나인 세한도는 그때 그려진 것이었다고 합니다. 당시 지위와 권력을 다 박탈당한 추사에게 역관으로 중국을 왕래하던 제자 이상적이 스승을 잊지 않고 책들을 보낸 데 대한 고마움으로 그에게 그려서 보내주었다고 전해지는 그림입니다. 이상적이 그것을 북경으로 가져가 그곳 명인들에게 보여주었고, 그 중 16명이 찬시를 『세한도』 두루마리 뒤에 붙였다고 합니다. 이 그림은 조선왕조 최고의 걸작으로 칭송받는 것이랍니다. 여러분에게 예산에 있는 추사고택 답사를 추천드립니다! 거기 가 보면 추사 박물관이 있고 세한도를 볼 수 있답니다. 연인이 생기면 손잡고 같이 가보세요. 혹 연인이 늦게 생길 것 같으면 친구들과 같이 가보세요. 가서 여러분의 사랑과 우정이 겨울에 홀로 푸른 소나무나 잣나무 같기를 기원해 보시기 바랍니다.

마지막으로 여러분들께 평생 가슴에 새기고 살면 좋을 한 마디, 여러분을 결코 썩지 않게 해줄 그 한 마디, 공자께서 전해 주신 다음 말씀을 소개해드리는 것으로 이번 강의를 마무리하고자 합니다.

> 공자가 말하였다. "유(=자로)야! 너에게 안다는 것이 무엇인지 가르쳐주겠다. 아는 것을 안다고 하고, 모르는 것을 모른다고 하는 것, 그것이 아는 것이다."

> 子曰, 由. 誨女知之乎. 知之爲知之, 不知爲不知, 是知也.
>
> 『論語・爲政』

> Confucius said, "Yu, shall I teach you knowledge? To say that you know when you do know and say that you do not know when you do not know."

1. 공자는 왜 괴상한 것, 힘쓰는 것, 어지러운 것, 신비한 것에 관
   심을 두지 않았을까요? 현대사회에서 예외적인 특성을 가진 위
   와 같은 것들에 더 관심을 두는 것과 비교됩니다. 그 차이가 무
   엇이라고 생각합니까?
2. '군자불기君子不器'의 사상과 이윤 추구를 위한 경제학의 훈련
   은 양립될 수 없는 것이 맞는 말일까요? 그 이유를 생각해보시
   기 바랍니다.

제10강

남을 불쌍히 여기는 마음이
없으면 인간이 아니다

無惻隱之心 非人也

오늘부터는 공자의 제자이자 유학의 실질적인 창시자라고 할 맹자孟子, B.C.385-303 이야기를 해보려 합니다. 그는 전국 시대 초중엽에 활동한 사상가로, 공자가 살았던 시대와는 거의 500년 가량 떨어진 후대의 인물입니다. 공자 제자의 한 명인 자사의 문인으로 알려져 있지만, 그는 실제로 공자를 만난 적도 없고 공자의 제자의 제자, 즉 재전제자 그룹에 속해있을 가능성도 거의 없었습니다. 그저 삶의 어느 길목에서 우연히 공자의 학설에 대해 들었고, 그 이야기에 감동하였고, 공자를 자기 혼자 '선생님'으로 정하였고, 그리고 그 자신의 선생님의 도, 진리를 세상에 널리 펼치는 것을 인생 목표로 삼았던 사람이었습니다. 참 엉뚱하고 돈키호테처럼 보이기도 하지요. 그러나 맹자를 유학의 실질적인 창시자라고 한 것은 그가 공자 학설을 철학적으로 해석하고 증명하고자 한 사상가이기 때문이지요. 맹자는 공자의 어쩌면 감성적으로 좋은 말에 그쳤을 가능성을 당시 최고의 철학적 수준까지 올리고 발전시킨 사상가입니다. 그래서 송대 유학자들은 맹자를 공자 다음이라는 의미로 '두 번째 성인'아성, 亞聖이라고 불렀지요. 실제로 유학이 동양 사회의 사상적 바탕이 된 것은 맹자 덕분이라고 할 수 있습니다.

맹자 이야기를 하려니 가슴이 뛰네요. 맹자는 제가 가장 좋아하는 철학자이기도 하고, 이제껏 읽었던 많은 철학 서적들 중 저에게 완전히 새롭고 감동적인 세계를 열어주었던 책인 『맹자』의 저자이기도 합니다. 『맹자』는 맹자가 자신의 제자인 만장과 함께 저술한 책입니다. 그는 과시적인 면이 있었고 말을 무척 잘하는 사람이었다고 합니다. "선생님은 어쩌면 그렇게 말씀을 잘하십니까?"라는 제자의 질문에 대해 "나는 말을 잘하는 사람이 아니다. 그 이유는 이러저러하다"라고 7시간에 걸쳐 해명할 정도로 말을 잘했다는 일화가 전해오고 있습니다. 그의 인생 행로는 공자와 대단히 비슷해서, 그 역시 자신을 정치가로 임명해줄 사람을 찾아 전국을 주유하였지만 전쟁터에서 '사랑仁'을 말하는 사상가를 쓸 비현실적인 정치가는 역시 없었겠지요. 결국 그도 죽을 때까지 정치를 하지 못하였지만, 그 대신 당시 여러 사상들 중 하나에 불과했던 유학을 사회 전체의 가장 힘있는 사상으로 만들고 이후 지배 이데올로기로 확립될 수 있는 바탕을 마련하였습니다. 이러한 맹자 사상이 올곧이 다 들어있는 『맹자』 텍스트는 한문을 처음 공부하는 사람들이 교재로 사용할 정도로 문법이 정확한 표준적인 글이고, 초심자가 읽기에 매우 좋은 글이기도 합니다. 또 한국인이 가장 좋아하는 유학서이기도 하지요. 일본인이 상대적으로 맹자보다 순자를 좋아하는 데 비하여, 한국인들은 순자보다 훨씬 더 맹자를 좋아합니다. 맹자가 정감적인 한국인 심리에 더 맞아서 그런 것인지 모르겠지만, 저만 해도 순자보다는 단연코 맹자입니다.

공자의 기본 사상인 인仁이 '극기복례克己復禮'의 의미라는 것은 지난 시간에 설명하였지요. 그런데 '극기克己'와 '복례復禮'는 병렬적으로 이어놓은 개념이지, 서로간에 인과 관계나 내적 연관성이 있는 개념은 아닙니다. 공자의 이 '극기복례' 사상 중 '극기' 측면을 특히 발전시켜간 사상가는 맹자이고, '복례' 측면을 발전시켜간 사상가는 순자라고 할 수 있습니다. 극기는 자기를 극복한다는 의미이니, 심성론, 윤리학, 수행론에 속한다고 할 수 있고, 복례는 주대 봉건주의로 돌아간다는 의미이니, 제도론, 정치학, 사회학에 속하는 것입니다. 물론 이때 순자가 말하는 복례는 주 봉건주의로 돌아간다는 의미보다는 정치·사회적인 측면에서의 수행, 교육의 의미가 강합니다. 이 부분은 순자 사상에서 자세히 다루게 될 것입니다. 유학의 '내성외왕內聖外王' 사상으로 보자면, 맹자는 내성內聖 분야를 중심으로 자신의 사상을 주장하였고 순자는 외왕外王 부분에 전념했다고 볼 수 있습니다. '내성內聖'은 안으로 성인이 되고 '외왕外王'은 밖으로 왕도정치를 행한다는 뜻입니다. 이 두 가지를 함께 실현하고자 하는 것이 유학의 정신입니다. 안으로는 도덕적으로 완벽한 인간이 되고 밖으로는 인仁한 정치를 행하는 것, 현대적으로 해석하면 안으로 끊임없이 내면적·도덕적 변혁을 해나가면서 밖으로 사회적·제도적 변혁을 해가는 것, 이것이 유학에서 보는 이상적인 인간의 모습입니다. 맹자는 공자의 심성론 적인 측면, 즉 내왕적인 부분을 주로 발전시킨 사상가였습니다.

맹자 사상에서 가장 핵심적인 내용은 인간의 본성에 대한 논 의입니다. 고등학교 윤리 교과서에도 "맹자는 성선론을 주장하 였고, 순자는 성악설을 주장하였다"는 문장이 나오지요. 여러 분도 익히 들어 아는 내용일 것입니다. 이 맹자의 성선설性善說, the theory that human nature is good이 바로 동아시아 문화 전체를 세팅한 가장 핵심적인 부분이라고 할 것입니다. 공자는 "인간 의 본성은 서로 비슷하지만 습관이 그 인간됨의 거리를 멀게 한다"고 지극히 교육적인 말을 하였지만, 인간의 본성이 선하 다는 말을 단언한 적은 없습니다. 인간의 본성이 서로 비슷하 다는 것과 인간의 본성이 어떻다고 단언하는 것은 전혀 다른 말이지요. 공자는 자신에게 어떤 습관을 들이느냐가 인간됨을 결정하니, 습관을 잘 들이는 것이 중요하다고 말했을 뿐입니다. 그는 "인간의 본성에 대해서는 드물게 말하였던" 것입니다. 반 면에 맹자는 "인간의 본성이 선善하다"라고 단언하였는데, 맹자 의 위대한 점은 단순히 인간의 본성이 선하다고 주장하는 데 그 친 것이 아니라, 인간의 본성이 선하다는 것을 증명하려고 한 점에 있습니다. 조금 길지만 맹자의 말을 직접 들어보기로 하겠 습니다.

"사람들은 누구나 차마 남에게 해를 끼치지 못하는 마음 불인인지심 不忍人之心을 가지고 있다. 선왕들도 차마 남에게 해를 끼치지 못하는 마음을 가지고 있으므로, 차마 남에게 해를 끼치지 못하는 정치를 하였다. 차마 남에게 해를 끼치지 못하는 마음으로 차마 남에게 해를 끼치지 못하는 정치를 한다면, 온 세상을 다스리는 일은 손바닥을 뒤집는 일처럼 쉬울 것이다. 그러므로 사람들은 누구나 차마 남에게 해를 끼치지 못하는 마음이 있다고 말한 것이다. 지금 어떤 사람이 어린 아기가 막 우물 속에 빠지려는 것을 본다면, 모두 깜짝 놀라고 불쌍히 여기는 마음이 생길 것이다. 그가 아기를 구하는 것은 그 아기의 부모와 교제를 하기 위해서가 아니고, 마을 사람들과 친구들에게 칭찬받기 위해서도 아니며, 아기를 구하지 않았다고 비난받는 것이 싫어서도 아니다.

이로써 보건대, 불쌍히 여기는 마음측은지심 惻隱之心이 없으면 인간이 아니다. 자기 잘못을 부끄러워하고 남의 잘못을 미워하는 마음수오지심 羞惡之心이 없으면 인간이 아니다. 사양하는 마음사양지심 辭讓之心이 없으면 인간이 아니다. 옳고 그름을 가릴 줄 아는 마음시비지심 是非之心이 없으면 인간이 아니다. 불쌍히 여기는 마음은 인의 단서인지단 仁之端이고, 잘못을 부끄러워하고 미워하는 마음은 정의의 단서의지단 義之端이며, 사양하는 마음은 예의 단서예지단 禮之端이고, 옳고 그름을 가릴 줄 아는 마음은 지혜의 단서지지단 智之端이다.

인간에게 이 네 가지 단서四端가 있는 것은 그에게 팔다리 네 개가 있는 것과 같다. 이 네 가지 단서가 있는데도 스스로 못한다고 말하는 사람은 스스로를 해치는 사람이고, 임금이 못한다고 말하는 사람은 그 임금을 해치는 사람이다. 나에게 이 네 가지 단서가 있음을 알고 확대·발전시킬 수 있다면, 이것은 불이 막 피어오르기 시작할 때와 같고 샘물이 막 퐁퐁 솟아오를 때와 같다. 이를 잘 확대·발전시킬 수 있다면 온 사회를 다 보호할 수 있고, 확대·발전시키지 못한다면 자기 부모도 제대로 섬기지 못하게 될 것이다.

孟子曰, 人皆有不忍人之心. 先王有不忍人之心, 斯有不忍人之政矣. 以不忍人之心, 行不忍人之政, 治天下可運於掌上. 所以謂人皆有不忍人之心者, 今人乍見孺子, 將入於井, 皆有怵惕惻隱之心, 非所以內交於孺子之父母也, 非所以要譽於鄉黨朋友也, 非惡 其聲而然也. 由是觀之, 無惻隱之心, 非人也. 無羞惡之心, 非人也. 無辭讓之心, 非人也. 無是非之心, 非人也. 惻隱之心, 仁之端也. 羞惡之心, 義之端也. 辭讓之心, 禮之端也. 是非之心, 智之端也. 人之有是四端也, 猶有四體也. 有是四端而自謂不能者, 自賊者也. 謂其君不能者, 賊其君者也. 凡有四端於我者, 知皆擴而充之矣. 若火之始然, 泉之始達. 苟能充之, 足以保四海, 苟不充之, 不足以事父母.

『孟子, 公孫丑 上』

좀 길지만『맹자』에서 가장 중요한 부분이라 원문 그대로 실었습니다. 한번 꼼꼼히 읽어볼 필요가 있습니다. 처음에 맹자는 "사람들은 누구나 차마 남에게 해를 끼치지 못하는 마음不忍人之心을 가지고 있다"고 단언하는데, 이것은 공자의 인仁을 해석한 말입니다. 인仁은 인간애, 다른 사람에 대한 동정, 공감 등을 의미하는 말이므로, 맹자가 인을 '차마 남에게 해를 끼치지 못하는 마음'이라고 해석한 것은 적절하다고 여겨집니다. 이때 인忍은 참다, 차마 남에게~하다, 불인不忍은 차마~하지 못하다는 뜻입니다. 인人은 자신을 제외한 다른 사람을 가리키고, 지之는 '~의'라는 조사입니다. 그러니 '불인인지심不忍人之心'은 차마 남에게 해를 끼치지 못하는 마음이라고 해석되는 것입니다. 그런데 맹자는 여기서 그치는 것이 아니라, 인간에게 그러한 마음이 있다는 것을 증명하려고 시도합니다. 그런데 우리는 앞에서 동양철학의 특성은 방법론적인 논리성이나 인식론에 있는 것이 아니라, 문·사·철, 즉 문학·역사·철학을 아우르는 통합성과 감성의 공유에 있음을 이야기한 적이 있습니다. 맹자가 우리 마음속의 인심을 증명하려고 한 방법은 논리학이거나 인식론적인 분석이 아니라, 우리가 현실에서 늘 부딪히는 정서적 상황을 제시하는 것이었습니다. 그는 어린 아기가 우물속에 빠지는 위험한 순간에 우리 모두가 '자신도 모르는 사이에' 그 아기를 불쌍히 여기는 마음이 일어나서 아기를 구하게 되는 상황을 우리 인간에게 불인인지심이 있다는 증명으로 제시하였습니다. 상황이 이러니 우리 마음속에는 누군가의 고통을 불쌍히 여기는 마음이 내재內在해 있다고 확신하지 않을 수 없습니다. 아기를 구하는 것이 자기 이익을 위한 실용적인 목적이 아니라, 그저 내 속에 내재해 있는 마음이 시키는 대로 한 것에 불과하기 때문입니다. 물론 위급한 상황이 지나간 뒤에는 자신이 아기를 구했다는 사실을 이용해 그 부모와의 교제, 칭찬, 이익을 구하게 될지라도 말입니다. 여러분 역시 어린 아이가 우물에 빠지거나 바닷물에 빠진다면 저도 모르게 달려가 구할 것이라고 확신합니다.

그래서 맹자는 "불쌍히 여기는 마음측은지심惻隱之心이 없으면 인간이 아니다"라고 단언합니다. 이 단순하면서 확신에 찬 문장을 보노라면, 제 마음속에는 전율이 이는 것 같습니다. 남의 불행이나 고통을 불쌍히 여기는 마음, 그래서 내 이익을 위해서는 그렇게 하고 싶지만 차마 남에게 해를 끼칠 수 없기에 못하는 마음, 이런 마음이 우리 속에 있고, 이런 마음이 없으면 "인간이 아니다"는 것이 맹자의 단언인 것입니다. 그러나 우리는 맹자가 살았던 그 시대와는 너무 먼 시대에 살고 있는 듯보입니다. 우리는 남의 불행이나 고통을 보지 못하는 것이 아니라 '즐기는 것'처럼 보이는 시대에 살고 있습니다. 세월호 사건에서 많은 국민들이 학생들의 죽어가는 광경을 실시간으로 보면서 가슴아파하고 구하려 달려갔지만, 해경은 학생들이 죽어가는 것을 바라만 보고 심지어 그들을 구하려는 사람들을 막아섰습니다. 선장과 선원들은 학생들이 죽어가는 것을 방치하고 자신들만 살려고 먼저 배를 탔습니다. 해경들의 배는 선장과 선원들만 구출하고 학생들은 그대로 둔채 뱃머리를 돌렸습니다. 심지어 "움직이지 말라"는 방송을 계속 틀어두었고, 그 말을 믿은 수백명의 학생들이 목숨을 잃었습니다. 어떻게 이런 상황이 일어났는지 철저히 조사하자는 유가족의 주장은 묵살되고, 아지도 명확히 그 원인이 밝혀지지 않고 있습니다. 선장이 구속되고 학생들이 다니던 학교 교감 선생님이 스스로 목숨을 끊었습니다. 그러나 그것이 다입니다. 그러면 저 해경들이나 누군지 모를 책임자는 "어린 아기가 우물에 빠지려는 것"과 같은 상황, "학생들이 바닷물에 곧 빠져 죽을 것 같은" 상황에서 왜 "불쌍히 여기는 마음", "차마 남에게 해를 끼치지 못하는 마음"이 일어나지 않은 것일까요? 무엇이 우리를 비인간으로 만듭니까? 최근 뉴스에 나왔던 n번방 사건 역시 뉴스 보기가 겁날 정도로 무서운 사건입니다. n번방을 돈을 내고 이용하였던 사람들이 23만명인가 된다는 보도도 있었습니다. 성폭행, 그것도 미성년자 성폭행, 심지어 어린 아기를 대상으로 한 범죄도 있다고 들었습니다. 23만명의 많은 사람들이 많은 돈을 내면서까지 "남의 불행과 고통을 즐긴 것"입니다. 맹자가 우리에게 있다고 단언한, 그래서 "남의 불행과 고통을 불쌍히 여기는 마음이 없으면 인간이 아니다"는 저 아름답고도 단호한 문장을 쓰게 한 시대는 이미 지나가 버린 것일까요? 역사는 정말 진보해온 것일까요? 제가 아는 것은 단지 우리 시대의 많은 상황들에서 우리는 맹자가 보기에 "인간이 아니다"는 판정을 받을 것이라는 점입니다. n번방 사건을 밝히고 경찰에 제보한 이들이 여러분같은 대학생들이라는 것이 이 사건에서 유일한 희망입니다. 우리는 우리 자신속에 내재한 "차마 남에게 해를 끼치지 못하는 마음"이 일어나지 못하게 막거나 방해하는 모든 방해물들을 제거해야 합니다. 이 삭막한 경쟁의 사회에서 우리는 할 일이 너무나 많습니다.

그러나 평범한 우리는 일상 생활에서 "차마 남에게 해를 끼치지 못하는 마음"을 자주 경험합니다. 하루는 제가 버스를 타고 가다가, 버스 안 라디오에서 한 애청자가 음악을 신청하면서 며칠 전 자신에게 일어났던 일을 말하는 걸 들었습니다. "제가 어제 은행에 갔는데, 사람들이 많아서 정신이 없었던지 은행원이 제게 주어야 할 돈보다 10만 원을 더 주었어요. 통장을 보니 거기에는 제대로 잘 찍혀 있더라고요. 10만 원이 공짜로 더 생긴 것이지요. 저도 모르게 저는 10만 원을 쥐고 은행 밖으로 빨리 나왔습니다. 그 10만 원으로 할 수 있는 일들이 파노라마처럼 눈앞을 스쳐가더군요. 일단 고기를 좀 사서 저녁에 가족들과 불고기 파티를 하고, 나머지로는 며칠 전 양품점에서 사고 싶었지만 만지작거리기만 하고 못 샀던 예쁜 브라우스를 하나 사야겠다는 생각이 들었습니다. 그러나 은행을 벗어난 제 발걸음은 갈수록 느려졌습니다. 나중에 은행일이 끝나 셔터가 내려지고 하루 입출금을 계산하게 될 때, 저 은행원은 얼마나 당황해 할까, 자신이 어디에서 실수했는지 몰라서 얼마나 헤맬까, 그리고 결국 자신의 돈으로 그 부족분을 메꾸어야 되겠지, 이런 생각이 들었기 때문이지요. 그래서 저는 결국 은

행으로 돌아가 10만 원을 돌려주었습니다. 고기는 못 먹고 예쁜 옷도 못 샀지만, 마음은 편하고 집으로 돌아오는 발걸음도 가벼웠어요. 저 잘했지요? 노래는 노사연의 '만남'을 부탁합니다." 운운하는 멘트였는데, 저는 여기에서 맹자가 말한 '차마 남에게 해를 끼치지 못하는 마음'불인인지심 不忍人之心의 전형적인 예를 보았습니다. 내 마음대로라면 고기를 먹고 싶고 예쁜 옷도 입고 싶지만, 차마 남에게 해를 끼치지 못해서 돈을 돌려준 그 여성의 마음, 그것이 바로 맹자가 말한 불인인지심不忍人之心인 것입니다. 우리 모두에게는 이런 마음이 본래적으로 내재해있다는 것이 맹자의 주장입니다.

여기에서 이 마음이 본래적本來的으로, 내재內在해 있다는 것은 매우 중요한 의미를 지닌 말입니다. 누가 가르쳐주거나 누가 훈련을 시켜서도 아니고, 사람은 태어나면서 본래부터 이런 마음을 가지고 태어난다는 것입니다. 17세기 서양 경험주의 철학자들은 인간은 백지white paper 상태로 태어난다는 '타블로 라사'tabula rasa 이론을 말했습니다. 인간의 본성은 정해진 것이 아니라 아무 것도 적혀 있지 않은 백지와도 같아서, 이후 그가 어떤 경험을 하고 어떤 환경에 있게 되고 어떤 교육을 받는가에 따라 달라질 뿐이라고 보는 이론입니다. 서양 헤브라이즘에서는 인간을 본성적으로 악한 존재로 보고 있습니다. 구약성서에서는 최초의 인간인 아담이 신의 명령을 어기고 뱀의 유혹에 빠져 선악과를 따먹고, 나아가 자신의 잘못을 신이 만든 자신의 반려자인 이브에게 전가하는 행위를 실감나게 묘사하고 있습니다. 아담은 자신의 잘못이 자신 때문이 아니라 결국 뱀과 이브를 만든 신의 잘못이라고 핑계를 대고 있는 것입니다. 제가 신이라고 해도 아담에게 화가 날 수 밖에 없었을 것 같은 상황이지요. 그래서 신은 아담에게 죽을 때까지 수고해야 먹을 것이 입에 들어갈 것이며, 이브에게는 고통을 받으며 아기를 낳을 것이고 죽을 때까지 집안일을 하며 아담의 지배를 받을 것이라는 벌을 내리지요. 아, 신화가 주는 이 공감이라니! 이것이 기독교에서 말하는 '인간의 원죄原罪'이고, 따라서 바탕부터 죄인인 인간은 스스로를 구원할 수 없고 오직 신의 자비에 의해서만 구원받을 수 있다고 주장합니다.『맹자』에도 인간의 본성에 대한 다양한 논의들이 나옵니다. "인간의 본성은 정해진 것이 없다. 높은 곳에 있는 연못물과 같아서, 동쪽으로 터주면 동쪽으로 흐르고 서쪽으로 터주면 서쪽으로 흐른다"라고 주장하는 이들부터, "인간에게는 처음부터 정해진 본성이 있다. 악한 종자를 가지고 태어난 존재는 악하게 살고, 선한 종자를 가지고 태어난 존재는 선하게 산다"는 결정론까지 현대 유전학이나 유식 불교를 연상케 하는 이론입니다-다양한 이론들이 소개됩니다. 그러나 맹자는 단연코 "모든 인간은 선한 본성을 갖고 태어난다"는 '성선설性善說'을 주장합니다.

다시 위의 인용문으로 돌아가면, 맹자는 "불쌍히 여기는 마음측은지심 惻隱之心이 없으면 인간이 아니다"는 주장에 이어서 "자기 잘못을 부끄러워하고 남의 잘못을 미워하는 마음수오지심 羞惡之心이 없으면 인간이 아니다", "사양하는 마음사양지심 辭讓

之心이 없으면 인간이 아니다", "옳고 그름을 가릴 줄 아는 마음시비지심 是非之心이 없으면 인간이 아니다"라고 단언해 나갑니다. 이들 사이에는 논리적 비약이 있어보이나, 맹자에게 이 네 가지 마음이 인간에게 있는 것은 마치 사람에게 팔다리 네 개가 있는 것과 마찬가지로 자명한 것이었습니다. 저는 측은지심, 수오지심, 사양지심, 시비지심이 인간 내면에 본래적으로 갖추어져 있다는 이 네 가지 명제가 유학의 가장 중요한 이론이라고 생각합니다. 이 네 가지 마음이 바로 맹자가 공자의 인심을 해석한 것이고, 그래서 저는 맹자가 실질적으로 유학의 기틀을 잡았다고 했던 것입니다. 이 네 가지 마음은 그러나 완성된 형태로 모든 인간에게 있는 것이 아닙니다. 우리가 현실에서 만나는 사람들이 모두 이 마음들을 내재하고 있다면 얼마나 좋겠습니까만, 그럴 리가 없지요. 현재 우리가 가진 것은 이 네 가지 마음의 단서일 뿐입니다. 맹자는 이렇게 말합니다. "불쌍히 여기는 마음은 인의 단서인지단 仁之端이고, 잘못을 부끄러워하고 미워하는 마음은 정의의 단서의지단 義之端이며, 사양하는 마음은 예의 단서예지단 禮之端이고, 옳고 그름을 가릴 줄 아는 마음은 지혜의 단서지지단 智之端이다." 단端은 단서, 실마리라는 뜻인데, 천을 자르면 밑에 실오라기들이 늘어져 있게 되는, 그 실오라기들을 가리키는 글자입니다. 이 실오라기를 잡아당기면 천이 풀어질 수도 있지요. 마찬가지로 인간이 가지고 태어나는 이 네 가지 마음의 단서인 사단 四端을 놓치지 않고 잘 잡아서 확대, 발전시키면 훌륭한 사람, 성인聖人이 될 수 있고, 만약 잘

못해서 이 네 가지 마음의 단서를 놓치면 자기 부모도 제대로 못 섬기는 찌질한 인간, 내지 악한 사람이 된다는 것이 맹자의 결론입니다.

이것이 그 유명한 '사단四端'이론이고, 유학 심성론의 모든 것입니다. 이것을 벗어나는 유학 이론은 더 이상 없습니다. 조선 시대 오백년 유학사는 맹자의 위 인용문에 대한 해석의 역사일 뿐입니다. 이 사단과 인간의 감정을 기쁨, 화냄, 슬픔, 즐거움, 사랑, 미움, 욕망이라는 7 가지로 나눈 칠정七情을 합쳐서 인간 심성에 대한 철학적 논의를 진행한 것이 조선 유학사이고, 그 유명한 사단과 칠정에 대한 논의, 사단칠정론四端七情論입니다. 주기론主氣論·주리론主理論, 퇴계학파와 율곡학파의 논쟁들이 다 이와 관련된 것입니다. 그러나 이 논쟁은 여기에서 논의하기 너무 복잡하니, 뒤에 다룰 성리학 파트로 미루어야겠습니다. 맹자에 따르면, 우리는 네 가지 마음의 단서, 사단四端을 가지고 태어납니다. 그러니 우리가 해야 할 일은 무엇일까요? 이미 선한 인간, 훌륭한 인간이 될 수 있는 가능성이 내 속에 본성으로 내재해 있으니, 그 내재된 사단을 놓치지 않고 잘 발전시켜서 더 나은 인간이 되는 길밖에 없을 것입니다. 더 나은 인간이 되기 위해, 나를 더 발전시켜 나아가기 위해, 나는 수행하고 공부해야 합니다. 이러한 공부가 바로 위기지학爲己之學인 것입니다.

맹자도 그가 살았던 전국 시대라는 어두운 시대의 무수히 많은 악한 사람들을 보고 만났을 것입니다. 그러나 성선설에 대한 강력한 확신이 있었던 맹자는 현실의 악에 대해 다음과 같이 설명합니다. 현실에서 우리가 만나는 무수한 악에 굴복하지 않고 '그럼에도 불구하고' 우리 인간의 본성에 내재한 선의 단서, 선의 씨앗이라는 희망의 언어를 우리에게 주고 있습니다. 그래서 한국인들이 『맹자』를 그렇게나 좋아하는지 모르겠습니다. 성선설은 희망의 언어이기 때문이지요. 대학에 와서 여러분 나이에 저도 처음 『맹자』를 읽었습니다. 학교 중앙도서관 1층 서쪽방에서 맹자의 이 구절을 읽고 감격했던 기억이 아직도 생생합니다. 오후라서 늦은 햇살이 길게 드리우던 약간은 나른했던 도서관의 분위기, 그때 읽었던 책의 종이질과 색감까지 눈앞에 떠오릅니다. 약간 과장하자면 이 장을 읽고난 뒤의 저는 읽기 전의 저와는 전혀 다른 사람이 된 듯했습니다. 저에게는 완전히 다른 새로운 세계가 열렸던 것이지요. 여러분에게 이 구절을 소개합니다. 사실 별것아닌 소박한 내용입니다.

"우산의 나무들은 아름다웠던 적이 있었다. 그러나 큰 도성 밖에 있어서 사람들이 큰 도끼, 작은 도끼로 베어가니 아름다울 수 있겠는가? 밤낮으로 자라나고 비와 이슬이 적셔주어서 늘 새싹이 돋아나지만 소와 양을 또 끌어다가 먹이니, 이때문에 저렇게 민둥산이 되었다. 사람들은 그 민둥산을 보고 거기에 아름다운 재목材이 있었던 적이 없다고 하지만, 이것이 어찌 산의 본성이겠는가? 사람이 보존하고 있는 것에 어찌 인하고 정의로운 마음仁義之心이 없겠는가? 그러나 그 선한 마음양심 良心을 내버리는 것은 나무를 큰 도끼, 작은 도끼로 베어내는 것과 같다. 새벽마다 가서 나무를 베어오니, 어찌 그 산이 아름다울 수 있겠는가? 밤낮으로 자라나고 새벽의 기운이 있어서 그 좋아하고 싫어함이 남과 서로 비슷한 것이 드물지 않지만, 낮마다 하는 행위가 말려서 죽이는 것이다. 이 말려서 죽이는 행위가 반복되면, 밤 사이의 기운이 그 선한 마음을 보존하기 부족하게 된다. 밤 사이의 기운이 보존하기 부족하게 되면, 그는 짐승과 다를 바가 없어진다. 사람들은 그가 짐승같은 것을 보고, 그에게는 원래 재목이 있어본 적이 없다고 말하지만, 이것이 어찌 사람의 실상이겠는가?"

『맹자·고자 상』

『孟子·告子 上』

생 각 해 보 기

1. 맹자가 공자 사상을 계승하였다고 볼 수 있는 근거는 무엇이라고 생각하나요?

2. 맹자 성선설性善說의 내용을 서술하시오. 사단四端을 중심으로.

3. 여러분은 인간의 본성이 선하다고 생각합니까? 혹은 악하다고 생각합니까? 선하지도 악하지도 않다고 생각합니까? 선한 사람이 따로 있고 악한 사람이 따로 있다고 생각합니까? 인간 본성에 대한 여러분의 생각을 말하되, 그렇게 생각하게 된 근거나 상황을 구체적으로 이야기해보세요.

제11강

항상된 수입을 가진 사람만이
항상된 마음을 가질 수 있다

有恒産者有恒心, 無恒産者無恒心

맹자 사상에서 가장 핵심이 인仁을 사단四端으로 해석하는 것, 즉 성선설性善說이고, 이것은 인간 내면의 심성론, 수양론에 속하며 내성內聖의 측면을 강조하는 것임은 지난 시간에 이야기했습니다. 그러나 이렇게만 말한다면, 이것은 맹자 사상을 절반만 이해하거나 오히려 오해하는 셈이 됩니다. 맹자는 단순히 인간의 본성이 선하다는 이야기를 하고 있을 뿐아니라, 사람들 내면에 본래부터 존재하는 그 성선性善의 싹을 키워내려면 반드시 외적으로 필수불가결한, 필요충분 조건이 있어야 함을 주장하고 있기 때문입니다. 인간이 선한 존재가 되기 위해서 반드시 필요한 외부 조건, 그것이 무엇일까요? 너무도 당연하게도 그것은 바로 '경제적 안정'입니다. "항상된 수입을 가진 사람은 항상된 마음 즉 도덕심을 가질 수 있고, 항상된 수입이 없는 사람은 항상된 마음을 가질 수 없다"有恒產者 有恒心, 無恒產者 無恒心", 『孟子 · 梁惠王 上』는 것이 맹자의 주장입니다. 항상된 마음, 도덕심을 가지기 위해서 사람들에게는 항상된 수입, 늘 매달 제 날짜가 되면 나오는 정해진 월급, 경제적 안정이 반드시 필요하다는 것입니다. 우리는 모두 알고 있죠? 경제적 안정이 없을 때 생활이 얼마나 흐트러지기 쉽고, 정해진 월급, 용돈, 알바비를 받지 못할 때 인간의 선함 따위 얼마나 쉽게 흔들리는지 말입니다. 일단은 생활의 문제, 먹고 사는 문제가 해결된 뒤에야 도덕적인 부분을 문제삼을 수 있는 법입니다. 맹자의 말을 이어서 들어보기로 하지요.

> "항상된 수입이 없으면서도 항상된 마음을 간직할 수 있는 것은 오직 군자만 그럴 수 있습니다. 일반 백성은 항상된 수입이 없으면 항상된 마음도 따라서 없어집니다. 항상된 마음이 없으면, 방탕하고 사치한 짓을 하지 않음이 없을 것입니다. 그들이 죄에 빠지기를 기다린 뒤 좇아가서 벌을 준다면, 이것은 백성을 그물질하는 것입니다. 어찌 인仁한 사람이 임금 자리에 있으면서 백성을 그물질할 수 있겠습니까?
> 그러므로 현명한 군주는 백성의 생업을 만들어주되, 반드시 위로는 부모를 충분히 섬길 수 있고 아래로는 처자식을 충분히 기를 수 있어서, 풍년에는 언제나 배부르고 흉년에는 죽음을 면하게 합니다. 그렇게 한 뒤에야 백성들을 몰아서 선善으로 나아가게 하므로, 백성들이 따르기 쉽습니다. 지금은 백성들의 생업을 만들어준 것이 위로는 부모를 섬기기에 부족하고 아래로는 처자를 먹여 살리기에 부족하여, 풍년에는 내내 몸이 고달프고 흉년에는 죽음을 면하지 못하는 상황입니다. 이래서는 죽음에서 자신을 건져낼 여유조차 없는데, 어느 겨를에 예의를 익히겠습니까?"

苟無恒心, 放辟邪侈, 無不爲己, 及陷乎罪, 然後從而刑之,

是罔民也. 焉有仁人在位, 罔民而可爲也. 是故, 明君制民
之産, 必使仰足以事父母, 俯足以畜妻子, 樂歲, 終身飽,凶
年, 免於死亡. 然後驅而之善, 故民之從之也輕. 今也, 制民
之産, 仰不足以事父母, 俯不足以畜妻子, 樂歲, 終身苦, 凶
年, 不免於死亡. 此惟救死而恐不贍, 奚暇治禮義哉.

『孟子・梁惠王 上』

"They are only men of education, who, without a
certain livelihood, are able to maintain a fixed heart. As
to the people, if they have not a certain livelihood, it
follows that they will not have a fixed heart. And if
they have not a fixed heart, there is nothing which they
will not do, in the way of self-abandonment, of moral
deflection, of depravity, and of wild license. When they
thus have been involved in crime, to follow them up and
punish them, this is to entrap the people. How can such
a thing as entrapping the people be done under the rule
of a benevolent man?

Therefore an intelligent ruler will regulate the livelihood of
the people, so as to make sure that, for those above them,
they shall have sufficient wherewith to serve their parents,
and, for those below them, sufficient wherewith to support
their wives and children; that in good years they shall
always be abundantly satisfied, and that in bad years they
shall escape the danger of perishing. After this he may urge
them, and they will proceed to what is good, for in this
case the people will follow after it with ease.

Now, the livelihood of the people is so regulated, that,
above, they have not sufficient wherewith to serve their
parents, and, below, they have not sufficient wherewith
to support their wives and children. Notwithstanding

good years, their lives are continually embittered, and, in bad years, they do not escape perishing. In such circumstances they only try to save themselves from death, and are afraid they will not succeed. What leisure have they to cultivate propriety and righteousness?

[TRANS: James Legge]

성선설이 의미를 가지기 위해서는 경제적 문제의 해결이 선행되어야 한다고 본 이 부분을 맹자 사상에서 제외한다면, 그것은 온전한 그의 사상이 될 수 없을 것입니다. 물론 항산恒産이 있다고 해서, 경제적 안정이 있다고 해서 그 사람이 반드시 선한 사람이 되리라는 보장은 없습니다. 만약 그렇다면 범죄를 저지르는 사람들은 모두 경제적으로 어려운 소외자여야 하겠지만, 여러분도 알다시피 실제로는 그렇지 않지요. 오히려 재벌 등 돈이 많은 사람들이 더 큰 범죄를 저지르는 일이 많습니다. 그러나 먹고 사는 일조차 안정되지 않은 사람에게 예의를 차리라느니, 선하게 살아야 한다느니 하는 주장이 아무 의미도 없음을 맹자는 간파하고 있었던 것입니다.

그러면 그는 어떤 방식으로 경제 문제를 해결할 수 있다고 보았을까요?

등 나라 문공이 신하 필전을 시켜 맹자에게 정전법井田法에 대해 물었다.. "지방에는 9분의 1 세법을 써서 조법을 시행하고, 수도首都에는 10분의 1 세법을 써서 직접 납부하게 하십시오. 사방 1 리의 토지가 한 단위의 정井이고 각 정의 넓이는 900 무인데, 정井의 중앙을 공전公田으로 합니다. 여덟 가구가 각각 그 주위에 있는 100 무의 땅을 사전私田으로 합니다. 여덟 가구가 공동으로 공전을 경작합니다. 공전의 농사일을 끝낸 뒤에 사전의 농사일을 하게 합니다."

請野九一而助, 國中什一, 使自賦. 方里而井, 井九百畝, 其中爲公田. 八家皆私百畝, 同養公田, 公事畢然後, 敢治私事.
『孟子, 滕文公 上』

'우물 정井' 자의 가운데 칸에 해당하는 토지를 공전公田으로 삼고 그 주위 8 칸에 해당하는 토지를 사전私田으로 삼으면, 8 가구가 정井이라는 한 단위가 됩니다. 이 8 가구가 공전公田에서 함께 협동으로 노동하여 공전의 수확물을 세금으로 내서 국가 경영에 쓰고, 나머지 사전私田에서 일한 수확물은 각 가정에서 쓰게 하자는 것입니다. 이러한 방식은 우물처럼 토지를 분배한다는 의미에서 '정전제井田制'라고 합니다. 그러면 백성들은 공전에서 협동 노동만 하면 될뿐이고 따로 세금을 내는 일이 없어서 생활에 훨씬 여유가 있게 될 것입니다. 이러한 제도는 일반 백성들을 위한 위민爲民 정치, 또는 인한 정치仁政가 될 수 있습니다. 당시 주된 산업이 농업이었으므로, 토지 제도는 백성의 생계 문제와 관련될 뿐 아니라 조세 제도와도 긴밀히 연결되면서 국가 경제의 근간이 됩니다. 맹자는 정전제井田制라는 토지·조세 제도를 시행할 것을 주장한 것이죠. 한편으로 이 정전제는 붕괴되어 가는 주대 이래의 봉건제도를 유지하려는 의도를 갖는 것이었다고 할 수 있습니다. 당시 전국시대는 토지의 겸병과 농민의 유민화로 인해 봉건제가 대단히 불안정해지고 있었던 시대였기 때문입니다. 이때 일반 백성들의 어느 정도의 경제적 이익의 보장과 평등을 주장하는 정전제가 현실적으로 실현될 가능성은 그러나 거의 없었을 것입니다. 지배계층이 더 많은 토지를 소유하고 더 많은 세금을 받을 수 있었던 상황에서 스스로 자기 이익을 줄여서 피지배 계층에게 이익을 주다니, 그런 일은 혁명이 일어나지 않는 한 있기 힘든 일이지요. 결국 정전제는 하나의 이상적인 경제 제도일 뿐으로, 후대 유학자들이 경제 문제를 논의할 때면 전가의 보도처럼 자주 들먹여지곤 한 상징적인 제도에 불과했습니다. 조선 시대 실학자들, 예컨대 정약용의 『경세유표』에도 정전제의 시행을 주장하는 내용이 등장합니다. 그러나 역시 실행된 적은 한 번도 없었을 뿐 아니라, 경제적 평등에 대한 맹자의 주장이 못마땅하였던 후대의 유학자들은 심지어 정전제에 대한 논의를 아예 빼버린 가짜 『맹자』 판본을 만들어 유통시키기도 하였습니다.

사실 맹자는 실제로 유학의 이상을 위해서라면 봉건 질서 자체도 부정할 수 있다고 하는 극단적인 주장을 하였던 사상가이기도 합니다. 왕도 정치를 위해서는 혁명革命이 필요하다는 혁명의 정당성을 옹호하는 이론을 제시하였습니다.

제 나라 선왕이 "탕왕은 걸桀왕을 내쫓았고 무왕은 주紂왕을 정벌했다고 하는데, 그런 사실이 있습니까?"라고 묻자, 맹자는 "옛 기록에 그러한 사실이 있습니다"라고 대답하였다. 왕이 물었다. "신하가 임금을 시해해도 됩니까?" 맹자가 대답했다. "인仁을 해치는 자를 가리켜 해치는 사람이라고 하고, 정의를 해치는 자를 가리켜 잔인한 사람이라고 합니다. 남을 해치고 잔인하게 구는 자는 한 보잘것없는 남자일 뿐입니다. 저는 한 보잘것없는 남자인 걸과 주를 죽였다는 말은 늘었어도 군주를 시해했다는 말은 듣지 못했습니다."

齊宣王問曰, 湯放桀, 武王伐紂, 有諸. 孟子對曰, 於傳有之. 曰, 臣弑其君, 可乎. 曰, 賊仁者, 謂之賊. 賊義者, 謂之殘. 殘賊之人, 謂之一夫, 聞誅一夫紂矣, 未聞弑君也.

『孟子·梁惠王 下』

일정한 자격이 있으면 누구나 왕이 될 수 있다는 주장은 뒤집으면 그 자격을 잃으면 왕에서 물러나야 한다는 주장으로 성립됩니다. 맹자는 왕이 자신의 임무를 감당할 능력이 없으면 경질되어야 한다고 생각했습니다. 이때의 왕의 임무는 왕도 정치를 실행하는 것으로, 인과 의의 덕을 내면에 갖추고 있는 사람이 그 덕으로 온세상 사람들을 감화시키는 정치를 하는 것을 의미합니다. 그러한 덕을 갖추지 못한 사람은 왕이 될 수 없다는 것이지요. 그러나 여러분도 알겠지만, 덕이 있어서 왕도 정치를 행할 수 있는 사람이 왕이 되는 것이 얼마나 가능성 있는 일인가요? 조선 시대 오백년 동안 덕있는 왕이라면 세종 등 많아야 두세 명 정도나 될까요? 이때 맹자는 덕을 갖추지 못한 사람을 처단하는 것은 왕을 처단하는 것이 아니라고 단언합니다. 이미 그는 왕이 아니기 때문이지요. 맹자의 왕도 정치사상은 필연적으로 이러한 혁명 이론을 동반합니다.

사회를 유지하기 위해서는 그 질서를 운용하는 집단이 필요할 것입니다. 정치적으로 말하면 재위자在位者라고 불리는 관료 집단인데, 맹자가 이상적으로 생각하는 정치란 덕에 의해 백성들의 마음을 사로잡는 것이므로 그들은 단순한 관료가 아니라 도덕적 지도자, 유덕자有德者가 되어야 합니다. 논어나 맹자에서 '군자君子'라고 불리는 사람들이 바로 그들이지요. 이들은 정치가로서 직책을 가진 사람이면서 동시에 인품이 훌륭한 사람이어야 했습니다. 이러한 생각이 얼마나 비현실적이고 이상적인지는 굳이 설명할 필요가 없을 것입니다. 단지 이러한 생각으로 인해 우리 사회에는 높은 지위에 있는 사람을 존경하는 사회적 풍토가 아직도 남아 있지요. 맹자는 "집안에서는 효도하고 밖에 나와서는 공경의 도를 행하며, 선왕의 도를 지키면서 후대의 학자들에게 그것을 전해주는 것"『맹자·등문공 하』을 군자의 일로 정했습니다. 그러한 논리에 따르면 그들은 스스로 직접 생산에 종사할 겨를이 없습니다. 여기에서 군자와 소인의 분업, 육체 노동과 정신 노동의 차이에 대한 논의가 나오게 됩니다. 맹자의 말을 들어보겠습니다.

"그렇다면 천하를 다스리는 일은 유독 농사지으면서 할수 있다는 것인가? 대인大人이 할 일이 있고 소인小人이할 일이 있다. 또 한 사람의 몸에는 온갖 기술자들이 만든 것들이 다 필요한데, 만일 모든 것을 반드시 손수 만들어서 사용해야 한다면 온세상 사람들이 모두 지쳐 떨어질 것이다. 그러므로 옛말에 이르기를 '어떤 사람은 마음을 쓰고 어떤 사람은 힘을 쓴다. 마음을 쓰는 자는 남을 다스리고, 힘을 쓰는 자는 남에게 다스림을 받는다'라고 하였다. 남에게 다스림을 받는 자는 남을 먹여 살리고, 남을 다스리는 자는 남에게 얻어먹고 사는 것이 천하의 보편적 원리이다."

然則治天下, 獨可耕且爲與. 有大人之事, 有小人之事, 且一人之身而百工之所爲, 備. 如必自爲而後用之, 是率天下而路也. 故曰, 或勞心, 或勞力. 勞心者治, 勞力者治於人. 治於人者, 食人, 治人者, 食於人, 天下之通義也.

『孟子·滕文公 上』

이러한 분업의 논리는 집 짓는 목수가 농사에 종사하지 않고 목수 일을 해서 양식을 바꾸는 것과 마찬가지라고 합니다. 우리가 살아가면서 필요한 물건들, 예컨대 옷이나 신발 등을 다 직접 만들 수 없으니, 우리는 각자 자신이 하는 일의 수확물을 가지고 그것을 물물 교환 내지는 분업으로 나누어서 생활합니다. 농사짓는 사람은 농사 수확물인 곡식을 가지고 옷이나 신발을 사고, 옷이나 신발을 만드는 사람은 그것을 팔아서 곡식을 사서 먹고 사는 식입니다. 그러니 정치하는 일도 예외가 될 수 없고, 정치 역시 농사지으면서 동시에 할 수 있는 일이 아니라는 것이지요. 그러니 정치가는 정치로서 먹고 살아야 합니다. 여기까지는 상당히 설득력있는 이야기입니다. 그러나 문제는 그 다음입니다. 맹자는 직접 생산자와 정치 및 교화에 종사하는 사람들 각각을 야인野人과 군자, 또는 소인小人과 군자君子로 구별하였습니다. 소인은 '힘을 쓰는 자', 육체 노동을 하는 사람이라면, 군자는 '마음을 쓰는 자', 정신 노동을 하는 사람입니다.

문제는 "마음을 쓰는 자는 남을 다스리고, 힘을 쓰는 자는 남에게 다스림을 받는다"는 논리입니다. 여기에서부터 우리의 노동 천시라는 오랜 이념이 시작된 것입니다. 우리 전통은 정신 노동을 육체 노동보다 우위에 두고, 정신 노동자들은 육체 노동을 질낮은 노동으로 천시하고 자신의 아래에 두었습니다. 여기에서 더 나아가 "남에게 다스림을 받는 자는 남을 먹여 살리고, 남을 다스리는 자는 남에게 얻어먹고 사는 것이 천하의 보편적 원리이다"라고 합리화합니다. 한 마디로 육체 노동을 하는 사람은 정신 노동을 하는 사람 아래에 있으면서 그들의 다스림을 받고 또한 그들을 먹여 살려야 하는데, 그것이 '세상의 보편적 원리'라는 것입니다. 피지배 계층은 지배 계층보다 더 열악하고 질낮은 육체 노동을 하면서 정신 노동을 하는 지배 계층을 섬기고 나아가 세금을 내서 그들을 먹여 살려야 한다는 것입니다. 그 세금이란 것이 어찌나 혹독한지 "백성이 원망스러운 눈으로 쳐다보면서 일년 내내 부지런히 움직여도 부모를 봉양할 수 없고, 빚을 내어 모자란 양을 보태서 세금을 내게 하여 늙은이와 어린아이들이 굶어 죽어서 시체가 구덩이에 버려지게 될 정도"『맹자·등문공 상』이기에, 그걸 줄이자고

1/9세인 정전제를 주장했던 것이고요. "군자가 없으면 야인野人=소인을 다스리지 못하고, 야인이 없으면 군자를 봉양할 수 없다"는 것은 맹자의 흔들림없는 신념이었고, 이것은 봉건주의 계급 사회인 당시로서는 너무나 당연한 '세상의 보편적 원리'이었겠지요. 그러나 전 맹자의 이 구절을 읽을 때마다 가슴이 아픕니다. 제 마음속의 육체 노동 경시를 저 역시도 느끼고 있고, 이 노동 경시는 계급 관념과 합쳐진 형태로 지금도 우리 사회에 그대로 만연하고 있으니까요. 저 역시 장 보고 부엌에서 요리하고 방 청소하는 일을 책 읽고 공부하는 일보다 훨씬 가치가 낮은 일이라고 생각할 때가 있거든요. 그러나 이것은 취향의 문제이지 가치의 문제가 되어서는 안 되지 않을까 합니다. 우리 사회의 가장 낮은 곳에 육체 노동자들이 있고, 가장 높은 곳에 정신 노동자들이 있는 것이 사실입니다. 여러분도 공부를 잘해서 대학교에 들어왔지만, 공부를 잘한다는 것은 그저 여러분에게 편리해서 좋은 것이지 그게 다른 사람들 위에서도 된다거나 일하지 않고도 먹고 살 수 있다는 허가증은 아니지 않나요? 그런데 우리는 알게 모르게 육체 노동으로 먹고 사는 사람들을 경시합니다. 우리를 살아가게 하는 힘은 사실은 정신 노동보다 육체 노동에서 나오는 경우가 많은데도 그렇습니다. 농부가 농사지어 식재료 만들어내고, 어머니가 부엌에서 음식 만들고 빨래 하고 집 청소하고, 건설 노동자들이 건물 세우고 물류창고 만들고 도로 건설하고, 기술자들이 비행기 만들고 등등. 내가 먹는 음식, 내가 입은 옷, 내가 앉아있는 이 의

자, 책상, 이 건물, 심지어 컴퓨터, 책들. 이것들을 내가 향유하는 데 나는 어떤 노력도 한 적이 없고, 얼굴도 모르는 분들의 노동이 더해져 이것들이 나에게 온 것이지요. 건축 설계가 건축 노동자의 실제 노동보다 더 고급이고 더 훌륭하며 더 많은 이익을 얻어야 할 이유가 무엇인지 따져보면 사실 잘 모르겠습니다. 만약 현대 사회에서 분업이 불가피한 것이라면, 그러한 분업으로 인한 일들 사이의 경제적, 사회적 갭은 최소화되어야 하는 것이 마땅하지 않을까요? 언제까지 정신 노동은 귀하고 육체 노동은 천하다는 수천 년 전 유학 사상에 매달려 있어야 하는 것인가요?

분업에 관한 한 저는 칼 포퍼K.Popper, 1902-1994의 제안이 가장 그럴듯하게 들립니다. 『열린 사회와 그 적들』*The Open Society and its Ememies,* (민음사, 2006)에서 칼 포퍼는 이상적인 사회를 설계한다고 할 때 꼭 어떤 체제가 제일 낫다고 제안하지는 않지만, 그래도 차별을 가장 적게 할 수 있는 방법을 제안하였습니다. 여러 계층과 다양한 직업군들을 포함한 어떤 사회 체제를 설계할 때, 설계자인 내가 그 사회의 어떤 계층, 어떤 직업에 가게 될지를 모른다는 전제 하에 하자는 것입니다. 나는 내가 설계한 그 사회에서 가장 바닥에 있는 계층에 속하게 될 수도 있고, 맹자식 표현으로 하자면 나는 '마음을 쓰는 자'가 아니라 '힘을 쓰는 자', 정신 노동이 아니라 육체 노동을 하는 일을 하게 될 수도 있습니다. 이런 전제 하에서라면 그래도 비교적 공정한 사회가 설계될 수 있다는 것이 그의 주장입니다. 특히 우리 사회처럼 경쟁이 일상이 되고 있는 곳에서는 더욱 이러한 전제가 필요하지 않을까요? 그리고 그 이전에 정신 노동이 육체 노동보다 더 귀하고, 정신 노동을 하는 사람은 육체 노동을 하는 사람보다 더 높은 계층에 있으면서 육체 노동 계층을 지배할 권리가 있다는 의식부터 없앨 필요가 있다고 봅니다. 이것은 봉건주의 계급 이념에 대한 전면적인 부정을 의미합니다. 왜 언제까지나 지배 계층은 피지배 계층을 억압, 착취하고, 사상적으로도 그러한 잘못된 상황을 합리화하기를 강요합니까? 우리는 왜 높은 지위의 정치가가, 또는 많은 저서를 쓴 학자가 세상을 떠나면 애도하면서, 그 이상으로 평생을 성실하게 산 청소 노동자가, 공장 노동자가 세상을 뜬 것은 그만큼 중요하지 않은 사람의 죽음으로 치부하고 마는 거죠? 우리 속의 계급 의식은 도대체 어디에 그 뿌리를 내리고 있는 것일까요? 그러나 이것은 새로운 개혁이 아닙니다. '반봉건反封建·반제국주의反帝国主義'는 근대 이래 동양 사회에서 해결해야 할 오랜 숙제였고, 아직도 미완의 숙제이기 때문입니다.

생 각 해 보 기

1. 맹자는 성선설(性善說)이 실현될 수 있는 조건을 무엇으로 보았습니까?
2. 정신 노동'勞心者'- 지배층과 육체 노동'努力者'- 피지배층의 분업 논리에 대한 여러분의 생각은 어떻습니까?
3. '반(反)봉건·반(反)제국주의'가 근대 동양의 캐치프레이즈(구호)가 된 이유는 무엇이라고 생각합니까?

제12강

사람의 본성은 악하고,
선하다고 하는 것은 거짓이다

人之性惡, 其善者僞也

공자가 말한 '극기복례위인'에서 '극기' 쪽을 발전시킨 사상가가 맹자이고, '복례' 쪽을 발전시킨 사상가가 순자荀子, B.C.298-238라는 이야기를 했었지요. 맹자가 성선설에 입각하여 덕치주의를 주장하였다면, 순자는 성악설에 근거하여 예치주의禮治主義를 주장하였다고 대비해 볼 수 있습니다. 맹자 사상을 다시 한 번 되집어볼까요?

> 고자가 말하기를, "인간 본성은 여울물과 같아서, 동쪽으로 터 놓으면 동쪽으로 흐르고 서쪽으로 터 놓으면 서쪽으로 흐릅니다. 인간 본성에 선과 불선의 구분이 없는 것은 마치 물에 동서의 구분이 없는 것과 같습니다"라고 하였다. 맹자는 대답하였다. "물은 참으로 동서로 구분되지 않습니다. 그러나 위 아래의 구분도 없습니까? 인간의 본성이 선한 것은 물이 아래로 내려가는 것과 같습니다. 사람은 선하지 않는 경우가 없고, 물은 아래로 내려가지 않는 경우가 없습니다. 이제 물을 손바닥으로 쳐서 뛰어오르게 하면 잠시 동안은 이마를 지나게 할 수 있고, 과격하게 흐르도록 하면 산에 있게 할 수 있습니다. 그러나 이것이 어찌 물의 본성이겠습니까? 기세와 환경에 따

라 그런 것일 뿐입니다. 사람이 선하지 않은 것은 그 본
성이 기세와 환경에 따라 그러한 것과 같습니다."

告子曰: "性猶湍水也, 決諸東方則東流, 決諸西方則西流.
人性之無分於善不善也, 猶水之無分於東西也." 孟子曰:
"水信無分於東西. 無分於上下乎? 人性之善也, 猶水之就
下也. 人無有不善, 水無有不下. 今夫水, 搏而躍之, 可使過
顙; 激而行之, 可使在山. 是豈水之性哉? 其勢則然也. 人
之可使爲不善, 其性亦猶是也."

『孟子・告子』

고자는 인간의 본성이 정해진 것이 아니라 외부 환경이나 상
황에 따라 선하게도, 악하게도 될 수 있다는 주장을 한 사상가
입니다. 여기에 대해 맹자는 인간의 본성은 선한 것이고, 혹 선
하지 않은 모습이 나타난다고 하더라도 그것은 당시의 기세와
환경에 따라 그렇게 된 것일뿐 본래는 선한 존재라는 것이라고
반박해 말하고 있는 것이지요.

순자는 전국 시대 말기에 활약한 사상가이고, 맹자의 뒤를
이어서 유학을 더욱 발전시켰습니다. 그는 제 나라 직하로 유
학하여 그곳에서 활동하였다고 하는데, 당시 직하는 학술 문화
의 중심지로서 유가를 비롯한 도가, 묵가, 명가, 법가 등의 다
양한 학자들이 구름같이 모여들어 학문의 대향연을 펼쳤던 곳
입니다. 순자는 이곳에서 유학을 비롯한 여러 학파들의 사상을
섭취하고 이전까지 있었던 대부분의 철학 사상을 비판하면서
자신만의 독특한 견해를 수립하였습니다. 자연과 인간의 거의

모든 분야에 걸친 방대한 철학적 체계를 구축했다는 점에서 중국 고대 철학의 집대성자라고도 불리웁니다. 그의 일생은 비교적 단순하였고, 공자나 맹자처럼 많은 지방을 주유하거나 우여곡절도 그리 많지 않았다고 알려져 있습니다. 생의 전반기는 거의 서재에서 책을 보며 지냈고 제 나라에 갔던 쉰 살 무렵부터 겨우 사람들의 주목을 받기 시작했으나, 이후 몇 가지 정치적 시도에 실패한 뒤로는 유유자적하며 살다가 평온한 죽음을 맞았다고 합니다.

인간의 본성이 악하다는 주장은 순자만의 독특한 이론입니다. 순자의 정치 사상이나 예의 존중 같은 학설이 모두 이 성악설에 기초를 두고 있다고 해도 과언이 아니므로, 그의 독특한 사상을 이해하기 위해서는 반드시 이 성악설에 대한 이해가 바탕이 되어야 합니다. 그러나 사실은 이 성악설 때문에 순자는 후대 유학자들에 의해 유학의 정통에서 제외되었습니다. 유학의 정통이라기보다는 이단 정도로 받아들여지고 있는 것이지요. 그 이후 천하를 통일한 진秦 나라의 재상인 이사李斯와 현실적 사상의 대가인 법가法家 한비자韓非子, B-C 280-233가 순자의 제자로 알려져 있습니다. 이는 실제 현실에서 그의 사상이 큰 영향을 미치고 있었다는 것을 보여줍니다. 순자 성악설에 대해서는 그의 말을 직접 들어보기로 하겠습니다.

사람의 본성은 악한 것이고, 그것이 선하다고 하는 것은 거짓이다. 지금 사람들의 본성은 태어나면서부터 이익을 좋아한다. 이러한 본성을 따르기 때문에 쟁탈이 생기고 사양하는 일이 없어진다. 사람은 태어나면서부터 질투하고 미워한다. 이러한 본성을 따르기 때문에 남을 해치고 상하게 하는 일이 생기고 충실과 믿음이 없어진다. 사람은 태어나면서부터 귀와 눈의 욕망이 있어 아름다운 소리와 빛깔을 좋아한다. 이러한 본성을 따르기 때문에 지나친 혼란이 생기고 예의와 아름다운 형식이 없어진다. 그러니 사람의 본성을 따르고 사람의 감정을 좇는다면, 반드시 다투고 뺏고 분수를 어기고 이치를 어지럽히게 되어 난폭함으로 귀결될 것이다. 그러므로 반드시 스승과 법도에 따른 교화와 예의의 길이 있어야 한다. 그런 뒤에야 서로 사양하고, 아름다운 형식에 합치하여 잘 다스려짐으로 귀결될 것이다. 이로써 본다면 사람의 본성은 악한 것이고, 그것이 선하다는 것은 거짓이다.

人之性惡, 其善者僞也. 今人之性, 生而有好利焉, 順是, 故爭奪生而辭讓亡焉. 生而有疾惡焉, 順是, 故殘賊生而忠信亡焉. 生而有耳目之欲, 有好聲色焉, 順是, 故淫亂生而禮義文理亡焉. 然則從人之性, 順人之情, 必出於爭奪, 合於犯分亂理而歸於暴. 故必將有師法之化, 禮義之道, 然後出於辭讓, 合於文理而歸於治. 用此觀之, 然則人之性惡, 其善者僞也.

『荀子·性惡』

순자의 이 말은 동양의 철학사에서 드문, 우리 인간의 본성에 대한 솔직한 말입니다. 후대 혁명적인 철학자인 이탁오에게서나 다시 찾아볼 만한 주장이라고나 할까요. 여러분은 우리 인간의 본성이 어떻다고 생각하나요? 아기는 태어나면 울면서 자기 먹을 것만 찾고, 누가 앞에서 먹고 있으면 자기도 그것을 달라고 하고 가능하면 빼앗아 먹으려고 할 것입니다. 아기는 본성을 따라 행동하는 것인데, 그 아기가 형님에게 자기 먹을 것을 사양하거나, 예의를 차려서 행동한다는 것을 있을 수 없는 일입니다. 순자가 보기에 인간은 "태어나면서부터 이익을 좋아하고", "태어나면서부터 질투하고 미워하며", "귀와 눈의 욕망이 있어 아름다운 소리와 빛깔을 좋아하는" 존재인 것입니다. 그러기에 "사람의 본성은 악한 것이니, 그것이 선하다고 하는 것은 거짓이다"고 단언하였던 것이지요. 이러한 주장은 현대 자본주의 사회를 살아가며 경쟁이 일상화되고 나아가 무한 경쟁이 당연하다고까지 생각하고 있는 우리에게 너무 당연하게 받아들여질지도 모릅니다. 역사 발전의 동력을 생산력과 생산관계의 갈등, 즉 계급간의 이익의 추구로 보는 경제사적 인간관에서는 이익 추구를 인간 본성으로 보는 것은 두말할 필요없는 진리일지도 모르고요. 이 수업에서 경제사적 역사관을 좀 다루면 좋겠다고 생각되지만 가능할지 모르겠습니다. 어쨌든 여러분은 대학에 들어온 이상 경제사에 대한 이해는 반드시 필수적인 것이니, 꼭 한번은 공부할 기회를 가지시길 권합니다. 강력히! 그러나 순자의 이러한 성악설은 인간 본성에 대한 탐구에서 시작된 것이 아니라 "스승과 법도에 따른 교화와 예의의 길"의 필요를 강조하기 위한 것입니다. 즉 교육이나 법도 등 외부 권위에 따라 인간을 교화하고 예의로 이끌어야 인간사회가 바로잡힐 수 있다는 현실적 고려에 따른 것입니다. 인간의 본성이 어떤지 몰라도, 일단 인간 본성을 악하다고 전제한 뒤 그것을 어떻게 바로 잡을까 하는 방법에 더 전념해야 한다는 것이지요. 본성이 악하다고 보게 되면 교육과 법을 통해 예의와 충실, 믿음 같은 덕을 억지로라도 가르치게 될 것입니다. 그것이 순자의 성악설에 근거한 예치주의禮治主義입니다. 맹자 사상과 배치되는 것이 아니라, 동일한 목표로 가는 방법의 차이라고 보면 되겠습니다. 이러한 순자 사상은 예禮, 즉 외부의 제도, 질서, 규범으로 인간을 바로잡아가야 한다는 주장이기에, 법法에 따라 인간을 바로잡을 것을 주장하는 법가와 연결된 것은 당연한 일이라고 하겠습니다. 순자의 말을 좀더 들어볼까요?

> 그러므로 굽은 나무는 반드시 댐나무를 대고 쪄서 바로 잡은 뒤에라야 곧아지며, 무딘 쇠는 반드시 숫돌에 간 뒤에라야 날카로워진다. (마찬가지로) 지금 사람의 본성이 악한 것은 반드시 스승과 법도를 기다린 뒤라야 바르게 되고 예의를 얻은 뒤에라야 다스려진다.
> 지금 사람들에게 스승과 법도가 없다면 편벽되고 음험하여 바르지 않을 것이며, 예의가 없다면 이치에 어긋나는 어지러운 짓을 해 다스려지지 않을 것이다. 옛날 성왕께서는 사람들의 본성은 악하기 때문에 편벽되고 음험하며 바르지 않으며, 이치에 어긋나는 어지러운 짓을 해 다스려지지 않는다고 생각하였기 때문에 이를 위해 예의를 만들고 법도를 제정해 사람들의 감정과 본성을 바로잡고 수식함으로써 이를 올바르게 하였으며, 사람들의 감정과 본성을 길들이고 교화함으로써 이를 올바로 인도하였다. 이에 비로소 모두 잘 다스려지고 도리에 맞는 행동을 하게 된 것이다.

지금 사람들은 스승과 법도에 교화되고 학문을 쌓으며 예의를 실천하고 있는 사람을 군자라고 하고, 본성과 감정을 멋대로 버려두고 멋대로 행동하는 데 안주하고 예의를 어기는 자를 소인이라 한다. 이로써 본다면 사람의 본성은 악한 것이 분명하며 그것이 선하다는 것은 거짓이다.

故枸木必將待隱栝蒸矯然後直. 鈍金必將待礱厲然後利. 今人之性惡, 必將待師法然後正, 得禮義然後治.
今人無法師, 則偏險而不正, 無禮義, 則悖亂而不治. 古者聖王以人之性惡, 以爲偏險而不正, 悖亂而不治. 是以爲之起禮義, 制法度, 以矯飾人之情性而正之, 以擾化人之情性而導之也. 始皆出於治, 合於道者也.
今之人, 化師法, 積文學, 道禮義者, 爲君子, 縱性情, 安恣睢, 而違禮義者, 爲小人. 用此觀之, 然則人之性惡明矣, 其善者僞也.
『荀子·性惡』

순자가 왜 성악설을 주장했는지에 대해서는 더 이상 설명할 필요없을 듯하네요. 구부러진 나무는 그것을 바로잡기 위한 댈나무가 필요하고 무딘 쇠는 숫돌이 필요하듯이, 본성이 악한 인간에게는 그것을 바로잡을 교육과 법도가 필요하다는 주장입니다.

오늘은 여기에서 그치겠습니다. 『논어』에 대해 쓴 짧은 에세이를 첨부하니, 읽어보는 것으로 대신하겠습니다.

생각해보기

1. 공자의 인仁학설이 맹자의 성선설과 순자의 성악설으로 나누어
   지는 이유와 그들이 지향하는 목표와 방법론의 차이에 대해 생
   각해 보십시오.
2. 순자의 성악설과 기독교의 원죄론을 비교해 설명해 보십시오.
   어떤 공통점과 차이점이 있습니까?

* (쉬어가는 글)
『논어』가 꿈꾸는 세계

『논어』를 읽으며 개인적으로 가장 좋아한 구절은 다음 구절입니다. 나에게는 이 부분이 『논어』 전체의 하이라이트라고 할까, 가장 드라마틱하다고 할까, 공자의 모습이 가장 잘 보여지는 부분이라고 여겨집니다.

> 제자인 자로, 증석, 염유, 공서화가 공자를 모시고 앉아 있었다. 공자가 물었다. "내가 너희들보다 나이가 조금 많다고 해서 나를 염두에 두지 말아라. 평상시에 나를 알아주지 않는다고 하였는데, 만약 너희를 알아준다면 무엇을 하고 싶은지?" 자로는 급히 대답하였다. "수레 천 대를 가진 제후국이 큰 나라 사이에 끼어 전쟁이 일어나고 기근까지 더한다 하여도 제가 다스리면 3 년이면 백성들을 용맹하게 하고 또 올바른 방향을 알게 할 수 있습니다." 공자는 빙그레 웃었다. "구야, 너는 어떠하냐?" 염유는 답하였다. "사방 60,70 리나 50,60 리 되는 작은 나라를 제가 다스리면, 3년이면 백성들의 생활을 풍족하게 할 수 있습니다. 그러나 예악과 같은 일은 다른 군자를 기다려야 할 것입니다." "적아, 너는 어떠하냐?" 공서화는 대답하였다. "잘 할 수 있다고 말하는 게 아니라 배우기를 원합니다. 종묘의 일과 회동할 때 현단의 옷과 예관을 쓰고 조금 도울 수 있기를 바랍니다."
> "점아, 너는 어떠하냐?" 증석은 거문고 타던 소리가 느

려지더니 쟁그랑 하고 채를 놓고 일어나서 "저는 세 사람이 말한 것과는 다릅니다" 하였다. 공자는 "무엇이 문제인가? 각자 자기 뜻을 말하는 것뿐이다"라고 하였다. 증석은 대답하였다. "늦은 봄, 봄옷이 마련되면 5,6 명의 청년들과 6,7 명의 아이들과 함께 기수에서 목욕하고 무우에서 바람쐬고 노래 부르면서 돌아오겠습니다." 공자는 아! 하고 감탄하며 "나도 점과 생각이 같다"라고 하였다.

『논어 · 선진편』

마치 드라마 한 편을 보는 것 같은 느낌입니다. 유학은 내성외왕, 즉 안으로는 성인이 되고 밖으로는 왕도정치를 행하는 정치가가 되는 것을 표방하지만, 실제로는 '예와 음악'예악 禮樂으로 나라를 다스리는 정치를 하는 것이 목표입니다. 공자를 포함한 유학자들은 '인한 정치'인정 仁政라는 자신의 뜻을 펼칠 수 있는 정치가의 자리를 차지하는 것이 언제나 문제였고 늘 바라던 일이었습니다. 그러나 세상은 힘을 위주로 돌아가는 패권정치가 주를 이루고 세계 전쟁이 끊임없이 일어나는 춘추전국 시기라 인한 정치를 말하는 그들에게 정치를 할 기회는 쉽사리 주어지지 않았습니다. 그래서 평소 일상생활하는 가운데 늘 "세상이 나를 알아주지 않는다"고 한탄하고는 하였고, 스승인 공자가 "다른 사람이 나를 알아주지 않아도 그걸 가슴에 쌓아두지 않으면, 군자답지 않은가?"라고 달래야 할 형편이었던 것입니다. 그러나 오늘은 여러 제자들이 주위에 있으니 만약 천자가, 제후가, 혹 높은 지위에 있는 사람이 나의 진가를 알아준다면, 그래서 나를 높은 지위에 임명해주어 내가 나의 이상을 실현할 수 있는 기회가 주어진다면, 무엇을 하고 싶은가 하는 '만약 if'의 상상을 하고 놀았던 것입니다. "만약 네가 하고 싶은 대로 다 할 수 있다면, 너는 무엇을 하고 싶은가?" 똑같은 질문을 나 자신에게 한다면 나는 지금 어떤 대답을 할까요?

그런 면에서 이 4명의 공자 제자들은 매우 모범적이면서도 각자 다른 자기 성향대로의 대답을 하였던 것입니다. 한 명은 유학의 이상대로 인한 정치를 행하기를 원하고 그 결과도 낙관적으로 보았고, 다른 한 명은 스케일이 좀 작았을 뿐 동일한 지점을 지향하였습니다. 또 다른 한 명은 똑같은 국가의 일이기는 하지만 다른 분야인 예악의 일을 하기를 원하였습니다. 그리고 마지막 한 명만이 사회 전체의 차원이 아닌 자신의 소박한 생활상의 지향을 말하였고, 공자는 이 제자에게 적극 찬성하는 뜻을 표하였던 것입니다. 증석은 예와 음악을 말하기 전에 이미 거문고를 타는 음악을 자기 생활 속에 끌어들이고 있어서, 이때 이 자리에서도 이미 거문고를 타고 있었습니다. 그리고 나는 그가 늦은 봄날의 꿈같은 소풍을 말하였다고 해도 이것이 그대로 '탈정치'를 꿈꾸는 일이었다는 생각은 들지 않습니다. 얼핏 유학의 취향을 떠난 이야기에 공자가 감탄한 것은 그러나 문자 그대로 유학의 입장을 벗어나 노장의 자연주의, 무위의 경향을 드러내고 있는 것은 아니라고 여겨진다는 말입니다. 그는 자신에게 주어진, 또는 자신이 구한 직분에 맞는 일에 이미 최선을 다한 상태였을 것입니다. 이미 자기가 할 수 있는 일에 최선을 다하였기에 더 이상 '만약'이라는 가정을 할 필요가 없었던 것이 아닐까요? 지위의 높고 낮음이 아니라 그것이 무엇이든 자기 일에 진심을 다한 상태, 그 자세, 그 마음가짐을 문제삼았을 뿐입니다. 그는 이미 내성외왕의 지향을 자기 속에 품고 있었습니다. 그렇기에 그는 봄옷을 갖추어 입고 간 소풍의 여유로움, 목욕하고 바람쐬고 노래부르면서 돌아오는 일상의 평화로움을 말할 수 있었을 것입니다. 얼마나 평화롭고 아름다운 그림인가! 그래서 공자는 나도 그러고 싶다고 답하였던 게 아닐까요? 나는 『논어』가 묘사하는 이 귀절은 한 인간이 꿈꿀 수 있는 가장 아름다운 그림 중의 하나라고 감히 말하고 싶습니다.

전통적으로 유학이, 『논어』가 꿈꾸는 이상 세계는 『예기』에 나오는 '대동 세계'입니다. '대동大同'이란 위대한 일치, 모든 인간이 하나가 되어 평등하게 생활하는 세계입니다.

> 큰 도가 행해지던 때에는 천하를 공적인 것으로 여겼다. 재화가 땅에 버려지는 것을 싫어하였지만, 반드시 나만이 그 재화를 가지려고는 하지 않았다. 능력이 나에게서 나오지 않는 것을 싫어하였지만, 반드시 내 몸만을 위해서 그 능력을 쓰지는 않았다. 그러므로 간사한 꾀가 일어나지 않고, 도적질과 폭력을 행하는 무리가 생겨나지 않았다. 그러므로 사람들은 바깥의 사립문을 닫지 않고 평화롭게 살았다. 이것을 '대동'의 세계라고 한다.
> 『예기·예운편』

권력을 독점하는 자 없이 평등하며, 재화는 공유되고 생활이 보장되며, 각 개인이 충분히 재능을 발휘할 수 있는 세상은 유학이 꿈꾸는 세상이자 중국 근대 혁명가인 강유위나 손문이 꿈꾸던 이상사회이기도 했습니다. 인품이 훌륭한 사람이 지도자로 뽑히고, 서로가 신뢰하고 화목하며, 모두가 자기 가족만을 아끼지 않고, 충분한 일자리와 사회복지가 이루어지며, 재물을 사적으로 독점하지 않고 노력하면 모두가 성공하는 사회, 그래서 도둑도 폭력도 없고 대문을 잠그지 않아도 되는 대동 세상에서 살기를 우리는 얼마나 바라왔던가요. 그러나 이러한 사회가 결코 쉽게 이루어지는 것은 아닐 것입니다. 실현되기 어려우므로 이상 사회인 것입니다. 그러한 사회의 실현은 내 속의 내 개인적인 욕망과 집착을 이겨내는 것에서 시작하여야 합니다. 그래서 내가 성인이 되어 세상을 '공적인 것'으로 보는 단계까지 이르도록 수양해야 하고, 거기에 머물지 않고 사회적, 정치적, 제도적 실현을 위해 노력해야 합니다. 이것이 『논어』에서 말하는 내성외왕의 길입니다. 이는 지난한 길이지만, 이 길 외에는 길이 없다고 보았다. 그래서 공자는 말하였던 것입니다. "언제나 인仁에 의거해야 한다. 넘어질 때도 자빠질 때도 인에 의거해야 한다"고.

불교 역시 내 안의 욕망과 집착을 이겨내야 자유롭고 해방된 세계로 들어갈 수 있다고 보았습니다. 불교는 그러한 이상 세계를 깨달음의 세계, 부처의 세계, 서방 정토의 세계, 불국토의 세계라고 표현하였습니다. 이 불국토의 세계는 우리 의식의 전환을 통해 이루어집니다. 우리는 보통 새끼줄을 뱀으로 착각하고 사는데, 이런 단계에서 벗어나야 합니다. 실체가 없는 무아의 존재를 실제로 있는 것으로 허망하게 생각하는 것을 불교에서는 '변계소집성'이라고 부릅니다. 뱀이 거기에 원래 없는데도 뱀이 있다고 생각하는 것과 마찬가지로, 영원불변의 자아란 존재하지 않는데도 착각과 허망한 생각으로 자아가 있다고 생각하기 때문에 우리는 고통에 빠져 살게 된다고 불교는 진단합니다. 그리고 여기에 과감히 공空이라는 해독제가 필요하다고 보았습니다. 그것은 이 세계의 모든 것은 인연으로 이루어져 있고, 모든 것들이 서로 원인과 조건의 관계로 이어져 있다고 보는 사고 방식입니다. 이것을 '의타기성'이라고도 합니다. 이 세상 모든 존재, 모든 현상은 인연이 합해지면 생겨났다가 인연이 다하면 소멸해서 사라지는 존재입니다. 마치 공중에 핀 꽃처럼 실체가 없는 환상인 것입니다. 뱀을 자세히 들여다보니 뱀 대신 새끼를 꼬아 만든 줄이 있을 뿐인 것과 같습니다. 이것을 확실히 아는 것이 나의 탐욕과 집착에 대한 강력한 해독제가 됩니다. 그런데 이러한 존재들은 단순한 인연의 존재로 끝나는 것이 아니라 '참 그대로'인 진여眞如가 나타난 것이기도 합니다. 따라서 이 세계의 모든 것들은 불생불멸하고 진실한 진여의 자기 표현입니다. 이러한 인식을 '원성실성'이라고 부릅니다. 이것은 새끼줄을 더 자세히 들여다보니, 그 새끼줄이 사실은 마로 이루어져 있다는 것을 깨닫는 것과 같습니다. 이것이 불교가 지향하는 이상 세계, 깨달음의 세계, 불국토의 세계, 서방정토,

즉 불교가 꿈꾸는 사회인 것입니다.

『논어』가 꿈꾸는 세계는 어진 군자들이 다스리는 세계, 인仁한 정치가 실현된 세계, 예와 음악을 통해 자연스럽게 동화되는 세계입니다. 그를 통해 자연스럽게 대동의 세계를 지향합니다. 이런 『논어』가 꿈꾸는 세계는 불교가 꿈꾸는 원성실의 세계와는 전혀 다른 세계일까? 나는 그렇게 생각하지 않습니다. 유학의 인仁과 불교의 공空은 분명히 어느 지점, 어쩌면 내면의 심리, 수행과 수양이라는 측면에서 만나고, 격렬하게 부딪힌 뒤 융섭의 길을 갔습니다. 『논어』의 해석사를 보면 그 점이 잘 나와있고, 현대에는 서양철학과의 만남을 통해 더 치밀해지고 현대화된 해석도 존재합니다. 따라서 우리에게는 논어에 대한 새로운 독해법이 필요한지도 모르겠습니다. 그런 면에서 『논어』는 동서양 모든 사상의 용광로이자, 새로운 미래를 지향하는 '오래된 미래'라고 할 만합니다. 이것은 바로 『논어』의 '온고이지신溫故而知新'을 통한 방법적 모색입니다. 옛것을 익히 알고 그 바탕에서 새로운 것을 찾고자 하는 고래의 온고이지신 말입니다. 그 온고이지신 사상들의 향연을 보고 싶습니다. 그리고나서 나 역시 "늦은 봄, 봄옷이 마련되면 5,6 명의 청년들과 6,7 명의 아이들과 함께 기수에서 목욕하고 무우에서 바람 쐬고 노래 부르면서 돌아오고 싶습니다."

제13강

하늘을 아버지라고 하고
땅을 어머니라고 한다

乾稱父, 坤稱母

중국 역사에서 선진先秦 시기는 문자 그대로 진秦 나라 통일 이전, 춘추전국 시대에 해당합니다. 공자·맹자 사상이 위주인 이 시기 유학은 선진 유학, 또는 초기 유학이라고 불리고, 후대의 유학 사상과 구분됩니다. 선진 시기에 여러 학파들 중 하나에 불과하였던 초기 유학은 진秦·한漢 시기를 거치면서 독존유술獨存儒術: 오직 유학만이 존재함이라고 하여 사회의 가장 중요한 통치 이념, 지배 이데올로기가 되었습니다. 이때 큰 역할을 했던 사상가가 동중서董仲舒, B.C.176-104입니다. 그러다가 한 나라 말기 혼란을 거치면서 유학은 힘을 잃었고, 대신 불교와 도교가 큰 세력으로 자리잡았지요. 송대에 들어서면서 다시 유학 전통에 대한 반성과 유학의 혁신 운동이 시작되었고, 이 유학 혁신운동을 통해 형성된 유학을 우리는 송명대 성리학性理學이라고 부릅니다. 성리학은 초기 유학에 대한 반성, 즉 유학이 세련된 불교나 도교 사상에 비해 형이상학적 이론도 부족하고 철학적인 측면보다 생활 속의 소박한 가치에 불과한 데 대한 반성에서 시작되었습니다. 공자가 관심을 가지지 않아 드물게 말했다는 본성性, 천도天道 등 형이상학 개념들은 아무에게나 말해주지 않을 정도로 중요한 것이라 그렇게 하였다고 오도하며, 우주론적인 철학으로 일대 변신을 꾀하였던 것입니다. 성리학性理學이라는 이름도 성性·리理 개념을 중심으로 하였다고 해서 붙여진 이름인 것이지요. 유학이 불교와 도교를 비판하는 동시에 거기에서 철학의 방법론, 인식론, 중요 내용들을 가져와서 자신을 변혁한 결과물이 바로 성리학인 것입니다. 물론 이러한 작업들은 한 순간에 된 것이 아니고, '북송의 대표적인 다섯 철학자北宋五子'라고 불리우는 철학자들의 작업을 거치고 그 결과물들을 주희朱熹, 1130-1200가 창조적으로 집대성하면서 탄생하였습니다. 송대에는 주자라는 탁월한 학자가, 명대에는 왕양명이라는 위대한 학자가 등장하면서 완성을 보게 된 거구요. 송대 주자학, 명대 양명학이 대표적인 유학 사상으로 자리매김하게 되었습니다.

초기 유학이 송대 유학인 성리학으로 발전하며 달라진 것이 인仁 개념이 우주론적인 개념으로 확장된 일입니다. 성리학자들은 인을 '생명력', '쉬지않고 생성하고 또 생성하는 메카니즘'생생불식지기 生生不息之機으로 해석하였습니다. 초기 유학에서는 단순히 사람과 사람 사이의 인격 개념이었던 '인仁'이 우주 전체를 흐르는 생명의 기운, 생성하고 또 생성하는 생명력의 의미로 확대되었습니다. 이 기운은 우리 자신 안에서, 사람과 사람 사이, 사람과 만물 사이에도 쉬지 않고 흐르고, 이 우주 전체에 흐릅니다. 성리학은 이 기운이 막히지 않는 것을 인이라고 해석한 것입니다. 한의학에서는 우리 몸의 기가 어딘가에서 막혀서 마비가 온 것을 '불인不仁'이라고 부릅니다. 현대의 뇌졸중이나 전신마비, 반신불수를 의미하는 용어이지요. 그와 반대의 의미로서, 기가 막히지 않고 잘 흐르는 것이 '인仁'이 되는 것이지요. 우리 말 표현인 '기가 막히다'가 어떤 상황을 말하는 것인지 우리는 잘 알고 있지요? 기가 막힌 상황, 그래서 내가 나로 제대로 살지 못하는 상황, 인간됨이 훼손되는 상황, 이것이 불인不仁인 것입니다. 이러한 생명 철학으로 우주를 바라보면 어떤 모습이 될까요? 북송 오자 중 한 명인 정호程顥, 1032-1085는 길을 걸을 때면 개미를 밟아죽이는 일이 있지 않을까 노심초사하며 걸었다고 합니다. 그에게 있어서 비록 의도적이 아니라고 하더라도 개미를 밟아죽이는 일은 우주의 생명력을 손상시키는 일이었기 때문입니다. 한낱 개미에게도 그러한 마음가짐이었으니, 그가 사람을 대하는 일에서 얼마나 상대를 존중하였을지 추측할 수 있겠지요? 내가 우주 속에 살고 있으니 나를 포함한 이 우주 전체는 생명력이 가득 차서 흐르고 있는 곳이 되고, 우주 만물은 이 생명력이 흘러서 나와 한 몸이라고 생각될 것입니다. 그래서 정호는 "인은 천지만물과 일체가 되는 것이다"仁者, 以天地萬物爲一體, 또는 "인은 만물과 혼연히 한 몸이 되는 것이다"仁者, 渾然與物同體라고 정의하였습니다. (『二程遺書』) 초기 유학의 인 개념이 얼마나 확장 발전되어 왔는지 느껴지지요? 이후 인에 관한 정호의 이 정의는 성리학 전체를 관통하는 기본 개념으로 자리잡게 됩니다.

성리학의 '인' 개념을 잘 보여주는 짧은 글이 한편 있어 소개해드리겠습니다. '서쪽 창의 좌우명'이라는 의미인 '서명西銘'이라는 제목을 가진 이 글은 북송 오자 중 한 명인 장재張載, 장횡거, 1020-1077가 본인 서재의 서쪽 창에 걸어놓고 매일 낭송하며 자신을 수양하는 데 썼다는 글입니다. 그는 서쪽 창에만 이런 글을 붙여 놓았을까요? 그럴 리가요~ 동쪽, 남쪽, 북쪽 창 모두에 서로 다른 글들을 붙여 놓고, 아침마다 동서남북 돌아가며 글을 낭송하면서 자신을 돌아보았다고 합니다. 그 중에서 특히 서쪽 창과 동쪽 창의 글이 인仁의 이치를 잘 설명했다고 하여, 철학사상 중요한 논문의 하나로 여겨지고 있습니다. 후대에 주자가 서명西銘, 동명東銘에 대해 특별히 주석을 붙이면서 후대 학자들이 주목하게 되었습니다. 이 중에서 우리는 '서명'을 한번 읽어보기로 하겠습니다.

하늘을 아버지라고 하고, 땅을 어머니라고 한다. 나는 그 속에서 미미한 존재로 살고 있다. 그러므로 하늘과 땅이 막은 것을 나는 내 몸으로 하고, 하늘과 땅이 이끄는 것을 나는 내 본성으로 한다. 백성들은 나의 동포이고, 만물은 나와 함께 한다.

乾稱父, 坤稱母. 予玆藐焉, 乃混然中處. 故天地之塞, 吾其體, 天地之帥, 吾其性. 民吾同胞, 物吾與也.
Heaven is my father and Earth is my mother, and such a small creature as I finds an intimate place in the

midst. Therefore that which fills the universe I regard as my body and that which directs the universe I consider my nature. All people are my brothers and sisters, and all things are my companions.

위대한 임금은 우리 부모의 맏자식이고, 대신들은 종가 집의 가신들이다. 나이는 이들을 존중하는 것은 어른을 어른으로 대우하는 방법이고, 고아나 약한 이들을 자애롭게 대하는 것은 어린이를 어린이로 대우하는 방법이다. 성인은 그 덕에 합치되는 사람이고, 현인은 그 중에서 뛰어난 사람이다.

大君子, 吾父母宗子, 其大臣, 宗子之家相也. 尊高年, 所以長其長, 慈孤弱, 所以幼其幼. 聖其合德, 賢其秀也.
The great ruler(=the emperor) is the eldest son of my parents(=Heaven and Earth), and the great ministers are his stewards. Respect the aged- this is the way to treat them as elders should be treated. Show deep love toward the orphane ant the weak- this is the way to treat them as the young should be treated. The sage identifies his character with that Heaven and Earth, and the worthy is the most outstanding man.

세상의 모든 피로하고 지친 사람, 병들고 상한 사람, 형제가 없는 사람(惸), 늙어서 자식 없는 사람(獨), 아내 없는 홀아비(鰥), 남편 없는 과부(寡)는 모두 나의 형제들로서 넘어져서 어려운 처지에 놓여도 아무 데도 호소할 곳 없는 사람들이다. 이러한 때 그들을 보호하는 것은 자식으로서 돕는 것이고, 즐거워하면서 걱정하지 않는 것은 순수한 효도이다. 이를 어기는 것을 패덕이라고 하고, 인(仁)을 해치는 것을 역적이라고 한다. 악으로 세상을 건너

는 사람은 재주가 없는 자이고, 몸으로 실천하는 사람은
부모를 닮은 자이다.

凡天下疲癃殘疾,惸獨鰥寡, 皆吾兄弟之顚連而無告者也. 于
時保之, 子之翼也. 樂且不憂, 純乎孝者也. 違曰悖德, 害仁
曰賊. 濟惡者不才, 其踐形惟肖也.

Even those who are tired, infirm, crippled, or sick;
those have no brothers or children, wives or husbands,
are all my brothers who are in distress and have no one
to turn to. When the time comes, to keep himself from
harm- this is the care of a son. To rejoice in Heaven
and to have no anxiety- this is filial piety at its pursel.
He who disobeys (the Principle of Nature) violates
virtue. He who destroys humanity is a robber. He who
promotes evil lacks moral capacity. But he who puts his
moral nature into practice and brings his physical
existence into complete fulfillment can match (Heaven
and Earth).

성리학에서는 세계와 나를 구분된 존재로 보지 않고 하나라
고 생각하는데, 이러한 사고 방식은 기본적으로 이 인 개념에
근거하고 있습니다. 어디에나 생명의 기운이 온 세계를 흐르며
존재하고 있고, 나와 이 세계, 자연 속에 끊어지지 않은 채 이
어지고 있으므로, 나는 자연 속의 한 존재이며 자연은 나를 통
해 표현되는 존재라는 것이지요. 세계와 나는 문자 그대로 한
몸이라고 할 수 있습니다. 이것을 '천인불이'天人不二, 세계와 내가
둘이 아니다, 또는 '천인합일'天人合一, 세계와 나는 하나로 합일되어 있

다 사상이라고 부릅니다. 동양철학은 유학 뿐 아니라 도가나 불교 역시 기본적으로 천인합일 사상을 바탕에 깔고 있습니다. 장재는 서명을 "하늘을 아버지라고 하고, 땅을 어머니라고 한다"라는 말로 시작하고 있는데, 천인합일 사상을 잘 표현한 귀절이라고 할 수 있습니다. 하늘과 땅, 그리고 그 사이에서 살아가고 있는 만물이 바로 세계입니다. 하늘은 아버지이고 땅은 어머니이며 그 사이의 만물들은 바로 이 하늘과 땅의 자식들이라는 것입니다. 물론 이때 왜 하늘이 어머니가 아니고 아버지인가, 왜 땅이 아버지가 아니고 어머니인가 하는 의문이 들 수도 있습니다. 그것은 가부장제의 영향입니다. 더욱이 유학은 봉건주의 계급 구조를 바탕으로 하고 있으므로, 이 가부장제의 계급성이 더욱 분명하게 나타난 것이라고 볼 수 있습니다. 한대漢代 유학의 대표자인 동중서의 '삼강오륜三綱五倫' 사상도 영향을 미쳤겠지요. 이러한 문제 의식은 여성주의 종교학이 앞으로 연구해나갈 주제일 것입니다. 하늘이 아버지이고 땅이 어머니라는 의식은 우리 자신 속에 너무나 자연스럽게 세팅되어 있어서, 우리는 이러한 의문, 다르게 생각할 수도 있다는 가능성을 아예 의식하지도 못합니다. 아니, 너무나 당연해서 마치 자연의 법칙처럼 느껴지기도 합니다. 농업 사회에서 흔히 생각할 수 있는 비유로서 땅이 어머니이고 아버지는 씨앗이란 개념이 배태되었고, "콩 심은 데 콩 나고 팥 심은 데 팥 난다"는 가부장제 사고가 자리를 잡게 되었습니다. 현대 생물학의 눈부신 성과도 이러한 유사-과학적인 사고를 흔들지 못하고 있습니다.

우리 마음을 완전히 포맷하지 않는 한 이러한 '전통적인' 세팅은 변화하지 않는 것일까요? 그러나 가부장제 사고와 우주를 생명의 흐름으로 보는 천인합일적 사고는 구분하여 볼 필요가 있습니다. 우리가 여기에서 관심을 두어야 할 것은 이 우주 전체를 살아있는 것으로 보는 유기체적 사고, 그리고 우주를 생명의 흐름으로 보아 만물이 하나라고 보는 만물일체론입니다. 그것이 이 글의 "하늘을 아버지라고 하고, 땅을 어머니라고 한다"는 구절의 의미입니다.

그래서 이 무한한 우주 속에서 살아가는 작은 한 인간이 "나는 그 속에서 미미한 존재로 살고 있다"고 고백하게 되는 것은 어쩌면 당연한 일인지도 모르겠습니다. 이 우주의 생명의 흐름이 잠시 정체해서 머물다 가는 것이 우리 생명체입니다. "그러므로 하늘과 땅이 막은 것을 나는 내 몸으로 하고, 하늘과 땅이 이끄는 것을 나는 내 본성으로 한다"는 구절이 이어서 나온 것입니다. 이러한 사고에 따르면, 나의 본성은 나 개인의 의식적인 결단에 의해서 선택할 수 있는 것이 아니라, 애초에 하늘과 땅이 이끄는 데로 주어진 것에 불과한 것입니다. 그래서 유학의 대표 경전 중 하나인 『중용中庸』에서는 "하늘이 명령한 것을 본성이라고 한다"天命之謂性이라고 단언하였던 것입니다. 모두 같은 의미입니다. 나아가 이런 바탕에서 "백성들은 나의 동포이고, 만물은 나와 함께 한다"는 결론이 나오게 되는 것이죠. "백성들이 나의 동포이다"라는 생각은 유학의 인정仁政의 표현이라고 할 수 있고, "만물은 나와 함께 한다"는 것은 만물

일체론萬物一體論에 해당합니다. 이 두 가지가 성리학의 핵심이라고 할 수 있습니다. 이런 사고 방식으로 보면, "세상의 모든 피로하고 지친 사람疲癃, 병들고 상한 사람殘疾, 형제가 없는 사람煢, 늙어서 자식 없는 사람獨, 아내 없는 홀아비鰥, 남편 없는 과부寡는 모두 나의 형제들로서 넘어져서 어려운 처지에 놓였으나 아무 데도 호소할 곳 없는 사람들"인 것입니다. 왜? 이 우주 내의 모든 존재들은 우주의 생명력의 흐름이 만들어낸 나의 형제들이기 때문입니다. 우리 모두는 이 우주 생명의 자식들인 것입니다. 이 구절은 얼마나 가슴을 울리는지 모릅니다. "넘어져서 어려운 처지에 놓였으나 아무 데도 호소할 곳 없다"는 것이 얼마나 외롭고 힘든 일인지 젊은 여러분은 아직 경험해보지 못했을 것입니다. 이 사람들이 모두 부모 형제이니, 이 어려운 이들을 돕는 일은 당연히 '자식으로서 돕는 것'이고 '즐거워하면서 걱정하지 않는 일'인 것입니다. 나아가 이를 어기는 것을 패덕이고, 인仁을 해치는 것이며, 역적이라고 부르고 있습니다. 그리고 "악으로 세상을 건너는 사람은 재주가 없는 자이고, 몸으로 실천하는 사람은 부모를 닮은 자이다"라고 결론을 내리고 있습니다. 이때의 재주는 인간됨을 지지하는 가장 중심이 되는 것, 인격적·도덕적 기둥과 같은 것입니다. 악한 사람은 인격적, 도덕적 자질이 없는 사람이라는 비판입니다. 몸으로 인仁을 실천하는 사람은 부모를 닮은 사람, 즉 하늘과 땅을 닮은 자, 온 우주의 생명력을 그대로 받아들이고 그 흐름을 거스르지 않고 살아가는 사람을 가리킵니다. 그러니 우리가 인을 실천하는 일은 부모를 닮아 살아가는 일, 우주가 보내준 나의 본성을 실현하며 살아가는 일이 되는 것이지요.

인을 실천하는 적절한 예라고 할 수 있을지 모르겠지만, 마침 이 글을 쓰는 중 지인이 보내준 시가 좋아서 여러분께 소개해드립니다. 이덕규 시인의 '자서自序'라는 제목의 시입니다.

> 스무 살 가을밤이었다. 어느 낯선 간이역 대합실에서 깜빡 잠이 들었는데 새벽녘, 어느 서늘한 손 하나가 내 호주머니에 들어왔다.
> 순간 섬뜩했으나, 나는 잠자코 있었다.
> 그때 내가 가진 거라곤 날선 칼 한 자루와 맑은 눈물과 제목 없는 책 따위의 무량한 허기뿐이었으므로.
>
> 그리고, 이른 아침 호주머니 속에선 뜻밖에 오천원권 지폐 한 장이 나왔는데,
> 그게 여비가 되어 그만 놓칠 뻔한 청춘의 막차표를 끊었고, 그게 밑천이 되어 지금껏 잘 먹고 잘 산다.
>
> 그때 다녀가셨던 그 어른의 주소를 알 길이 없어.. 그간의 행적을 묶어 소지하듯 태워 올린다.

이른 새벽 간이역 대합실에서 깜빡 잠들어 있던 어느 가난한 청춘의 주머니에 오천 원을 넣어주고 간 이름모를 한 어른. 이러한 사람이 바로 어려운 사람들을 나와 동일한 형제로 대하는, 부모를 닮은 자, 하늘과 땅을 그대로 닮은 자라고 할 수 있겠지요. 저 역시 높고 푸른 하늘과 넓고 든든한 땅을 바라보며, 이

하늘땅의 본성을 닮도록 살아가고 싶습니다. 장재도 똑같은 생각으로 이 글을 벽에 붙여놓고 매일 읽으며 수양의 도구로 삼았던 것이겠지요. 그렇게 생각하니 천 년 전 한 성리학자의 존재가 새삼 가깝게 느껴지지 않은가요?

여기에서 우리는 인仁과 불인不仁에 대한 성리학적 정의를 다시 한번 생각해볼 필요가 있습니다. 인간의 생명력을 막히지 않고 잘 흐르게 도와주는 모든 생각, 행위, 제도, 규범은 인仁입니다. 반면에 인간의 생명력을 왜곡시키고 막히게 하여서 전신마비와 같은 불통을 가져오는 모든 생각, 행위, 제도, 규범은 불인不仁입니다. 장재의 사상은 철학적으로는 기일원론氣一元論으로 귀결됩니다. 우주의 생명력인 기氣를 우주의 가장 중요한, 유일한 요소로 파악하고 있는 철학입니다. 자, 이제 우리는 매사를 판단할 수 있는 분명한 가치 기준을 갖게 되었습니다. 우리 사회의 교육 제도는, 사법 제도는, 경제 구조는 인仁입니까? 불인不仁입니까? 어느 요소가 더 많다고 생각하나요? 어떤 아름다운 이름과 명분을 가지고 있더라도, 그것이 여러분의 생명력을 키워서 생생하게 만들지 못한다면 그것은 인이 아닙니다. 보잘것없고 아무 것도 아니어도, 그것이 여러분의 생명력을 키워내고 여러분을 생생하게 만드는 것이라면 그것은 불인이 아닙니다. 단 여러분의 생명력을 키우기 위해 다른 존재의 생명력을 훼손시킨다면 그것이 진정한 인이 아니라는 것은 두말할 필요가 없겠지요? 만약 그렇다면 진정한 갑질(세계 사전에 등재된 우리 고유의 단어), 불인不仁의 극치일 것입니다. 바로 이 가치 기준이 서명西銘이 우리에게 주는 가르침입니다. 이 가치 기준을 얻기 위해 우리는 이 글을 읽었습니다. 유학이 우리에게 남겨준 가장 중요한 내용이라고 저는 생각하고 있습니다.

우리 사회의 불인不仁의 예를 들어보려니, 도무지 그런 예들이 너무 많아서 무엇을 말해야 할지 모를 지경입니다. 최근 일어난 이천 물류창고 화재 사건을 예로 들어볼까요? 얼마 전 (2020년 4월 29일 오후 1시 32분으로 기록됨) 경기 이천시 물류창고 공사 현장에서 화재가 발생하여, 근로자 38명이 숨지고 10명이 다쳤습니다. 경찰청과 국립과학수사연구원은 원인 파악에 나섰지만 지금까지도 정확한 화재 원인을 규명하지 못하고 있다고 합니다. 우레탄 폼 작업에서 나오는 인화성 유증기에 용접 작업 중의 불꽃이 튀어 폭발하면서 화재가 났다고 추정되지만, 정확한 증거가 나오지 않았기 때문입니다. 이번 사고로 동생을 잃고 부모를 잃고 자식을 잃은 유가족들은 죽음에 대한 진상 규명과 책임자 처벌을 주장하지만, 화재 원인이 확정되지 않아 처벌과 보상 등 모든 것이 미루어지고 있습니다. 그리고 유가족들에게 돌아오는 건 "법이 그렇다"는 말뿐입니다. 이 말만 반복해 듣고 있는 유가족들의 심정은 어떨까요? 이들을 방문한 한 정치가는 "제가 지금 힘이 없습니다"라고 말하고, "돈 달라고 그러냐"는 악플들이 붙고 있다고 합니다. 잔인하지요. 사고 현장에도 계속 방문을 금지시켜서 사고 후 2주가 지나서 유가족들이 직접 버스를 대절해서 밀어부친 뒤에야 겨우 그 화재 현장 앞에나마 갈 수 있었다고 합니다. 그들은 유가족의 심정을 안다면 이렇게는 할 수 없다면서 말합니다. "피눈물이 뭔지를 알았다"고요. (『신동아』 2000, 6월호) 이들이야말로 서명에서 말한 "넘어져서 어려운 처지에 놓였으나 아무 데도 호소할 곳이 없는" 사람들입니다. 더욱이 이 사고는 어쩔 수 없이 일어난 사고가 아니라 인재人災에 가깝습니다. 화재 전 한국산업안전보건공단이 물류창고 공사 업체 측이 제출한 유해위험방지계획서를 심사한 결과 화재 위험성이 있다고 판단하여 서류경고 2 차례, 현장 확인 4 차례로 개선을 요구하였습니다. 그러나 개선되지 않은 상태에서 산업공단과 담당 공무원은 그대로 공사를 진행시켰고, 예정되었다는 듯이 화재가 났던 것입니다. 비상대응 체계도 없었고 대피로도 확보되지 않아서, 불은 지하 2층에서 났지만 지상의 근로자들도 많이 죽었습니다. 법으로는 근로 감독이 있어서 이 작업들을 감독해야 했지만 근로감독도 두지 않았고, 빠른 시일 안에 공사를 끝내기 위해 위험물이 산재한 장소에서 전기설비공사 및 가스충전작업 등 병행해서는 안 되는 위험한 작업들을 동시에 진행하다가 사고가 난 것입니다. 이 사고는 12년 전인 2008년, 40명이 사망한 이천 냉동창고 화재와 동일한 사고 원인으로 일어난, 거의 복사판 사고입니다. 사고가 나도 아무 개선이 이루어지지 않았습니다. 물류창고 시공사 대표는 유족들 앞에서 무릎꿇고 미안하다고 말하다 실신해서 병원에 실려간 뒤, 아무 연락이 없고 아무런 책임도 지지 않고 있습니다. 사고를 당한 근로자들은 대부분 일용직이었고, 당일날 아무 안전 교육도 없이 투입되었다가 죽은 이들도 있었습니다. 원래 이런 고통은 우리 사회의 계층 구조에서 가장 아래에 있는 사람들부터 받게 되어 있는 것이지요. (연합뉴스 4월 30일)

이 화재 사건에서 불인不仁을 행한 사람들은 누구일까요? 공사 기일을 줄이려고 한 것, 법대로 근로 감독을 두지 않은 것, 처음 일하러 온 사람들에게 안전 교육을 하지 않은 것, 대피로 등 화재방지책을 시행하지 않은 것, 모두 시공사가 이익을 극대화하기 위해 한 일이고, 이들을 감독해야 할 공사나 담당 공무원도 자기 의무를 다하지 않으면서도- 아마도 그에 따른 보상을 받았겠지요- 월급받으며 지내고 있는 것도 자기 이익을 우선했기 때문입니다. 이것은 인간의 생명력을 죽이는 일들이고 분명한 불인입니다. 그 외 솜방망이 법체계를 그냥 둔 국회, 인터넷 악플들을 다는 것으로 자기 존재감을 유지하려는 사람들 등 찾아보면 여러 부류의 불인한 일들이 있을 것입니다. 그러나 제가 이 사고를 자세히 언급하는 이유는 이 사고가 우리 사회에서 유일하거나 드문 사건이 아니기 때문입니다. 2000년부터 현재까지 20년간 우리나라에서는 산재사고로 4만 명이 죽었다고 합니다. 매년 2천 명이 산재사고로 목숨을 잃고 있는 것입니다. 우리나라는 지난 23년간 산재 사고 전세계 1위인 나라입니다. 선진국으로 올라가고 코로나 대응으로 전세계의 칭송을 받고 있는 우리나라에서요. 1년에 2천 명이 죽는다면 이건 평화 시기가 아니라 전쟁 중이라고 할 수 있습니다. 자본과 노동의 전쟁이라고 할까요? 인仁과 불인不仁의 싸움이라고 할까요? 우리 사회에서는 대개 어느 쪽이 이긴다고 생각하나요? 자본주의는 자기 이익 창출이 우선이지 인의 실현에는 아무 관심이 없습니다. 우리 사회는 자본주의를 비판하거나 약화시키는 어떠한 논의도 허락되지 않는 사회입니다. 모든 것은 자본의 증식을 위해 무방비적으로 허락되고 있습니다.

우리는 이러한 상황을 부끄러워해야 합니다. 산재 사고로 1년에 2천 명이 죽으면, 하루에 도대체 몇 명이 죽고 있다는 말입니까? 만약 코로나로 1년에 2천 명이 죽고 있다면 온 사회가 난리가 났을 것입니다. 산재 사고는 예방이 가능합니다. 철저한 법의 시행과 경각심을 가지면 말이지요. 왜 선진국이라는 우리나라만 이렇게 많은 사람들이 죽고 있고, 사고가 일어나면 관심은 그때뿐 이러한 사고들이 계속 반복되기만 하는 걸까요? 사회 하층의 사람들만 죽으니까 중산층 위 대부분의 사람들은 자신과는 관련이 없다고 생각해서일까요? 그럴 리가요. 삼풍백화점에서 고급 명품을 구입하는 사람들도 여기에서 벗어나지 못합니다. 우리는 불인不仁을 용납해서는 안 됩니다. 우리의 생명력을 죽이고 왜곡시키는 안팎의 모든 장애물을 제거해야 합니다. 그래서 온 세계에 생명의 흐름이 막히는 곳 없이 흘러가도록 해야 하지 않을까요? 우주 생명력의 흐름을 끊는 불인不仁한 사회 제도나 관습은 없어져야 할 것입니다. 자본주의의 유일한 목적으로서의 이익 추구, 경쟁의 일상화, 그러한 마음이 내면화된 지극히 한 자본주의화된 사람들, 이 역시 인간의 생명력을 죽이는 불인이라고 할 수 있을 것입니다.

정호의 동생인 정이程頤, 1033-1107는 우주 만물을 일체로 보는 것이 인이라는 형의 주장에서 더 나아가, 우주 전체의 기는 원칙理에 따라 정렬된다고 생각했지요. 이 리理는 우주의 보편 법칙이자 인류 사회의 당연한 원칙이라고 보았는데, 자연과 인간은 하나로 연결되어 있으므로 동일한 리의 지배를 받게 됩니다. 이 기와 리의 사상을 하나로 결합하여 성리학으로 완성한 사상가가 주자朱子입니다. 주자 철학은 근현대시기 전까지 우리 사회의 지배 사상이자 통치 이데올로기로서 완벽하게 작동했었지요. 주자 철학에 대해서는 다음 강의로 넘어가기로 합니다.

생 각 해 보 기

1. 초기 유학의 인仁 사상과 송대 유학의 인 사상의 차이를 설명하시오.

2. "인간의 생명력을 막히지 않고 잘 흐르게 도와주는 모든 생각, 행위, 제도, 규범은 인仁입니다. 반면에 인간의 생명력을 왜곡시키고 막히게 하여서 전신마비와 같은 불통을 가져오는 모든 생각, 행위, 제도, 규범은 불인不仁입니다"는 생각에 대해 어떻게 생각합니까? 이 기준에 따른 인이나 불인의 구체적인 예를 하나씩 들어보세요.

제14강

하늘에 떠 있는 달이
천 개의 강에 비치다

月印千江

주희가 송대에 과거 유학자들의 사상을 창조적으로 집대성한 새로운 유학인 '신유학 新儒學'을 우리는 성리학性理學이라고 부릅니다. 이 성리학은 우주의 기본 물질- 질료 및 에너지-인 기氣와 우주가 그렇게 존재하는 이치인 리理라는 두 범주를 중심으로 이루어진 형이상학 이론입니다. 그리고 이를 활용하여 만물의 "본성이 곧 이치"라고 주장하는 '성즉리性卽理' 사상이 주자의 가장 핵심적인 사상이라고 할 수 있습니다. 오늘은 이 내용을 중심으로 성리학을 살펴보려고 합니다.

기氣: 우주의 기본 물질- 질료 및 에너지
리理: 우주가 그렇게 존재하게 된 기본 원칙
    소이연지칙所以然之則
    인간이 마땅히 그렇게 되어야 할 윤리적 이치
    소당연지리所當然之理
    = 태극(太極)
    = 인간의 본성(性)

성리학에서 쓰는 '리理'라는 자는 원래 나뭇잎의 결, 옥의 무늬 같은 문양을 가리키다가 후대에 이치, 법칙, 조리, 규율 등의 의미로 확대되었습니다. 우리가 산책하다가 만나는 나뭇잎 한 장을 가만히 뒤집어보면 잎의 곳곳마다 수분과 영양분을 전달해주는 수맥의 결을 볼 수 있습니다. 바로 이 결이 리理입니다. 옥도 가만히 들여다보면 돌의 결을 따라 문양이 있는 것을 볼 수 있습니다. 마찬가지로 우주의 온갖 존재들은 기氣라고 불리는 동일한 물질-에너지로 형성되어 있고, 그것들을 자세히 들여다보면 나뭇잎이나 옥이 가지고 있는 것 같은 결을 찾아볼 수 있다는 생각을 하게 됩니다. 이 결은 우리라는 존재를 우리로 존재하게 만드는 어떤 원칙, 법칙 같은 것입니다. 성리학에서 우주 만물을 형성하는 재료인 물질과 에너지는 죽어있는 물질이 아니라 살아있는 생명 에너지입니다. 현대 물리학에서도 물질은 에너지와 상호 변환한다고 이해됩니다. 그래서 성리학에서 말하는 기氣는 물질- 에너지 material- energy, 또는 material force입니다. 이 기는 자기 속의 어떤 원칙 principle에 따라 현재의 모습을 만들어냅니다. 혹은 이 원칙에 따라 기가 배열된다고 볼 수도 있습니다. 우주 내 모든 존재는 기와 리의 결합으로 이루어지는 것입니다. 기와 리의 결합임을 인정한 위에서 이때 기가 우선이고 이 기의 내재적인 힘과 본성에 의해 리가 드러나서 만물의 현재 모습이 나타난 것이라고 보는 입장은 주기론主氣論이라고 하고, 리가 우선이고 리의 원칙과 본성에 따라 기가 배열되어 현재 모습이 드러난 것이라고 보는 입장을 주리론主理論이라고 합니다. 성리학은 기를 더 우선시 하는가, 리를 더 우선시 하는가에 따라 크게 주기론과 주리론, 두 부류로 나뉩니다.

주희는 리를 중시한 정이의 철학과 기를 중시한 장재의 철학을 다 받아들이고 종합하여 이기론理氣論 철학을 완성하였습니다. 주희는 모든 사물은 리와 기의 결합이므로 리와 기는 "서로 분리되지도 섞이지도 않는다" 불리부잡不離不雜고 하였습니다. "리와 기는 서로 떨어질 수 없다"(不離)라고 하면서도, "리와 기는 각각의 수준이 다르기 때문에 서로 뒤섞일 수 없다"(不雜)라고 하였던 것입니다.

> "리는 기와 분리되어 있지 않고, 기도 리와 분리되어 있지 않다. 리와 기는 서로 마주본다(즉 卽)."
> 太極只是一介理, 只是天地萬物之理. 理不離氣, 氣不離理, 理氣相卽. 『朱子語類』

성리학의 이 리와 기의 관계는 서양 아리스토텔레스 철학을 이용하여 이해해볼 수 있습니다. 아리스토텔레스는 플라톤과 함께 서양 고대철학의 대표자로서, 플라톤 철학이 세계를 이데아의 세계와 현상 세계라는 두 가지 세계로 명확히 구분하는 이원론임에 비하여, 아리스토텔레스 철학은 현상 세계 너머의 초월적인 세계를 인정하지 않고 내재하는 것으로 파악하는 일원론이라는 점에서 대조적입니다. 성리학 역시 이 현상 세계 너머의 초월적인 세계를 인정하지 않고 현상 세계만을 염두에 둔다는 점에서 철저한 일원론 철학이라고 할 수 있습니다. 아리스토텔레스 철학의 근본 문제는 '형상' 본질과 '질료' 기체 사이의 관계를 해명하는 것이었습니다. 예컨대 질료質料, matter가 어떤 명확한 형상을 띠게 하는, 달리 말하면 형상이 질료 안에서 현실적이 될 수 있도록 하는 그러한 원리를 발견해내는 것이 아리스토텔레스 철학의 중요한 과제였습니다. 아리스토텔레스 철학에서 자연 세계의 모든 것들은 모두 질료와 형상의 결합으로 되어 있다고 봅니다. 질료는 그것이 어떤 형상을 가질 때 비로소 존재하게 되는 것이고, 따라서 자연계는 역동적인 것이지 정체적이지 않다고 봅니다. 물질 세계가 그 속에서 어떤 형상이나 범형model을 취하여 스스로를 끊임없이 완성시키고 있는 능동적인 과정이라고 보는 것이지요.

아리스토텔레스는 질료로서의 질료는 범형을 취하지 못하게 되면 형태, 형상을 결여하게 되고, 이것을 형상 없는 혼돈의 상태라고 봅니다. 조야한 질료는 그같은 상태에 있는 한 그저 가능태, 즉 어떤 것으로 될 수 있는 가능성만을 갖고 있을 뿐이며, 그것이 활성화되지 않을 경우 비존재의 휴지休止 상태에 그대로 있게 됩니다. 어떤 형상을 얻지 못한 질료는 비존재非存在, 죽어있는 상태나 다를 바가 없습니다. 이러한 상태를 '순수 질료'라고 부릅니다. 그러나 모든 질료는 완성태 엔텔레케이아 entelechy, 내적 목적, 목표, 완성을 가지고 있기 때문에, 형상 없는 질료, 또는 질료 없는 형상이란 있을 수 없습니다. 그러므로 세계는 본질들이 엔텔레케이아에 힘입어 현상들 속에서 스스로를 실현시켜 나가는 과정에 다름아닌 것입니다.

아리스토텔레스 철학에서는 엔텔레케이아라는 세계의 '목적론적 개념'이 철학적 원리로서 자리잡게 됩니다. 세계 전체는 신의 목적에 따라 만들어진 것이기 때문에 "자연은 헛되이 무엇을 만들지는 않는다"고까지 말합니다. 이때 우주의 재료인 질료가 그 소기의 목적인 완성 상태에 이르도록 기여하는 '네 가지 원인들'이 존재합니다. 아리스토텔레스 형이상학의 이 네 가지 기본 원리들은 첫째는 질료 또는 기체 질료인質料因, 둘째는 형상 또는 본질 형상인形象因, 셋째는 운동 작용인作用因, 넷째는 목적 목적인目的因입니다. 예를 들어 청동으로 만든 조각상이 있을 때, '질료인'은 청동 금속이고, '형상인'은 조각가가 염두에 두고 있는 형태나 형상이며, '작용인'은 청동을 이 상태에서 저 상태로 바꾸는 데 소요되는 에너지나 힘입니다. 마지막으로 '목적인'은 조각가가 그 조각상을 만드는 의도나 목적에 해당합니다. 이 네 가지 원인이 형상없는 질료라는 원래의 가능적 상태로부터 완성의 상태로 넘어가게 하는 원인이 되는 것입니다.

아리스토텔레스 철학에서는 이 세계의 대상들은 서로 동일할 수 없고, 한 사물이 물질적일수록 더 불완전하고 더 많이 형상을 현실화시킬수록 더 완전해진다고 봅니다. 한 대상이 지니고 있는 형상 여부에 따라 각각의 존재들의 상대적 등급이 정해진다고 보는 것이지요. 예컨대 광물과 같은 비유기적 물질 대상들은 '순수 질료'와 가장 가까운 근사치이므로 등급에서 가장 낮은 곳에 있게 됩니다. 그 다음으로는 식물이 있고, 그 위에는 동물이 있으며, 그보다 높은 곳에는 만물의 영장인 인간이 있게 됩니다. 그리고 마지막 맨 꼭대기에는 가능태인 질료가 전혀 없는 '순수 형상'이 있다고 상정할 수 있습니다. 이 순수 형상은 순수 질료와 마찬가지로 현실 세계에서 만날 수 없고 단지 논리적으로 추론한 존재입니다. 이 '순수 형상'은 참으로 서양 철학답게 당연히 신神과 같은 존재입니다. 순수 형상으로서의 신은 완전한 존재라고 할 수 있는데, 이미 충분히 완성되어 있기 때문에 스스로를 더 이상 완성시킬 필요가 없는 존재이지요. 세계의 다른 존재들은 모두 형상과 질료의 결합으로 이루어져 있지만, 신은 절대적인 정신이고 완전히 비물질적인 존재인 것입니다. 이 신은 '부동不動의 동자動者', 즉 스스로는 움직이지 않으면서 우주의 원인, 설계자, 목적으로서 우주를 움직이는 존재입니다. 서양 플라톤 철학에서는 선善의 이데아가, 아리스토텔레스 철학에서는 부동의 동자動者, 또는 순수 형상이 신神 개념으로 등장하게 되는 것이죠. 그래서 서양 중세철학은 이토록 활용도가 높은 플라톤 철학이나 아리스토텔레스 철학을 써서 기독교 신관을 합리화하는 작업 그 자체가 됩니다.

아리스토텔레스 철학은 다음 도표로 요약해 볼 수 있습니다.

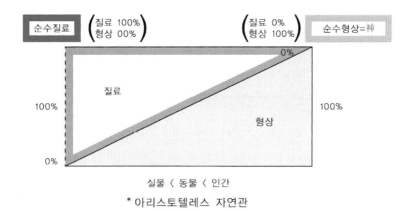

실물 〈 동물 〈 인간
* 아리스토텔레스 자연관

　아리스토텔레스 철학에서 세계의 모든 대상을 질료와 형상의
결합으로 본 것은 성리학에서 만물을 기氣와 리理의 결합으로
본 것과 거의 같은 내용이라고 할 수 있습니다. 아리스토텔레
스 철학에서는 자연의 모든 대상들은 질료적인 것이 얼마나 형
상화되어 있는가에 따라서 존재의 등급이 주어집니다. 실제는
존재하지 않지만 논리적으로 생각해볼 때 질료 100%, 형상
0%의 완전 질료만으로 이루어진 존재를 '순수 질료'라고 하고,
질료 0%, 형상 100%의 완전 형상만의 존재를 '순수 형상'이라
고 합니다. 현실 세계에는 이러한 순수 질료, 순수 형상이 없어
서, 당연히 순수 형상은 신의 세계로 넘어가게 되죠. 마찬가지
로 주자가 보는 세계 역시 모든 대상들은 기와 리의 결합으로
존재하고, 순수히 기만 있거나 순수히 리만 있는 존재는 현실
적으로 존재하지 않습니다. 서양철학에서는 논리적으로나마 그
런 존재를 상정하고 거기에서 신의 세계로 넘어가고 있는 반면

에, 동양철학에서는 이러한 존재를 전혀 인정하지 않습니다. '태극太極'이라고 이 하나의 리를 명명하기는 하지만, 이 태극은 만물 속에 내재해 있는 존재이지 만물 밖 어디에도 있지 않습니다. 이 점이 서양철학과 동양철학의 결정적 차이라고 볼 수 있습니다. 그러나 세계의 모든 존재들을 질료와 형상의 결합, 기와 리의 결합으로 본 것은 두 사상이 거의 동일한 체계를 가지고 있음을 보여줍니다.

주희 역시 기와 리가 서로 떨어져 있을 수 없음을 말하면서도, 리가 기보다 앞서고리의 선재성 先在性 리가 기보다 우월함리의 우월성 優越性을 주장하고 있기 때문에 사실은 아리스토텔레스 철학과 동일한 체계를 가지고 있습니다. 물론 주희는 리가 기보다 앞선다는 것은 논리적인 측면에서의 선후를 말하는 것이지 시간상의 선후를 말하는 것은 아니라고 변명을 하지요.

> "요컨대 리가 앞선다는 것은 오늘 이 리가 있고 내일 기가 있어서 선후가 있어야 한다고 말하는 것이 아니다. 또한 만일 산하대지가 모두 무너진다고 하더라도, 결국 이 리는 단지 이 리로서 존재한다."
> 要之, 先有理. 只不可說是今日有是理, 明日却有是氣也, 須有先後. 且如萬一山河大地陷了, 畢竟理却只在這理.
> 『朱子語類』

모든 사물을 리·기의 결합으로 설명하면서도 리가 기보다 앞선다, 시간적인 선후는 아니지만 논리적으로는 선후가 있다고 보는 것은 분명히 기와 리에서 더 중요한 것은 기가 아니라 리임을 주장하고 있는 것이라고 보여집니다. 아리스토텔레스에서 질료와 형상의 결합인 사물에서 형상의 비율이 높을수록 존재의 서열에서 더 높은 위치를 차지하는 것과 마찬가지로, 주자 철학에서도 질료보다 형상, 기보다 리가 더 가치있고 중요한 지위를 점하고 있는 것이지요. "산하대지가 모두 무너진다고 하더라도 리는 리로서 존재한다"는 문장의 의미는 무엇일까요? 산하대지가 모두 무너져서 기의 세계가 전부 파괴된다고 하더라도 리원리, 이치만은 영원히 존재할 것이라는, 리에 대한 찬송처럼 들립니다. 이때의 리는 인격신적인 개념만 아닐 뿐이지 아리스토텔레스의 순수 형상 개념과 같이 이미 불가침의 영역에 있는 것처럼 느껴지는군요. 그래서 성리학에서 이 리를 최고의 원리, 궁극의 원리라는 의미에서 '태극太極, Great Ultimate, Supreme Ultimate'이라고 부르고 있는가 봅니다. 태극은 만물 속에 있으면서 그 대상을 완벽한 상태에 도달할 수 있게 하는 내적인 근거라고 해석할 수 있을 것 같습니다. 이는 모든 인간이 성불할 수 있다는 근거로서 '불성佛性'을 말하는 불교의 유학적 변환이라고 볼 수도 있지 않을까요? 성리학은 철저하게 불교를 비판하는 동시에 많은 철학적, 형이상학적 이론을 받아들여 성립된 학문임을 알 수 있습니다.

주희가 이렇게 리의 선재성, 우월성을 말하는 것은 사실은 유학의 인륜 도덕, 그리고 봉건주의 사회 질서에 대해 철학적 설명을 하려는 의도에서였다고 할 수 있습니다. 즉 성리학은 봉건주의 신분 질서에 대한 합리화 작업에 해당하는 것입니다. 주희의 솔직한 말을 한번 들어볼까요?

> "아직 어떤 사물이 있기 전에 먼저 이 이치(리理=원리, 원칙)가 있다. 예컨대 임금, 신하가 있기 전에 먼저 임금, 신하의 이치가 있고, 부모와 자식이 있기 전에 먼저 부모 자식의 이치가 있는 것과 같다. 이 이치를 완성하지 못하고 원래 이 이치가 없는데 바로 임금, 신하, 부모, 자식을 대면해야 한다면, 이 도리를 어떻게 사회 속에 집어넣을 수 있겠는가?"
>
> 未有這事, 先有這理. 如未有君臣, 己先有君臣之理, 未有父子, 己先有父子之理. 不成元無此理, 直待有君臣父子, 却旋將道理入在里面.
>
> 『朱子語類』

앞에서도 언급하였지만, 기氣는 우주를 이루는 기본 물질- 질료 및 에너지이고 리理는 우주가 그렇게 존재하게 된 기본 원칙 '소이연지칙 所以然之則'입니다. 그런데 주희는 여기에서 한 걸음 더 나아가는데, 이 점이 아리스토텔레스 철학과의 차이가 가장 잘 드러나는 부분이라고 할 수 있습니다. 주희에게 리는 우주 만물이 지금 그러한 모습으로 드러나게 된 원리일 뿐 아니라, 인간이 마땅히 그렇게 되어야 할 윤리적 이치 '소당연지리 所當然之理'이기도 하기 때문입니다. "인간이 마땅히 그렇게 되어야 할 윤리적 이치"라니, 그게 과연 무엇일까요? 그것은 예제禮制라고 불리우는 봉건주의 제도 및 신분 질서입니다. 그러니 성리학은 부정할 수 없이 유학인 것이고, 공자·맹자를 이은 '새로운 유학' 즉 신유학인 것이지요. 유학은 사람을 사랑하되 봉건주의 질서에 맞추어야 함을 주장하지 않았던가요? 성리학에서 봉건주의 원리인 리理는 우주의 궁극의 원리인 '태극太極'이라고 명명되고, 인간 본성性으로서 인간 내면에 선험적으로 뿌리박고 있다고 이야기됩니다. 그러니 어떻게 이 리가 기보다 열등하거나 기와 같은 지위를 차지하는 데 그칠 수 있겠습니까? 리는 기를 통해 자신을 표현하지만 당연히 기보다 앞서 존재하며 기보다 우월한 존재일 수 밖에 없는 것입니다. 리理, 우주의 원칙, 만물이 현재의 모습으로 존재할 수 밖에 없게 하는 우주의 원리, 인간이 그렇게 살아갈 수 밖에 없는 윤리적 지침. 한 마디로 리理는 봉건주의 제도 및 신분질서입니다. 성리학은 이 봉건주의 질서를 우주론적으로 확대 발전시켜 우주 원칙으로 삼은 것입니다. 만약 봉건주의 질서를 받아들이지 못하거나 부정하는 사람이 있다면, 그는 우주 원칙에 어긋나는 사람일 것입니다. 이러한 철학에 따라 동양에서 인간은 자기 본성을 억지로 성리학에 맞추어 살고자 했습니다. 사람이 어떻게 우주에 그 뿌리를 박은 우주 법칙을 거스르며 살 수 있겠습니까? 이렇게 외부에서 주어진 천리天理, 자연의 법칙은 너무나 자명했기에 이에 따라 살면 정답이 있는 삶처럼 편안할 수도 있습니다. 그러나 봉건주의 사회가 참으로 인간적이고 자유로운 사회라고 보기는 어려울 것입니다. 아무리 아름다운 철학으로 합리화해도 봉건주의가 인간의 자유와 권리를 심하게 손상하였다는 점은 부정할 수 없을 것입니다. 여러분과 저는 봉건주의 사회가 아니라 민주주의 사회에 살고 있어서 다행이지 않나요? 봉건주의 신분 질서에서 우리가 높은 위치에 있으리라는 보장이 전혀 없으니, 더욱 그렇게 생각되네요.

주희는 리를 중심으로 '이일분수理一分殊' 설을 주장하였습니다. 리는 하나이지만리일 理一 만물 속에 각각 다양하게 나누어져서 존재한다분수 分殊는 의미입니다. 그것은 천지만물은 모두 이 태극, 또는 리를 가지고 있다는 학설입니다. 이 태극, 또는 리는 모두 만물에 흩어져 존재하고, 만물은 각각 모두 이 리를 갖추고 있다고 보는 것입니다. 예컨대 하늘에 떠 있는 달이 천 개의 강에 비추인 것처럼, 본래의 리는 하나이지만 각각의 사물은 다른 리처럼 다양한 모습의 리를 담고 있다는 것입니다. 그 경우 하늘에 뜬 달은 태극이고, 천 개의 강에 비추인 달은 각 사물의 이치가 됩니다. 사실 이러한 논리는 불교의 월인천강月印千江의 논리를 그대로 가져온 것입니다. "부처님의 자비가 달빛처럼 모든 중생을 비춘다"는 뜻을 가졌다는 '월인천강'은 하늘에 달이 있어 천 개의 강에 천 개의 달 그림자로 비추듯, 부처님의 불성 또한 만물에 만 가지 본성으로 나타나 있다는 의미입니다. 천 개의 달처럼 보이고 만 개의 본성처럼 보이지만, 사실은 한 개의 달이고 하나의 본성입니다. 성리학은 불교의 이러한 논리를 그대로 받아들여 현실에서 보는 만물의 이치인 리는 모두 다르지만, 그 각각의 리를 있게 한 궁극의 리는 하나라는 결론으로 갑니다. 유학의 '이일분수理一分殊' 설은 불교의 '월인만천月印萬川', '월인천강지곡月印千江之曲'의 유학적 표현이라고 할 수 있습니다. 주희가 "단지 하나의 리가 있고, 만물이 그것을 나누어 체로 삼는다"只是此一介理, 萬物分之以 爲体.『朱子語類』고 한 말이 바로 이러한 의미인 것입니다.

이처럼 리는 하나이지만 만물 속에 각각 다양하게 나누어져서 존재한다는 이일분수 이론은 그대로 우주론과 심성론에 동일하게 적용됩니다.

> "인간과 만물이 태어나면 천이 이 이치를 부여하니, 그 이치가 동일하지 않은 경우가 없다. 그러나 인간과 만물이 품수하는 것(=받아들이는 것 氣)에 차이가 있을 뿐이다. 예를 들면 하나의 강물과 같다.. 각각 자신의 기량이 다르기 때문에 이치도 이에 따라 달라지는 것이다."
> 人物之生, 天賦之以此理, 未嘗不同, 但人物之稟受自有異耳. 如一江水.. 各自隨器量不同, 故理亦隨以異.
>
> 『朱子語類』

주희의 이 말은 우주 내의 만물은 어떤 것이든 동일한 리, 태극을 가지고 있다는 말인데, 그것을 예부터의 관례대로 "천天이 이 리를 부여한다"고 표현한 것입니다. 따라서 이 세계에서 이 리는 어떤 존재에서나 동일하게 부여됩니다. 마치 하늘의 달빛이 만물을 비추고 있는 것과도 같습니다. 그러나 현실에 존재하는 인간과 만물은 모두 각각 다른 모습들로 나타나고 그 본성도 다양한 것처럼 보입니다. 주희는 그 이유를 "인간과 만물이 품수하는 것, 받아들이는 것, 즉 기氣에 차이가 있어서 각각 다른 모습들로 나타나고 본성에도 차이가 있는 것처럼 보인다고 해석합니다. 동일한 리가 부여되었지만 그것을 받아들이는 그릇器量이 차이가 있어서 현실의 모습이 다르게 나타나게 되었다는 것입니다. 한 마디로, 모든 존재는 동일한 리를 가지고 있지만, 그 존재들이 가지고 있는 기에 차이가 있어서 현실적인 차이, 등급이 나타난다는 것입니다.

인간의 심성 역시 동일한 논리가 적용됩니다. 인간은 모두 동일한 본성을 우주로부터 받았지만, 심성 역시 이 리와 기의 결합으로 이루어져 있기에 다양한 모습으로 나타날 수 밖에 없다고 봅니다. 즉 인간의 본성은 리적인 측면으로서 '본래부터 가지고 태어나는 본성'본연지성 本然之性과 기적인 측면으로서 '기질적으로 각자 가지고 태어나는 본성'기질지성 氣質之性이라는 두 가지로 이루어져 있습니다. 인간의 심성을 서로 다르게 만드는 것은 본연지성이 아니라 기질지성 때문이라는 것입니다. 비유하자면 본연지성은 하늘에 뜬 달이고, 현실에서 각 사람들의 본성으로 나타나는 기질지성은 천 개의 강에 비추인 달입니다. 성리학에서 말하는 "본성이 바로 리이다"性卽理는 주장은 이 본연지성을 의미하는 것이라고 할 수 있습니다. 따라서 현실 세계에 악이 있고 인간답지 못한 사람들이 있게 되는 것은 그가 가진 기질지성 때문이니, 인간은 자신이 가진 기질지성을 극복하려고 노력해야 합니다. 따라서 성리학의 수양론은 "천리를 보존하고존천리存天理 인욕을 제거하는거인욕去人欲' 방식의 노력을 말하였습니다. 그리고 이러한 노력을 통해 기질지성을 극복하고 본연지성을 회복하면 우리 모두는 성인聖人이 될 수 있다고 보았던 것이지요. 이러한 본연지성의 회복은 사물들의 차별성을 넘어선 궁극의 태극, 즉 하늘에 뜬 달을 얻는 길입니다.

생 각 해 보 기

1. 기氣와 리理의 의미가 무엇이라고 생각합니까?

2. 성리학의 리理-기氣 이론과 아리스토텔레스 철학의 질료-형상 이론의 비교 설명. 그 공통점과 차이점이 무엇입니까?

3. 성리학의 '이일분수理一分殊' 학설과 불교의 '월인천강지곡'은 어떤 점에서 유사하다고 생각됩니까?

제15강

사단은 리가 발동하고 기가 따라오는 것, 칠정은 기가 발동하고 리가 올라타는 것

四端理發而氣隨之, 七情氣發而理乘之

오늘부터는 신유학의 정신을 가장 잘 보여주는 『중용中庸』과 『대학大學』을 읽어보기로 하지요. 이들은 원래 독립된 책이 아니라 『예기禮記』라는 서적의 작은 챕터들에 불과했는데, 주희가 그 사상적 내용이 좋다고 여겨 주석을 붙여서 독립된 책으로 만들었지요. 그 이후 『대학』, 『중용』은 『논어』, 『맹자』와 함께 '사서四書'라고 불리는 중요한 유학 전적이 되었고, 1313년부터 1905년까지는 과거 시험의 교재로 쓰이면서 지난 수백년 간 중국, 그리고 우리 사회에 지대한 영향을 미쳐 왔습니다. 두 책은 한 챕터에 불과했던 만큼 분량은 매우 짧지만 서로 보완을 이루면서 중요한 역할을 해왔고, 동시에 서로 아주 다른 특성을 가지고 있습니다. 우선 『대학』이 사회적, 정치적 문제를 다루고 있는 반면에, 『중용』은 형이상학과 심성론의 문제에 주의를 집중합니다. 여러분도 읽어보면 알겠지만 『대학』에서는 인간의 마음에 대해 말하지만 본성을 언급하지는 않고, 『중용』에서는 인간의 본성에 특별한 관심을 기울이고 있습니다. 『대학』이 사회 정치적 실현 과정과 방법론을 서술한 반면에,

『중용』은 어쩌면 종교적이라고까지 볼 수 있는 우주의 실체, 본체를 강조하고 있는 것이지요. 이들은 4세기에서 11세기까지, 주희가 이 책에 주목하기 전에도 도가와 불교도들에게도 깊은 인상을 남겼고, 송대의 신유가 운동에 큰 영향을 미쳤습니다.

이렇게 『대학』과 『중용』이 도가, 불교, 유학 모두의 관심을 끌 수 있었던 이유는 이 책에서 다루고 있는 인간의 본성, 그리고 하늘의 길인 도道라는 두 주요한 개념 때문이라고 생각됩니다. 인간의 본성은 하늘, 즉 자연, 우주가 부여한 것으로서 평정中, equilibrium과 조화和, harmony를 통해 나타나는데, 그것이 바로 자연과 우주의 길이라는 것입니다. 특히 『중용』에서는 인간 본성에는 조화가 있다는 것, 그리고 이 조화가 우리 도덕적 존재의 기저를 이루고 있고 우주 전체에 널리 퍼져 있음을 말합니다. 핵심은 인간과 자연이 한 몸이라는 것입니다. 천인합일, 天人合一 이 천인합일 사상의 가장 최초의 표현이 바로 이 『중용』에 등장한 것입니다. 인간과 자연이 함께라는 것을 말하는 것이 중中, equilibrium, sincerity, truth, 또는 실체 reality 개념입니다. 『중용』에서 말하는 이 '중中'에 대한 논의는 심리적이고, 형이상학적이며, 종교적이기까지 한 개념이지요. 이것은 단순히 마음의 평형, 평정이라는 심리 상태를 의미하는 것이 아니라 만물을 변형하고 완성하며 인간과 자연의 일치를 이끌어내는 '능동적인 힘'입니다.

우리는 이 시간에 『중용』 첫 장을 읽어보기로 하겠습니다.

하늘이 명령한 것을 본성性이라고 하고, 본성을 따르는 것을 도道라고 하며, 도를 수행하는 것을 가르침敎이라고 부른다.

天命之謂性, 率性之謂道, 修道之謂敎.

What Heaven(天, Nature) imparts to man is called human nature. To follow our nature is called the Way (道). Cultivating the Way is called education.

도道는 잠시도 떠날 수 없는 것이니, 떠날 수 있으면 도가 아니다. 그러므로 군자는 보이지 않는 곳에서 경계하고 삼가며, 들리지 않는 곳에서 조심한다.

道也者, 不可須臾離也, 可離, 非道也. 是故, 君子, 戒愼乎其所不睹, 恐懼乎其所不聞.

The Way cannot be separated from us for a moment. What can be separated from us is not the Way. Therefore the superior man is cautious over what he does not see and apprehensive over what he does not hear.

숨겨진 것보다 더 잘 드러나는 것이 없고, 작은 일보다 더 잘 나타나는 것이 없다. 그러므로 군자는 혼자 있는 것을 삼가한다.

莫見乎隱, 莫顯乎微, 故君子愼其獨也.

There is nothing more visible than what is hidden, and nothing more manifest than what is subtle. Therefore the superior man is watchful over himself when he is alone.

기뻐하고 성내고 슬퍼하고 즐거워하는 감정이 아직 일어나지 않은 상태를 중中이라고 하고, 그러한 감정이 일어나지만 모두 절도에 맞는 상태를 조화和라고 한다. 중中은 천하의 큰 근본이고, 조화和는 천하에 두루 통하는 도이다.

喜怒哀樂之未發, 謂之中. 發而皆中節, 謂之和. 中也者, 天下之大本也. 和也者, 天下之達道也.

Before the feelings of pleasure, anger, sorrow, and joy are arosed it is called equilbrium (中, centrality, mean). When these feelings are arosed and each and all attain due measure and degree, it is called harmony. Equilbrium is the great foundation of the world, and harmony its unversial path.

중中과 화和를 지극하게 하면, 하늘과 땅은 제자리를 잡고 만물이 제대로 자라난다.

致中和, 天地位焉, 萬物育焉.

When equilbrium and harmony are realized to the highest degree, heaven and earth will attain their proper order and all things will flourish.

[TRANS: Wing-Tsit Chan]

『中庸・第一章』

『중용』은 첫 구절에서 인간의 본성性이 그저 인간 내면의 어떤 품성에 그치는 것이 아니라 하늘이 명령한 것, 이 우주 자연의 필연적인 경향성임을 분명하게 말합니다. 우리 인간의 본성은 우주 자연의 필연성이라는 것입니다. 그러므로 인간이 자신이 가지고 태어난 본성을 따라 살아가는 것은 인간의 길이기도 하면서 우주의 길이 되고, 인간과 우주는 동일한 길道로 연결됩니다. 인간이 이 필연적인 길을 살아가기 위해서는 자신 속의 장애물인 탐욕과 이기심을 없애는 수행이 중요하고, 이 수행을 가르침, 즉 교육敎이라고 부릅니다. 앞 장에서 인간의 본성은 리적인 측면으로서 '본래부터 가지고 태어나는 본성'인 본연지성本然之性과 기적인 측면으로서 '기질적으로 각자 가지고 태어나는 본성'인 기질지성氣質之性이라는 두 가지로 이루어져 있다는 이야기를 했었지요. 성리학의 수양론은 "천리를 보존하고 존천리存天理 인욕을 제거하는 거인욕去人欲' 방식으로 이루어지고 있다고요. 기질지성을 극복하고 본연지성을 회복하려는 수행을 통해 인간은 하늘의 길을 살아가는 성인聖人이 될 수 있다고 보았습니다. 그러한 수행을 중용에서는 '가르침敎'이라고 부른 것입니다.

그런데 인간은 감정의 동물이므로, 수행의 문제는 이 감정의 문제와 연관되어 있습니다. 『중용』에서는 우리 마음속의 기뻐하고 성내고 슬퍼하고 즐거워하는 감정들이 아직 일어나지 않은 상태를 중中이라고 부르고, 그것이 인간 본유의 본성이 가장 잘 나타난 상태로 보았습니다. 중이란 양 극단이 아닌 중간

상태, 평형, 마음의 평정 상태를 나타내는 단어이기 때문입니다. 기뻐하고 성내고 슬퍼하고 즐거워함에 사랑함, 미워함, 욕망을 합하여 '7가지 감정 칠정七情'이라고 하여 인간의 기본적인 감정을 가리킵니다. 그러한 감정이 '아직 일어나지 않은 상태'란 아직 의식의 세계로 나오기 이전 무의식 세계의 평온한 감정을 의미하는 것을 가리키는 것인지 모르겠습니다. 그리고 외부의 어떤 자극이 주어지면 우리 마음속 잠자고 있던 고요함이 깨뜨려지고, 기뻐하고 성내고 슬퍼하고 즐거워하는 여러 감정들이 일어납니다. 이때 이 감정들이 '절도節度'라고 불리는 사회적 관념과 기준에 맞는 상태를 '조화和'라고 부릅니다. 우리 마음의 무의식의 평온함, 감정의 중용과 절도, 감정의 조화로움. 이것을 『중용』에서는 온 세상의 근본이자 온 세상 어디에나 통하는 마음의 진리라고 표현한 것입니다.

그리고 인간이 자기 마음의 "중中과 조화和를 지극하게 하면, 하늘과 땅이 제 자리를 잡고 만물이 제대로 자라난다"고 결론지어 말합니다. 인간이 자기 감정을 잘 조절하고 무의식 세계의 근본을 잘 지키면, 온 세상에 질서가 잡히고 만물이 풍요롭게 자라난다니! 아무리 인간과 자연이 하나라지만, 인간에게 우주 자연 전체를 좌우할 수 있는 지나치게 거대한 능동성을 부여하고 있는 것이 아닙니까. 인간의 길과 우주의 길이 둘이 아니므로, 인간이 자신의 길을 확실히 가면 우주 질서도 그에 따라 자리가 잡히고 만물은 풍요를 누리게 된다는 것"致中和, 天地位焉, 萬物育焉"은 놀라운 인간 중심주의입니다. 그야말로 인간을 우주의 중심에 두는 진정한 인간 중심주의, 인간의 책임과 역할을 강조하는 능동적인 인간관이라고 할 수 있습니다. 인간이 자기를 확립하는 데 따라 우주의 질서가 비로소 잡히는 것이니까요. 이러한 책임을 가지고 우주의 길을 수행하며 살아가는 사람을 유하의 전통에서는 '대장부'라고 부르고, '성인聖人'이라고 부릅니다.

『중용』의 "기뻐하고 성내고 슬퍼하고 즐거워하는 감정이 아직 일어나지 않은 상태를 중中이라고 하고, 그러한 감정이 일어나지만 모두 절도에 맞는 상태를 조화和라고 한다"는 귀절은 사실 상당한 논쟁거리를 제공하는 매우 중요한 귀절입니다. 오백년 조선 시대 철학은 『중용』의 이 장을 중심으로 형성되었다고 해도 과언이 아닙니다. 조선 성리학의 완성자라고 평가되는 퇴계와 율곡의 주리론主理論과 주기론主氣論 역시 이 구절에 대한 논쟁을 중심으로 이루어진 것입니다. 이 논쟁을 '사단칠정四端七情 논쟁'이라고 부르는데, 조선 철학사에서 가장 중요한 논쟁이고 거기에서부터 퇴계 이황退溪 李滉, 1501-1570 철학이 완성되어 갔습니다. 실제로 사단칠정 논쟁은 조선 성리학의 역사적 성격을 결정짓는 철학적 전환을 가져왔다는 점에서 한국철학사에서 가장 중대한 사건 중 하나입니다. 중국에서 주자학이 본격적으로 수입되어 연구된 결과 주자학 자체가 지니고 있었던 문제점이 드러나서 재정리되는 과정에서 우리나라 학자들이 치열한 논쟁을 전개한 것입니다.

주희가 만물을 리와 기의 결합으로 본 것, 여러분 기억하시죠? 이것을 인간의 본성에 그대로 적용하면 '본래부터 가지고 태어나는 본성'인 본연지성本然之性과 '기질적으로 각자 가지고 태어나는 본성'인 기질지성氣質之性이라는 두 가지 본성이 있다고 보게 되는 것이었구요. 한편 맹자는 인간의 마음에 사단四端이 본래적으로 존재한다고 했지요. 인의 단서가 되는 측은지심惻隱之心, 정의의 단서가 되는 수오지심羞惡之心, 예의 단서가 되는 사양지심辭讓之心, 지혜의 단서가 되는 시비지심是非之心이 바로 네 가지 단서, 사단입니다. 한편으로 인간 마음에는 다양한 감정들이 존재하는데, 『예기禮記』 예운편에서는 인간의 감정을 희喜, 노怒, 애哀, 구懼, 애愛, 오惡, 욕欲의 7가지 감정인 칠정七情으로 통칭하였습니다. 성리학자들이 문제삼은 것은 대체로 『중용』에서 언급한 희, 노, 애, 락의 네 가지 감정입니다. 이 사단과 칠정을 둘러싼 논의는 대단히 복잡하지만, 성리학의 심성론에 대한 인식을 이해하는 데 도움이 되고 또 우리나라의 대표적인 철학 논쟁이기도 하므로 한번 살펴보는 것이 좋을 것 같습니다.

논쟁의 발단은 다음과 같습니다. 퇴계 이황과 동시대 학자인 정지운이 '천명도天命圖'를 설명하며 "사단은 리에서 발동한 것이고, 칠정은 기에서 발동한 것이다.四端發於理, 七情發於氣"라고 한 부분에 대해서, 퇴계 이황은 "사단은 리가 발동한 것이고, 칠정은 기가 발동한 것이다四端理之發, 七情氣之發"라고 수정한 것이 발단이 되었습니다. 이 퇴계의 학설에 대해 퇴계보다 한참 어린 젊은 학자, 퇴계보다 26살 차이가 나는 고봉 기대승高峰

奇大升, 1527-1572이 엄청난 대가인 퇴계의 사상을 반박하면서 논쟁이 시작됩니다. 지금이라면 아마 대학교 학부 학생이 저명한 학자이자 대학교 총장의 견해를 반박하며 자기 의견을 제시한 것에 비할 수 있겠지요. 퇴계는 이 어린 학자의 의견을 무시하지 않고 진지하게 받아들입니다. 두 학자는 7 년의 긴 시간 서로 편지를 주고 받으면서 서로의 입장을 표명하게 되는데, 이것이 바로 유명한 '사단칠정 논쟁'인 것입니다. 이 과정에서 퇴계는 기대승의 논박을 받아들여 자신의 철학을 전면적으로 수정, 완성하게 됩니다.

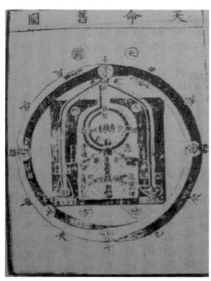

천명구도와 천명신도

1) **퇴계의 초기 학설**: 정지운이 "사단은 리에서 발동한 것이고, 칠정은 기에서 발동한 것이다.四端發於理, 七情發於氣"고 한 것과 퇴계가 "사단은 리가 발동한 것이고, 칠정은 기가 발동한 것이다四端理之發, 七情氣之發"고 한 말은 거의 같은 뜻이지만 약간 뉘앙스가 다르지요. 일단 이 말들은 맹자의 사단설을 성리학의 이기론으로 해석하려고 시도한 것이라고 볼 수 있습니다. 맹자는 단순히 인간의 마음 속에 사단, 즉 인의예지의 단서가 본유적으로 존재한다고 했을 뿐인데, 그것을 리理와 연관시켜 해석하려는 시도를 한 것이지요. 어떻게 생각하면 이 사단이 바로 리理라고 할 수도 있을 것 같은데, "남의 아픔을 불쌍히 여기는 마음측은지심 惻隱之心", "자기 잘못을 부끄러워하고 남의 잘못을 미워하는 마음수오지심 羞惡之心", "사양하는 마음사양지심 辭讓之心", "옳고 그름을 가릴 줄 아는 마음시비지심 是非之心"은 어쨌든 마음이니까 이걸 바로 리理로 동일시하기는 좀 아니었나 봅니다. 그래서 정지운은 이 사단의 마음이 리理에서 시작되고 리에서 발동되어 나온 것이라고 표현한 것이지요. 한편 사단과 대조되는 인간의 감정은 기에서 시작되고 기에서 시작되어 나온 것이라고 리와 대비하여 설명하였습니다. 이에 반해서 퇴계는 사단과 리의 관계를 더 분명히 하기 위해서, 이 사단의 마음들이 바로 리理가 발동한 그 자체라고 설명한 것입니다. "사단은 리의 발동" 그 자체라고요. 마찬가지로 "칠정은 기의 발동" 그 자체가 될 수 밖에 없게 됩니다. 이렇게 되면 사단과 칠정은 각각 그 시작점과 귀착점이 모두 리와 기가 되므로, 서로

완전히 달라집니다.

2) **기대승의 반박**: 이러한 퇴계의 주장에 대해 기대승은 "사단과 칠정은 다같이 감정이고, 따라서 사단은 칠정을 벗어나 존재할 수 없다"고 반박하였습니다. 성리학에서 사단은 인의예지 본성 그 자체가 아니라 인의예지의 단서실마리이므로, 감정에 해당하는 것이라고 본 것입니다. "불쌍히 여김", "부끄러움", "미움" 등은 엄연한 감정이니까요. 이러한 입장에서 기대승은 사단의 감정과 칠정의 감정이 분리될 수 없다고 보았습니다. 그리고 기대승은 퇴계처럼 사단과 칠정을 리의 발동과 기의 발동으로 나누면 리와 기를 두 가지로 나누는 오류를 범하게 된다고 비판하였습니다. 퇴계와 같이 사단을 리가 움직인 것지발 理之發, 칠정을 기가 움직인 것기지발 氣之發으로 나누면 가르치기 쉬울지 모르지만, 범주를 착각한 것이라고 지적하였습니다. 사단은 칠정 속에 포함된 것이므로, 사단과 칠정을 상대적 개념으로 나눌 수 없다고 하였습니다.

3) **퇴계의 1차 수정 및 반론**: 퇴계는 사단과 칠정이 다같은 감정이라는 기대승의 주장을 수긍하였지만, 같은 감정이더라도 둘은 구별해야 한다고 주장하였습니다. 주자가 성을 본연지성과 기질지성으로 구분하고 각각 리와 기로 나누어 설명했으니, 감정도 마찬가지로 리와 기로 나누어 설명할 수 있다는 것이다. 그러면 사단이라는 감정은 리가 발동한 것 리지발理之發이고 칠정이라는 감정은 기가 발동한 것 기지발氣之發이라는 해석이 가능해집니다.

또한 퇴계는 사단은 내면의 마음속에서 일어나지만, 칠정은 외부 사물에 감촉되어 일어나는 것임을 확실히 하였습니다. 즉 사단과 칠정의 발생 내원을 구분함으로써 이 둘을 완전히 나누려고 시도한 것입니다. 사실 퇴계의 논리는 주자학 체계를 충실히 수용한 결과입니다. 인간의 본성은 인의예지이고 선善이므로, 그것이 그대로 드러나는 것이 사단四端이고 굴절되어 나타나는 것이 칠정七情이라고 발생 내원을 구분한 것이지요. 칠정은 감정이고 희로애락입니다. 자신의 외부에 보기 좋고 먹기 좋은 게 있으면 그로 인해 내게 감촉되어 일어나는 욕망입니다. 반면에 사단은 나의 내면에서 움직이는 도덕심이라는 것입니다. 즉 퇴계는 도덕의 근거를 내면에 두었고, 욕망의 근거는 외부에 두었습니다. 인간은 본성상 도덕적인 존재이고, 욕망은 인간이 외부 환경에 의해 자신의 도덕적 주체성을 상실했기 때문에 일어나는 것이라는 설명이 퇴계의 견해입니다. 뼛속까지 맹자의 성선설을 믿고 그러한 믿음 위에서 인간을 도덕적 존재로 인식하였던 것이지요.

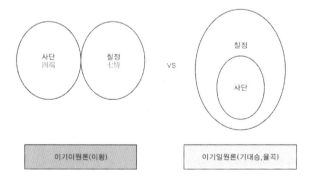

4) **기대승의 재반박**: 퇴계의 반박에 대해 기대승은 사단과 칠정은 서로 대응하는 개념이 아니라 칠정 중에서 절도에 맞는 것중절 中節이 사단이라고 하였습니다. 바로 『중용』에서 "기뻐하고 성내고 슬퍼하고 즐거워하는 감정이 일어나지만 모두 절도에 맞는 상태를 조화和라고 한다"라고 했을 때를 가리킵니다. 이렇게 절도에 맞는 감정이 바로 사단이라고 본 것입니다. 퇴계는 칠정이라는 인간의 심리 현상은 선한 경향을 지니는 '사단四端'과 그렇지 않은 '비사단非四端'으로 구분해야 한다고 보았습니다. 감정이 절도에 꼭 맞으면 사단이고, 절도에 맞지 않으면 칠정이 된다는 해석입니다. 기대승은 퇴계처럼 사단과 칠정을 나누면 둘의 차이점을 설명하기 편하겠지만, 그럴 경우 두 개의 감정이 있게 되고 두 개의 선善이 있게 되어 옳지 않다고 주장하였습니다. 선善이 유래가 2개가 되고 불선不善도 유래가 2개가 되면, 사람의 마음이 2개가 되어야 하므로 옳지 않다는 것입니다.

또한 주자가 본성을 본연지성과 기질지성으로 나눈 것은 그 유래를 말한 것이지, 실제로 리와 기를 별개의 사물로 나누어 본 것이 아니라고 주장하였습니다. 본성은 본연지성과 기질지성으로 나누어도 무리가 없지만, 감정은 리와 기를 겸하고 선악이 있는 것이므로 나누어서는 안 된다고 비판하였습니다.

5) **퇴계 학설의 최종 수정**: 기대승이 사단과 칠정을 각각 리가 발동한 것, 기가 발동한 것으로 나누면 "리가 없는 기는 없고, 기가 없는 리도 없다"는 성리학의 근본 명제를 부정하게 된다

고 지적하자, 퇴계는 이러한 지적에 승복해서 자신의 견해를 조절하였습니다. 그리하여 퇴계는 사단은 "리가 발동하고 기가 따라오는 것리발이기수지 理發而氣隨之"이고, 칠정은 "기가 발동하고 리가 올라타는 것기발이리승지 氣發而理乘之"라고 수정하였습니다. 사단과 칠정 모두 리와 기를 다 가지고 있지만, 사단도 칠정도 모두 리가 모든 것을 좌지우지할 수 있는 지휘권을 가지고 있는 것으로 해석한 것입니다. 사단은 당연히 "리가 발동하면 기가 따라오는 것"이니 리가 우월한 지휘권을 가지게 되고, 칠정 역시 "기가 발동한 것이지만 그 기의 위에는 리가 타고 있는 것"이므로 기라는 말을 리라는 마부가 타고 지휘권을 휘두르고 있는 모습인 것입니다. 이처럼 퇴계는 마지막까지 리를 기 위에 놓고 존재론적 차원에서 리의 우월성을 강조하였습니다. 다만 리와 기가 같이 움직인다고 말함으로써 리가 단독으로 움직일 수 없다는 점만 수용하였던 것입니다. 이처럼 퇴계는 리와 기가 동시에 작용하는 것으로 학설을 수정하였지만, 리가 발동한다는 것 자체를 부정하는 기대승의 기대를 만족시키지 못하였습니다. 주자학에서는 기가 없는 리는 존재할 수 없을뿐더러, 이 리가 독자적으로 발동한다는 것을 받아들일 수 없는 개념이기 때문입니다. 이 점에서 퇴계 철학은 주자학의 범위를 넘어갔던 것입니다.

사단칠정 논쟁에 대한 평가: 이 논쟁에서 논리적으로는 기대승의 주장이 옳다는 생각이 들고, 이러한 기대승의 학설은 이후 율곡 이이栗谷 李珥, 1536년- 1584년의 주기론主氣論 철학에 계승되어 발전합니다. 왜냐하면 주자 성리학에서는 분명히 리와 기는 절대 떨어질 수 없는 존재이며, 리의 선재성과 우월성을 강조하는 경우도 논리적인 순서일 뿐이지 독립적인 활동성을 말하는 것이 아니었기 때문입니다. 율곡 철학을 주기론이라고 부르는 것도 퇴계 철학에 비해 상대적으로 기의 중요성을 강조했다는 것이지, 실제로 기가 모든 것의 근본이라고 주장한 것은 아니었습니다. 퇴계의 주리론, 율곡의 주기론은 주자 성리학의 틀 안에서의 구분일 뿐입니다.

그러나 퇴계는 자기 학설이 주자학과 어긋나는 부분이 있다는 점을 충분히 인지하면서도 리의 독자성과 활동성을 강조했다는 점에서 독특하고, 이 점이 퇴계 철학을 조선 성리학의 최고 철학으로 평가하게 만듭니다. 이 사단칠정 논쟁에서 퇴계 철학의 독창성이 아주 잘 드러나고 있는 것이죠. 기본적으로 성리학자들은 우주와 인간을 통괄하는 리에 근거하여 우리가 도덕적으로 올바른 행동을 해야만 한다고 생각합니다. 인간이 도덕적으로 올바른 행동을 하는 것은 온 우주에서부터 만물까지 모든 것에 이치로서 부여되어 있는 분명한 근거가 있다는 것입니다. 그러니 그 리, 자신의 마음 속 본성을 믿고 우주의 법칙, 우주의 길에 따라가면 되는 것이지요. 이때 비도덕적 행위를 한다면 이것은 우주의 법칙에 어긋나는 매우 잘못된 행위를 하는 것이 됩니다. 이때 근거가 되는 리에 더욱 강조점을 둔 것이 퇴계 철학입니다. 개별적인 기氣의 다양성을 인정함으로써 개인적인 차이를 받아들일 여지가 있는 율곡 철학보다 퇴계 철학은 근원적인 리理의 단일성을 강조함으로써 더 정통적이고 근본주의적이며 원칙적인 철학이라고 할 수 있습니다.

저는 퇴계 철학의 이러한 특징에서 정통주의, 근본주의에 끌리는 한국적인 특성이라고 할 경향성이 나타난 것이 아닌가라고 조심스레 추측해봅니다. 우리는 대부분 원칙적인 이론에 집니다. 공개적인 회의에서는 어떤 주제이든 현실파와 원칙파의 논쟁이 있으면, 거의 대부분 원칙파가 이깁니다. 그 이유는 무엇일까요? 원인은 잘 모르겠지만, 퇴계 역시 도덕적인 갈등 상황에서 개별적인 차이나 현실적 상황을 고려하기보다는 근본주의적인 원칙을 강조하는 것으로 문제를 해결해 나아가고자 했던 것은 분명해 보입니다. 여러분 생각은 어떠한지 모르겠습니다.

생 각 해 보 기

1. 『중용』 1장의 내용은 무엇을 말하고 있습니까? 유학에서 『중용』의 사상이 중요한 이유는 무엇일가요?
2. 조선 시대 '사단칠정' 논쟁의 내용을 친구에게 간략히 소개해보세요. 퇴계 이황과 고봉 기대승 사이의 논쟁 과정을 따라가며 설명해 보십시오.

제16강

육경六經은 내 마음의 주석이다

六經皆我注脚

성리학의 목표는 인간다운 인간, 성인聖人이 되는 것입니다. 그 인간다운 인간이란 물론 봉건주의 체제에 맞는 인간을 의미하는 것이기는 하지만, 거기에 보편적인 인의 사상이 깃들어 있는 것도 사실입니다. 그러한 인간이 되기 위해서 성리학에서는 자기의 인욕人欲을 극복하고 자기 속의 천리天理를 키워나가고자 노력합니다. "천리를 보존하고 인욕을 소멸시킨다"는 '존천리存天理 멸인욕滅人欲'이 바로 그 표어입니다. 그리고 그러한 노력은 다음과 같은 거대한 목표를 지향하는 것입니다.

> 천지(=우주)를 위해서 마음을 세우고, 백성들을 위해서 하늘의 명령(=천명)을 세우며, 옛 성인들을 위해서 끊어진 학문을 잇고, 미래를 위해서 태평 시절을 연다.
> 爲天地立心, 爲生民立命, 爲王聖繼絶學, 爲萬世開太平.
> 『근사록 近思錄』

그리고 『중용』에서 제시한 형이상학적 도를 실현하기 위해 구체적인 방법론을 제시한 것이 『대학』이라고 할 수 있습니다.

무엇보다 이 『대학』의 해석을 둘러싼 이견이 주자학과 양명학을 가르는 기준을 제시해준다는 사실이 동양 철학사에서 매우 중요한 테마가 됩니다. 재미있는 이야기 하나 들려드릴까요? 사실 『대학』은 개인적으로 저와 상당히 인연이 있는 책이기도 합니다. 얼마 전 오래 묵은 짐들을 버리다가 고등학교 시절 노트를 발견했는데, 거기에 이 『대학』의 원문과 번역문이 잘 쓰지도 못하는 글씨로 쓰여져 있는 것을 보고 무척 놀랐던 일이 있었습니다. 도대체 저는 고등학생 시절에 무슨 생각으로 『대학』 전문을 필사했던 것일까요? 이 책이 가진 의미를 거의 몰랐을 것이 확실한데 말이지요. 그래서 아마 유학의 이 대표적인 전적과 저 사이에 무슨 오래되고 질긴 인연이 있었을 것이라는 추측을 하게 되었고, 『대학』을 읽을 때마다 이 책을 필사하고 있던 십대의 저를 떠올리고는 한답니다. 그러나 사실 저는 『대학』보다는 『중용』의 형이상학에 더 끌리는데, 그건 아마 이 책이 가진 질서정연하고 완정된 스테레오 타입의 성향 때문일 것입니다. 『대학』 첫 장을 한번 같이 읽어보기로 하지요.

> 대학의 도는 (내면의) 밝은 덕을 드러내 밝히는 데 있고, 백성들을 친하게 대하는 데 있으며, 지극한 선에 머무는 데 있다.
> 大學之道, 在明明德, 在親民, 在止於至善.
> 『大學』 第1章

여기에서의 '대학大學'은 당연히 대학교가 아닌, 위대한 학문,

큰 학문, 깊이있는 학문이라는 뜻이겠지요. 우선 이 단락에서는 학문, 즉 배움이란 지식의 축적이 아님을 분명히 하면서, 학문의 세 가지 목적을 이야기합니다. 첫째는 자기 내면의 빛을 드러내는 것, 즉 본성의 선함이 불변의 우주적 리理로서 자기 속에 존재하고 있음을 분명히 알고 밖으로 나타내는 것이고, 둘째는 그러한 본성을 사회적 실천을 통해 표현하는 것, 백성들에게 인정을 베푸는 것입니다. 주희는 '친민親民'을 백성들을 친하게 대한다라는 뜻으로, 왕양명은 '신민新民'으로 보아 백성들을 새롭게 만든다는 뜻으로 해석합니다. 약간의 차이는 있지만 『대학』의 이 첫 번째와 두 번째 목적은 '내성외왕內聖外王'에 해당하는 것이라고 할 수 있습니다. 그리고 세 번째 목적은 지극한 선에 머무는 것止於至善, 자신의 상태를 늘 지극한 선의 상태로 두는 것입니다. 지극한 선이 자기 속에 본유적으로 존재하고 있음을 한순간 깨달았다고 해도 그것을 생활 속에서 늘 잊지 않고 실천하며 살아가는 일은 쉽지 않습니다. 그래서 자기 수양을 계속해나갈 필요가 있는 것입니다. 유학에서 학문이란 바로 이 수양을 위한 것, 아니 학문이 바로 수양입니다. 지극한 선에 머무른다는 말, 너무 아름답지 않나요? '지어지선止於至善', 네 글자를 가만히 쳐다보노라면 글에서 향기가 나는 것 같이 느껴지기도 합니다. 우리 삶이 이 지극한 선에 뿌리박고 있음을 가슴깊이 깨닫고, 이 지극한 선의 상태를 늘 놓치지 않고 살아갈 수 있다면.. 그를 위해서 우리는 공부도 하고, 명상도 하고, 봉사도 하고, 노력하며 삽니다. 이러한 자세가 대학, 바로 위대한 학문인 것입니다.

머물 곳을 안 뒤에야 안정될 수 있고, 안정된 뒤에야 고
요할 수 있으며, 고요한 뒤에야 편안할 수 있고, 편안한
뒤에야 생각할 수 있으며, 생각한 뒤에야 얻을 수 있다.
사물에는 근본과 지엽이 있고, 일에는 시작과 끝이 있다.
무엇을 먼저 하고 뒤에 할까를 안다면, 도(=진리)에 가까
워진다.
知止而后有定, 定而后能靜, 靜而后能安, 安而后能慮, 慮
而后能得. 物有本末, 事有終始. 知所先後, 則近道矣.

옛날 자기의 밝은 덕을 온 세상에 밝히고자 하는 사람은
먼저 그 나라를 다스렸다. 그 나라를 다스리고자 하는 사
람은 먼저 그 집안을 가지런하게 하였다. 그 집안을 가지
런하게 하려는 사람은 먼저 그 자신을 수행하였다. 그 자
신을 수행하고자 하는 사람은 먼저 그 마음을 바르게 하
였다. 그 마음을 바르게 하고자 하는 사람은 먼저 자기
뜻을 정성스럽게 하였다. 그 뜻을 정성스럽게 하고자 하
는 사람은 먼저 자기의 앎을 이르게 하였다. 앎에 이르는
것은 격물에 있다.(=치지격물 致知格物)
古之欲明明德於天下者, 先治其國. 欲治其國者, 先齊其家.
欲齊其家者, 先修其身. 欲修其身者, 先正其心. 欲正其心
者, 先誠其意. 欲誠其意者, 先致其知. 致知, 在格物.
『大學』

바로 이 부분이 『대학』의 핵심인데, 어떻게 앞에서 말한 학
문의 목적을 실현할 수 있는가하는 사회적·정치적 방법론에
대한 논의이지요. 어쩌면 『대학』의 이 방법론은 우리나라 사람

들 머릿속에 무의식까지 깊이 뿌리내리고 있는지도 모르겠습니다. 우리에게 너무나 익숙한 사고 방식이기 때문입니다. "자기의 밝은 덕을 온 세상에 밝히고자 하는 사람" 평천하 平天下은 ① 먼저 그 나라를 다스린다 치국 治國→ ② 그 집안을 가지런하게 한다 제가 齊家→ ③ 자기 자신을 수행한다 수신 修身→ ④ 그 마음을 바르게 한다 정심 正心→ ⑤ 자기의 뜻을 정성스럽게 한다 성의 誠意→ ⑥ 자기의 앎을 이르게 한다 치지 致知→ ⑦ 격물을 한다 격물 格物 는 것을 먼저 해야 합니다. 우리가 흔히 듣는 '수신·제가·치국·평천하'가 바로 이 과정입니다. 마지막 두 단계인 '격물치지'는 좀 복잡한 설명이 필요하므로 뒤로 미루기로 하지요. 자기 마음을 정성스럽게 하는 일에서 온 세상을 다스리는 일까지에는 마치 계단이 있는 것처럼 한 단계, 한 단계 밟아 올라가는 과정이 필요하다고 합니다. 아래 계단을 밟지 않고 정상까지 도달하는 길은 없고, 그러니 온 세상을 평정하려는 큰 뜻을 가진 사람은 자기 마음을 돌아보고 자기의 뜻을 정성스럽게 하는 일부터 시작해야 합니다. 『대학』은 그것이 근본임을 강조합니다. 느려도 그 길이 바른 길임은 알지만, 우리는 자주 마음이 조급해지지요. 과연 자기 마음을 들여다보는 데서 시작해서 언제 온 세상을 평정하는 일까지 도달할 수 있겠습니까? 아니 계단의 한 칸이라도 올라가는 일이라도 과연 가능할까요? 그래서 우리는 자기 속을 들여다만 보다가 아무 일도 못하고 생을 마치지는 않습니까? 그런 의문들이 늘 머리를 복잡하게 하는 것이지요.

'치지는 격물에 있다'致知格物'는 귀절을 어떻게 해석해야 할 것인가에 대해서는 70가지가 넘는 많은 학설들이 있다고 하는데, 주자와 양명의 두 가지 해석법이 가장 대표적입니다. 주자는 격格을 '~에 이르다'라고 해석하고 물物을 '일事'이라고 읽어서, '격물'을 '일에 이른다', '사물의 이치를 그 궁극적인 데까지 탐구한다'는 뜻으로 봅니다. '치지'앎에 이른다는 것이 '격물'사물의 이치를 탐구하여 그 궁극의 리에 도달하는 것이라는 것이『대학』의 메시지입니다. 그런데『대학』의 격물치지 장인 5장은『예기·대학』에서는 이미 없어져버린 것을 주자가 주석을 써서 새롭게 보완한 것입니다. 그러므로 주자의 사상이 가장 분명하게 나타나 있는 장이라고 할 수 있습니다.

　　'치지는 격물에 있다'는 것은 나의 앎을 다하려고 한다면 사물에 입각해 그 사물의 이치를 궁구하지 않으면 안된다는 의미이다..『대학』의 처음 가르침은 배우는 사람들이 세상의 모든 사물에 근거하여 이미 알고 있는 이치를 실마리로 잡아서 계속 궁구해가서, 그 지극한 데까지 이르게 하는 것이다. 오랫동안 학문을 쌓으면 어느날 하루아침에 환하게 트여 관통하게 될 것이다.
　　所謂致知在格物者, 言欲致吾之知, 在卽物而窮其理也.. 是以大學始敎, 必使學者, 卽凡天下之物, 莫不因已知之理而益窮之, 以求至乎其極, 至於用力之久而一旦, 豁然貫通.
　　　　　　　　　　　　　　　　　　　　朱熹,『格物補傳』

　주희가 여기에서 한 말은 리理는 인간 내부에 있는 리=본성임과 동시에 인간 외부에 있는 우주 자연의 리이기도 하다는 데 근거를 둔 말입니다. 인간의 리와 우주의 리는 연속되어 있고, 또한 도덕으로서의 지와 지식으로서의 지가 분화되지 않고 있음을 알 수 있습니다. 따라서 성인이 되기 위해서는 결국 안으로 성찰함과 동시에 외부에 있는 모든 사물의 리를 궁구해가는 것이 필요하게 됩니다. 다시 말해서 자기 마음 속의 리를 인식하기 위해서는 자기 마음만 들여다보아서는 안 되고, 우주 만물 하나하나가 가지고 있는 리를 파악하는 일이 병행되어야 합니다. 그래야 내 안의 리와 밖의 리가 합일한 제대로 된 리를 파악할 수 있습니다. 우주 만물 하나하나의 리를 파악하는 것은 어떤 측면에서는 자연과학과 연관되어 있습니다. 그래서 성리학에서는 자연에 대한 파악, 예컨대 역학曆學 같은 자연과학이 굉장히 중요한 위치를 차지하게 됩니다. 근대 시기에 서양에서 천문학이 도입되면서 전통 역학이 흔들리게 되자, 성리학 전체가 힘을 잃게 된 것도 바로 이러한 이유이지요. 그러나 주자 성리학에서 격물의 방법으로 추천하는 방법 중 대표적인 것은 독서, 즉 유학의 경전을 읽고 연구하는 것입니다. 사물의 이치가 이미 성인에 의해 파악되어 경전에 기록되어 있기 때문이지요. 따라서 주자학은 기본적으로 주지주의主知主義적 성격을 띠었다고 할 수 있습니다.

> 격물한 뒤에야 지극한 것을 알게 되고, 지극한 것을 안 뒤에야 뜻이 정성스러워지며, 뜻이 정성스러워진 뒤에야

마음이 바르게 되고, 마음이 바르게 된 뒤에야 몸이 수행이 된다. 몸이 수행이 된 뒤에야 집안이 가지런해지고, 집안이 가지런해진 뒤에야 나라가 다스려지고, 나라가 다스려진 뒤에야 천하가 평화로와진다.

천자부터 서민들에 이르기까지 한결같이 모두 수신(修身)을 근본으로 삼는다. 그 근본이 어지러운데 지엽이 잘 다스려지는 경우는 없다. 후하게 대한 사람이 박해지고 박하게 대한 사람이 후해지는 경우는 있어본 적이 없다. 이것을 근본을 안다고 하고, 이것을 지극한 앎이라고 부른다.

物格而后知至, 知至而后意誠, 意誠而后心正, 心正而后身修, 身修而后家齊, 家齊而后國治, 國治而后天下平. 自天子以至於庶人, 壹是皆以修身爲本. 其本亂而末治者, 否矣. 其所厚者薄, 而其所薄者厚, 未之有也. 此謂知本, 此謂知之至也.

『大學』

이 문단에서는 앞의 순서와는 거꾸로 ① 격물을 한다 격물格物→ ② 자기의 앎을 이르게 한다 치지致知→ ③ 자기의 뜻을 정성스럽게 한다 성의誠意→ ④ 그 마음을 바르게 한다 정심正心→ ⑤ 자기 자신을 수행한다 수신 修身→ ⑥ 그 집안을 가지런하게 한다 제가齊家→ ⑦ 먼저 그 나라를 다스린다 치국治國를 거치면 마침내 ⑧ 온세상을 평정한다 평천하平天下 단계에 도달함을 서술함으로써, 제대로 된 정치를 하기 위해서는 수행, 그리고 격물치지가 중요함을 강조하고 있습니다.

이처럼 완벽한 봉건 이데올로기 철학인 송대 주자학은 그러나 명대에 들어가며 아주 상이한 성격의 양명학에 그 우세

한 자리를 양보하게 됩니다. 양명 왕수인陽明 王守仁, 1472-1528
은 『대학』에서 말한 이 '격물치지'에 대한 해설에서 주자학
에 의심을 가지게 되었다고 말합니다. 주자의 말이 옳다면
이 우주 만물의 리에 대한 탐구를 통해 내 마음의 본성을 파
악할 수 있어야 하는데, 그는 아무리 해도 그 방법으로는 그
러한 경지에 도달할 수 없었다는 것입니다.

격물은 주자의 학설에 의하지 않고는 있을 수 없는 것이
라고 누구나 말하지만, 주자의 학설을 실제로 실행해본
사람이 있을까? 나는 실제로 해보았다. 젊었을 때 친구
와 함께 성인·현인이 되려면 온 세상 사물들을 격(格)
해야 한다고 토의하고, 온 힘을 다하여 정자 앞 화단의
대나무를 지목하고 격물하였다. 친구는 아침 일찍부터
밤 늦게까지 주자의 도리를 격물하며 궁구하였지만, 사
흘 만에 심력을 다 쓰고 노이로제 증상이 생기고 병이
났다. 당초 그에게 정력이 부족하였다고 말하고, 나 자신
도 아침 일찍부터 밤 늦게까지 격물하며 궁구하였으나
그 이치를 얻지 못하였다. 나 역시 7일 만에 노이로제 증
상이 생기고 병이 났다. 결국 성인의 경지는 되려고 한다
고 해서 될 수 있는 것이 아니라고 서로 탄식하였다.
衆人只說格物要依晦翁, 何曾把他的說去用, 我着實曾用來.
初年與錢友同論做聖賢要格天下之物, 如今安得這等大的力
量. 因指亭前竹子令去格看, 錢子早夜去窮格朱子的道理.
竭其心思至於三日, 便致勞神成疾. 當初說他這是精力不足,
某因自去窮格. 早夜不得其理, 到七日, 亦以勞思致疾. 遂
相與嘆聖賢是做不得的.

『傳習錄·下』

대나무를 '격'하려다가 실패하는 일화에는 젊은 양명의 모습이 잘 담겨져 있습니다. 그는 온 우주의 리와 내 마음속의 리가 연관되어 있고 따라서 객관 세계 속의 사물들의 리를 파악하는 일과 내 마음속의 본성을 파악하는 일이 분리되어 있지 않다는 주희의 말을 백프로 신뢰하였고, 체험하고자 하였습니다. 그러나 아무리 대나무를 들여다보고 그 리를 체험하고자 하여도 그것은 불가능하였습니다. 이 과정에서 양명의 마음속에는 주자가 말하는 리에 대한 의문이 점차 자라나기 시작하였습니다.

의문 ① : 주자는 격물이 천하의 모든 사물을 궁구한다=격한다고 하였는데, 도대체 온세상 모든 사물을 하나씩 '궁구하는 것'이 어떻게 가능한가? 가령 그것들을 다 궁구하는 일이 가능하더라도, 그것으로 어떻게 '자신의 뜻을 진실하게 하는 것'이 가능한가?

(『傳習錄・下』)

의문 ② : 주자의 해석에 따르면, '안내 마음'과 '밖 우주 만물'이 관련이 없거나 무의미한 대립자가 되어 버리지 않을까? 나무 한 그루, 풀 한 포기의 이치를 궁구하는 것은 『대학』에서 말하는 학문의 궁극적 목적과 관계가 없다.

이 의문은 명대 철학서인 『명유학안』의 다음 구절과 연관시켜 볼 수 있을 듯합니다.

어느날, 주자의 문장을 읽다가 지금까지 배우는 것에 힘
써 왔지만 순서가 바르지 못해서 아무런 효과를 거두지
못했다는 생각이 들었다. 그래서 다시 착실하게 한걸음
한걸음 나아가는 방법으로 공부했지만, '삶의 이치와 나
의 마음은 궁극적으로는 서로 다른 두 개의 실체처럼 느
껴졌다'. 나아가 과거의 노이로제가 재발하였다. 그래서
마침내 성현에게는 우리와 구분되는 자질이 있는 것이
다, 나는 그런 그릇이 아니라고 단념하고, 도사에게 신선
이 되는 방법(神仙術)을 배우기도 하였다.
『明儒學案・白沙先生文集』

의문 ③ : 주자의 격물설은 결국 '밖'으로 '안'을 보충하는
         것이다. 주자 스스로 말하였듯이 "마음은 주체이고
         객체가 될 수 없는 것"인데, 궁극적인 존재이자 영
         명한 '내'가 '외부로부터 보고 듣는 것'에 의해 보
         충되어야 비로소 완전해질 수 있다는 것은 모순이
         아닌가?

이 의문 역시 『명유학안』의 다음 내용과 관련해서 생각해볼
수 있습니다.

주자 이후 학문하는 사람은 지식을 '지'라고 여기고, 사
람 마음에 갖추어져 있는 것은 단지 깨달음에 불과하다
고 본다. 더구나 리는 천지 만물에 공통적으로 존재하므

로 꼭 천지 만물의 이치를 궁구한 뒤에야 비로소 우리
마음의 깨달음과 하나로 합치된다고 생각하게 되었다.
아무리 '안-밖의 구분이 없다'고 주장해도, 실제는 전적
으로 바깥에서 보고 들은 것에 의해 자신의 깨달음을 보
충하지 않을 수 없는 것이다. 양명이 유감으로 여긴 것은
바로 이러한 점이었다.

『明儒學案·陽明傳』

이러한 의심의 과정을 거쳐 양명은 주자학을 넘어서는 자신
만의 독창적인 철학을 제시하게 됩니다. 그것은 격물치지에 대
한 새로운 해석의 과정을 거쳐 가능하게 된 것이지요. 주자가
'격물치지'의 격格을 '지至, 이르다'로 해석한 것과 달리, 양명은
'정正, 바르게 하다'의 뜻으로 해석하였습니다. 격물의 '물物'은 우
리가 무엇인가를 의식할 때의 의식意을 의미하게 됩니다. 따라
서 양명에게 '격물'은 "내 마음의식을 바로잡는 것"이 됩니다.
엄밀히 말하면 "의지가 존재하는 곳에서 그 바르지 못한 것을
제거하는 것"이 되는 것이지요. 양명에게 '치지致知'에서 '치致'
는 이르게 하다는 뜻이지만, '지知'는 주자가 외연적인 지식의
의미를 말한 것과 달리 우리 마음 내면의 '양지良知'를 가리킵
니다. 바로 여기에서 양명학이 시작된다고 할 수 있습니다. '양
지'는 후대의 경험이나 교육에 의하지 않고도 본래부터 알고
행할 수 있는, 본유의 지능을 의미합니다. 우리 인간에게는 원
래부터 알고 양지良知 원래부터 행할 수 있는 능력양능良能이 있
다는 것이지요. 『맹자』에 처음 나오는 개념입니다. 양명은 바

로 이 맹자의 양지 개념을 가져와 격물치지를 해석한 것이지요. 결국 '격물치지'는 '내 마음의 바르지 못한 의식을 바로잡아서 내 마음속 양지에 도달한다'는 뜻이 됩니다. 그리하여 우주 만물의 리를 궁구하는 일 따위는 양명에게 아무런 의미가 없는 행위에 지나지 않게 되었지요. 양명학의 선구자인 육구연陸九淵, 1139-1193은 "우주가 바로 내 마음이고, 내 마음이 바로 우주이다"라고 하였고, 심지어 성인의 말씀을 기록한 경전인 "육경六經은 내 마음의 주석이다"六經皆我註脚, 『陸象山全集』 34 라고 표현하기도 하였지요. 양명은 육구연의 이러한 입장을 받아들여 양지설로 발전시켰고, 결국 "마음 밖에 사물은 없다"심외무물 心外無物는 학설에까지 도달하게 되지요. 이 세상에 마음의 의향과 연관되지 않는 객관 독립적인 사물들은 존재하지 않는다는 것이죠. 이에 대해서 주자학자들은 이렇게 주관적인 마음만을 강조하는 양명학에 불교, 특히 선 불교의 영향이 지대하였다는 점을 지적하면서 비판하였지만, 여기에서는 더 나아가지 않겠습니다. 단 양명학과 불교가 상당히 유사한 점이 있다는 것만 말씀드리는 것으로 그치려고 합니다.

우리가 여기에서 확실히 해야 하는 것은 『대학』의 '격물치지' 구절에 대한 상이한 해석을 통해 주자와 양명이 나뉘어진 지점입니다. 주자학과 양명학의 대비와 분기는 동양철학에서 가장 중요한 논제라고 할 수 있습니다. 주자는 우주 만물의 리와 내 마음속의 리를 연관된 것으로 보고, 우주 만물의 궁극의 리를 탐색하는 과정을 통해 내 마음속의 리인 본성에 도달할 수 있다고 보았습니다. 그래서 본성이 바로 리이다는 뜻의 '성즉리性卽理' 학설이 주자학의 핵심입니다. 반면에 양명은 격물치지를 내 마음의 바르지 못한 의식을 바로잡아서 내 마음속 양지에 도달하는 것으로 보았습니다. 그래서 본성이 아니라 마음이 바로 리이다는 뜻의 '심즉리心卽理' 학설이 양명학의 핵심입니다. 그에게 우주 만물의 리 따위는 알 수도 없고, 안다 해도 내 마음속 본래적인 양지, 도덕심의 발현에 아무 영향도 끼칠 수 없는 보조적인 것에 불과합니다. 주자는 온 우주를 관통하는 리의 존재를 확신하는 것이 우리 인간의 도덕적 행위의 바탕이 되어줄 거라고 믿었던 것이고, 양명은 그와 상관없이 내 마음속 양지를 깨닫는 것만이 인간의 도덕적 행위의 근거가 되어줄 것이라고 생각하였습니다. 그래서 양명학의 입장에서는 우주 만물의 '격물'을 찾는 과정이 큰 의미도 없으며 너무나 '지리한 작업'에 지나지 않게 됩니다. 반면에 주자학의 입장에서는 우주의 리를 확신하지 못하고 오직 자기 마음속만 들여다보고 거기에만 매달려서 도덕적 행위를 한다는 것은 거의 '미친 짓'에 불과하게 됩니다. 그래서 당시에도 양명학자들은 주자학을 '지리하다'고 비판하였고, 주자학자들은 양명학을 '미쳤다'고 비판하였던 것입니다.

주자학의 '성즉리'는 진리=도덕적 행위에 이르기까지 세세목목 정해진 길을 따라 걷기만 하면 됩니다. 즉 목적지까지 자잘한 세목들이 정해진 기차길이 놓여져 있어서 그 길을 따라 걸으면 목적지까지 이르게 됩니다. 이 정해진 기차길, 리理가 중심이 되는 길, 이것을 주자학은 이학理學이라고 부릅니다. 반면에 양명학의 '심즉리'는 그 순간 내 마음의 진실이 바로 진리가 되므로, 목적지까지 이르는 '정해진 기차길'은 없습니다. 순간순간 내 마음속의 의향을 살피고 바르지못한 점을 바르게 고치며, 내 마음속 양지를 찾아 그 양지가 가리키는 곳으로 가야 합니다. 내 마음心이 중심이 되므로 양명학은 심학心學이라고 부릅니다. 정해진 길이 없다는 점에서 나는 자유롭고, 나라는 개인의 선택과 책임이 중요해집니다. 대신 순간마다 나는 나자신의 마음을 살펴야 하고, 정해지지 않은 길에 대한 두려움도 생깁니다. 주자학처럼 정해진 길이 주는 안정감이 없는 대신에, 내가 내 마음을 살피면서 내 마음의 지향을 따라가는 길이므로 절절합니다. 그래서인지 양명학을 중국 근대적 사유의 선구라고도 말합니다. 양명 심학에는 개인주의적 색채가 강하고, 권위주의를 타파하는 성격이 강하게 나타나기 때문이지요. 근현대 시기 전통 사상을 다시 회복해서 서양에 대응하고자 했던 학자들도 주자학을 버리고 양명학을 선택하였습니다. 양명학에서는 개인을 모든 가치를 결정하는 핵심으로 파악하였기 때문이지요. 실제로 이러한 사상은 양명 이전에는 찾아보기 어려웠습니다.

　서양철학에서 이와 비슷한 경우를 찾아보면 본질주의와 실존주의의 대응에 비견해볼 수 있을 듯합니다. 본질주의는 플라톤이나 아리스토텔레스와 같이 이데아나 순수 이념 따위의 본질을 상정하는 철학이고, 실존주의는 본질에 관심을 두는 것이 아니라 '지금 이 순간 나의 선택과 책임'에 전념하는 철학입니다. 실존주의 입장에서는 본질의 존재 여부가 중요한 것이 아니라, 지금 이 자리에서 나의 선택만이 중요합니다. 그런 면에서 주자학은 본질주의에, 양명학은 실존주의에 연관시켜 이해해볼 수 있지 않나 하는 생각도 드는군요. 물론 세부적인 점에서는 차이점이 많기 때문에 그대로 연관시키기는 어렵겠지만요.

한마디로 주자학과 양명학이 지향하는 목표점은 성인聖人, 즉 도덕적으로 완성된 사람이 되는 것입니다. 그러나 방법적인 면에서 두 학파는 전적으로 다릅니다. 주자학은 이 세계를 리理의 실현으로 보기 때문에, 인간은 이 세계 만물의 리理를 따라서 정해진 길을 추구해가면 됩니다. 반면에 양명학은 나 자신의 마음을 리理로 보기 때문에, 순간마다 내 마음을 다하는 선택을 하며 앞으로 나아갑니다. 주자학이 이미 놓여진 기찻길을 가는 것이라면, 양명학은 순간마다 길을 놓으며 나아가는 것입니다. 따라서 주자학은 리理의 학문, 양명학은 마음心의 학문이 되는 것이지요.

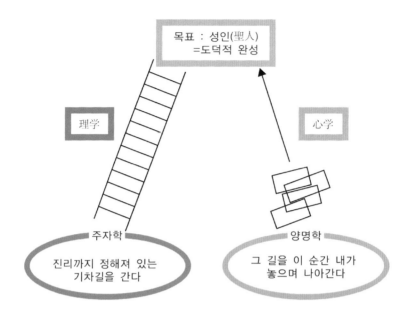

마지막으로 양명의 말을 언급하는 것으로 오늘 강의는 마치 도록 하겠습니다.

한 제자가 양명에게 "온 세상에 '마음 밖에 사물이 없다' 고 하셨는데, 깊은 산 속에서 저절로 피고 저절로 지는 이 꽃은 내 마음과 무슨 관련이 있습니까?"라고 질문하 였다. 양명은 이렇게 대답하였다. "그대가 아직 꽃을 보 기 전에는 꽃과 그대 마음이 모두 고요함(寂)으로 돌아 가 있었다. 그대가 꽃을 보았을 때, 꽃의 형상이 비로소 그대 앞에 나타났다. 그러므로 이 꽃이 그대의 마음 밖에 존재하는 것이 아니다."
一友指岩中花樹問曰, 天下無心外之物, 如此花樹, 在深山中自開自落, 於我心亦何相關. 先生曰, 你未看此花時, 此

花與汝心同歸於寂. 你來看此花時, 則此花顏色一時明白起
來. 便知此花不在你的心外.

『傳習錄・下』

　양명의 이 말은 오직 마음만 존재하며 마음 밖에는 사물이
존재하지 않는다는 의미가 아니라, 내 마음과 연관되지 않은
완전히 객관적인 사물은 존재하지 않는다는 뜻입니다. 김춘수
시인이 그 유명한 '꽃'이란 시에서 노래한 것이 바로 이러한
상황이지요.

　　내가 그의 이름을 불러주기 전에는
　　그는 다만
　　하나의 몸짓에 지나지 않았다
　　내가 그의 이름을 불러주었을 때
　　그는 나에게로 와서
　　꽃이 되었다.

생 각 해 보 기

1. 주자와 양명은 『대학』의 '격물치지格物致知' 구절을 어떻게 해석
   했나요? 두 사람의 해석의 차이가 두 사상의 어떤 차이를 나타낸
   다고 생각하십니까?
2. 주자학과 양명학의 차이를 친구에게 하듯 간단히 설명해 주세요.

제17강

도는 행하는 일이 없어서
행하지 못하는 일이 없다

道無爲而無不爲

그동안 동양 전통 사상의 주류라고 할 유학 사상의 흐름에 대해 대략이나마 살펴보았지요. 지난 시간부터 우리는 '유불도 儒佛道 유학, 불교, 도가'라고 불리우는 3가지 대표적인 전통 사상 중 하나인 도가道家 사상에 대해 알아보고 있는 중입니다. 유학을 공자·맹자 사상이라는 뜻으로 공맹 사상이라고 부르는 것과 마찬가지로, 도가 사상은 노자·장자 사상이라는 뜻으로 노장 사상이라고 부릅니다. 유학이 선진 시기 여러 사상들 중 하나로 시작하였지만 결국 주류의 위치를 차지하였다면, 도가 사상은 선진 시기 사상 중의 하나로 시작한 것은 같지만 동양 전통 사회에서 한 번도 주류 사상의 위치를 차지한 적이 없이 유학 뒤에 숨은 그림자와 같이 '숨어있는 사상'이라고 할 수 있습니다. 그러나 도가 사상은 우리 전통적 사유에 미친 영향을 지대합니다. 흔히 동양인의 정신 성향을 말할 때 우리는 '양유 음도陽儒陰道'라는 표현을 씁니다. "겉으로는 유학을 내세우지만, 속으로는 도가 사상을 신봉한다"는 의미이지요. 의식적인 사고로는 인의 실현이라는 유학을 받아들이지만, 자신의 내면

깊이 무의식의 세계에서는 오히려 도가적 사유가 힘을 발휘하고 있다는 것입니다. 실제로 중국 뿐 아니라 우리나라에서도 도가의 경전이라고 할 노자 『도덕경道德經』과 장주의 『장자莊子』를 무척 많이 읽었습니다. 예를 들어 우리나라 조선 시대는 주자학이 사회의 주류 사상으로 자리잡았을 뿐 아니라 주자학 이외의 모든 사상에 대한 강박적 마녀 사냥이 이루어지던 시대였습니다. 주자와 다른 방법, 예컨대 양명학적 해석, 아니 주자와 조금만 다른 경전 해석만 해도 '사문난적斯門亂賊'으로 몰려 죽임을 당하던 사상적 억압의 시대에, 유학도 아닌 노자나 장자 사상을 신봉한다면 어떤 일이 벌어질지 설명하지 않아도 상상할 수 있겠지요. 따라서 『도덕경』과 『장자』는 당연히 이단으로 배척당하였고, 유학자라면, 사회의 구성원이라면 누구도 아무 관심을 가지지 않을 것이라고 생각할 수 있습니다. 그러나 흥미롭게도 두 책은 우리나라 조선 시대 최고의 베스트셀러였습니다. 특히 『도덕경』은 유학의 철학에 비길 웅대한 우주론 철학을 제기하였기에 특히 많은 사상가들의 관심을 받았습니다. 당시 유학자들은 겉으로는 사서삼경을 읽었지만, 자기 서재의 골방에 이 『도덕경』이나 『장자』 한 권 숨겨놓지 않은 사람이 없다는 것은 누구나 아는 비밀이었습니다.

전통 사회에서는 한 유파를 대표할 정도로 큰 사상가에게는 그의 성에 '자子, 선생님'이라는 존칭을 붙여서 불렀습니다. 후대의 제자들은 예컨대 공구 孔丘공짱구는 공자孔子 공 선생님라고, 맹가孟軻 맹수레대는 맹자孟子 맹 선생님라고, 주희朱熹는 주자朱子

주 선생님라고 존경의 염을 담아서 부르고는 했습니다. 『논어』에서 "선생님께서 말씀하셨다"는 뜻의 '자왈子曰'은 선생님이라는 보편어가 바로 공자를 지칭하는 것으로 표현하기까지 했지요. 그러면 도가 사상의 창시자라고 할 수 있는 노자老子 늙은 선생님는 노 씨 성을 가진 선생님이라는 뜻일까요? 아니요. 우리는 노자에 대해 아는 것이 거의 없습니다. 노자는 춘추시대 말부터 전국 시대 초기BC 570-479년 경 무렵에 살았던 인물로 알려져 있습니다. 그에 대해 구체적으로 아는 것이 없어서 그냥 지혜가 깊은 한 노인, 나이든 선생님이라는 뜻으로 노자, 즉 늙은이라고 부르고 있는 것입니다. 지혜가 깊어서 그는 태어날 때부터 백발로 태어났기 때문에 노자라는 이름이 붙었다고 보는 사람도 있지만, 그건 좀 아닌 것 같지 않나요? 사마천의 『사기』 기록에 따르면, 그는 공자와 동시대 사람으로서 은둔하여 살던 지식인이었고, 한때 주 나라 황실 도서관장을 지낸 적이 있으나 그 도서관 책들을 다 섭렵한 뒤에는 어디론가 표표히 떠나서 알 길이 없게 되었다고 합니다. 그가 표표히 떠나던 날, 그의 지혜를 알아본 주 나라 수도 문지기의 간청으로, 하룻밤새 후대 사람들에게 남길 철학서를 집필하였다고 하는데, 얼마나 그 책에 정성을 다 썼던지 하룻밤 사이에 그의 머리가 하얗게 새었다는 에피소드도 전해오고 있습니다. 그 책이 바로 『도덕경道德經 도와 덕에 대한 에세이』입니다. 그러나 현대 학자들의 연구에 의하면 이 책은 한 사람이 한 시기에 쓴 것이 아니라, 몇백년에 걸려 조금씩 달라지며 많은 사람들의 손길이 닿아 편집된 책이라는 점이 밝혀졌습니다. 노자 한 사람의 저서가 아니라 많은 도가 사상가들의 집약서라고 할 수 있다는 뜻입니다.

『사기』에는 또한 노자가 공자의 스승이고, 공자가 모르는 일이 있을 때면 노자에게 질문하고 배웠다는 기록이 남아 있습니다. 이 기록을 근거로 공자보다 노자가 더 위대하고, 도가 사상이 유학보다 더 높은 철학이라고 주장하려는 사람들이 있습니다. 그러나 이러한 주장은 도교가 유학보다 더 위대한 사상임을 주장하려는 의도에서 나온 것이라고 볼 수 있습니다. 심지어 노자가 표표히 떠나서 간 곳이 이스라엘이고, 그곳에서 예수를 만나서 가르쳤다고 주장하는 사람도 있습니다. 이러한 말도 안 된다고 여겨지는 주장 역시 같은 의도, 즉 도교가 기독교보다 더 위대하다고 주장하고 싶은 마음에서 나온 것입니다. 우습게 생각되지요? 그러나 이러한 예들은 철학 사상 분야에서 드문 일이 아닙니다. 예컨대 예수가 마리아와 요셉, 또는 마리아와 어느 이름 모를 연인과의 사이에서 나온 자식이 아니라, 동정녀 마리아에게 성령이 잉태해서 태어났다는 주장은 더 놀라운 주장이 아닙니까? 이러한 주장이 나온 것은 너무 분명한 의도에서였지요. 예수가 평범한 인간이 아니라 신의 아들임을 주장하고 싶은 의도에서였을 것입니다. 이러한 주장들은 황당하게 느껴지기도 하지만 매우 진지한 의도에서 나온 것임을 우리는 부정할 수 없을 것입니다. 노자의 행적에 대한 설명 역시 마찬가지입니다. 또한 『사기』는 공자의 활동 시기인 춘추 시대나 노자가 살았던 전국 시기보다 수백 년이나 뒤인 전한前漢

시기에 쓰여진 책이므로, 그 기록 내용을 전적으로 믿기는 어렵습니다. 단지 노자의 활동 시기를 추측해볼 수 있는 중요한 단서가 『도덕경』에 나오는데, '불인不仁'이라는 반反 유학적인 용어가 등장하고 있기 때문입니다. "하늘과 땅은 인하지 않다 天地不仁"는 구절이 그것입니다. 아, 도가 사상은 얼마나 위대한 철학인지 모릅니다. 이 한 귀절에서 유학 사상 전체를 뒤집어 엎을 강력한 힘이 느껴지는군요. 유학 경전인 『중용』에서 우리는 유학자 한 사람이 자기 마음을 잘 잡으면 우주 만물 전체가 제 자리를 잡고 풍요로와질 것이라는 구절을 본 적이 있지요. 그러나 도가의 입장에서 보면 그것은 인간을 우주 중심에 놓고 생각하는 인간 중심주의의 희망 사항일 뿐이고, 이 우주는 결코 인간 마음대로 움직이거나 인간이 중요하다고 생각하는 인仁으로 요약할 수 없는 세계입니다. 이 우주 자연은 인仁하지 않고 무심하게 자신의 질서에 따라 작동할 뿐입니다. 스스로 가지고 태어난 모습으로 살아가며 인위적이고 의도적인 행위를 하지 않습니다. 이를 자연무위自然無爲라고 부릅니다. 그리고 이 작동의 메커니즘을 뭐라고 부를 수 없어서 그저 '우주의 길', 즉 도道라고 부르고, 이러한 사고를 도가道家라고 부르는 것입니다. 그런데 『도덕경』에서 인仁에 대한 안티, 반대가 나올 수 있는 것은 그 이전에 이미 인 개념이 존재하고 있었다는 것을 시사하는 것이 아닐까요? 인 사상이 없는데 어떻게 인에 대한 반대가 있을 수 있겠습니까? 이것은 독재가 없는데 반독재라는 주장이 의미를 지닐 수 없는 것과 마찬가지입니다. 따라서 적어도 노자의 활동 시기가 공자보다 앞선다는 주장은 설득력이 떨어집니다. 노자는 공자보다는 후대의 사상가입니다. 사람들이 아무리 인이라는 거대한 이념을 제시하고 그것이 위대한 인간의 길이라고 주장하더라도, 우리는 그 인이라는 이념, 이데올로기에 이용당하지 말고 더 근원적인 우주의 길을 찾아서 그에 따라 살아가야 한다는 것이 이 불인不仁의 뜻입니다.

이제 『도덕경』 1장을 한번 읽어보기로 하지요. 이 장은 대단히 유명한 구절이고, 한번 읽어보면 이 책이 여타의 다른 동양 고전과 달리 얼마나 철학적이고 정제된 언어로 쓰여진 글인지를 금방 알게 될 것입니다. 실제로 『도덕경』은 현재 500종이 넘는 영어 번역본이 있는데, 그만큼 서양인들이 특히 좋아하는 고전으로 알려져 있습니다. 다이아몬드처럼 빛나는 지혜의 서라고 해서 '다이아몬드 경전'으로 불리면서 말이지요.

> 도道를 어떤 도라고 말할 수 있으면, 항상된 도가 아니다.
> 이름을 어떤 것이라고 이름부칠 수 있으면, 항상된 이름이 아니다.
> 이름부칠 수 없는 것이 우주의 시작이고, 이름부치는 것은 만물의 어머니이다.
> 그러므로 항상 무욕함으로써 그 신묘함을 보고,
> 항상 욕망함으로써 그 비밀을 본다.
> 이 두 가지는 같은 곳에서 나왔으나 명칭이 다르고, 똑같이 현묘하다고 부른다. 현묘하고 또 현묘하니, 뭇 현묘함의 문이다.

> 道可道, 非常道. 名可名, 非常名.
> 無名, 天地之始, 有名, 萬物之母.

故常無欲, 以觀其妙. 常有欲, 以觀其徼.
此兩者, 同出而異名, 同謂之玄. 玄之又玄, 眾妙之門.

『道德經』第1章

The way that can be spoken of / Is not the constant
way.
The name that can be named / Is not the constant
name.
The nameless was the beginning of heaven and earth.
The named was the mother of the myriad creatures.
Hence always rid yourself of desires in order to observe
its secrets.
But always allow yourself to have desires in orther to
observe its manifestations.
These two are the same
But diverge in namw aw they issue forth.
Being the same they are called mysteries,
Mystery upon mystery,
The gateway of the manifold secrets.

　상당히 난해하고 어렵게 생각되지요?『도덕경』의 이 첫 장은
『논어』에서 "어디 놀러갈 때는 반드시 부모님께 알리고 가라"고
한 말들과는 아주 차원이 다른 것처럼 보입니다. 이 책은 우선
언어의 한계성부터 지적하는 것으로 시작합니다. 우주의 참된
도를 인간의 언어로 규정하는 것 자체가 불가능하다는 것이지
요. 우주의 도 뿐 아니라 삶의 진실한 순간들, 아니 이 세상 모
든 것은 언어로 완벽히 커버되지 않습니다. 그냥 부분적인 것
만을 표현할 수 있을 뿐이고, 진짜 내용은 언어로 표현되지도

전달될 수도 없다고 보는 것입니다. 예를 들어 연인들이 "나는 너를 사랑해"라고 말할 때를 생각해보지요. '사랑한다'는 말이 그 연인들의 심리적 진실을 얼마만큼 표현할 수 있는지는 차치하고라도, 우리가 사랑을 말로 표현하는 때는 사실은 완전한 사랑이 두 사람 사이에 온전히 자리잡고 있는 때가 아니라 사랑이 깨지려고 하거나 오히려 불완전할 때가 아닌가요? 여러분의 연애 경험으로 이 정도는 알 수 있지요? 여러분의 경험대로라면 연인에게 사랑한다고 하는 말은 위기를 모면하려는 순간에 더 활용도가 높을 것입니다. 로댕의 '키스'라는 조각품에서와 같이 완벽한 사랑이 두 사람을 감싸고 있을 때는 언어가 필요없는 것이지요. 즉 우리가 사랑할 때는 사랑한다는 말이 필요없습니다. 언어는 부분만을 표현하므로 오해의 소지가 언제나 존재합니다. 불교에서는 도가의 이러한 언어관에서 더 나아가 진리의 파악은 "언어의 길이 끊기고, 사유하거나 논의할 수 없는 때 언어도단言語道斷, 불가사의不可思議"에만 가능하다고 말하고 있습니다. 모든 언어는 달 그 자체가 아니라 달을 가리키는 손가락에 불과하기 때문입니다. 우리는 손가락이 아니라 손가락이 가리키는 달을 바라보아야 합니다. 노자의 첫 구절은 바로 이와 같은 이야기를 하고 있는 것입니다.

노자 사상을 한 마디로 표현하자면 "통나무 상태로 되돌아가고 참된 상태로 귀결하면, 무위하지만 모든 것이 잘 다스려진다 반박귀진反樸歸眞, 무위이치無爲而治"는 주장일 것입니다. 이때 '통나무樸'는 산에서 베어내서 아무 손질도 가하지 않은 원목 그대로를 가리키는 단어로서, 인간의 참된 상태眞와 동일시된 단어입니다. 한마디로 모든 의도적이고 인위적인 행위를 배제하고 그가 가지고 태어난 본성 그대로의 상태를 의미합니다. 우리는 바로 통나무 상태로 살아야지, 거기 대패질하고 색칠하고 꾸미는 그런 외부적이고 인위적인 가식을 더하지 말자는 주장입니다. 아무리 좋다고 선전하더라도 인간이 가하는 모든 인위적이고 의도적인 행위는 그것이 가진 도道를 오히려 방해하는 역할만 할 뿐이라는 것입니다. 예컨대 유학의 인仁이 아무리 훌륭한 의미를 갖고 있어도, 그러한 인위적이고 의도적인 이념은 오히려 도를 방해해서 모든 것이 잘 다스려지는 상태에 도달할 수 없게 만듭니다. 그래서 노자는 '불인不仁'을 주장했던 것이지요. 도는 행하는 일이 없지만 행하지 못하는 일이 없다 도무위이무불위 道無爲而無不爲는 의미입니다. 그리하여 노자는 인간을 자유롭고 번영하게 한다고 선전되는 각종 이념과 사상이 사실은 인간을 부자유스럽게 하고 파괴시킨다고 비판합니다. 그러니 당연하게도 "성인됨을 끊어버리고 지혜를 버려라" 절성기지 絕聖棄智, "인을 끊어버리고 정의를 버려라 절인기의 絕仁棄義", "교묘함을 끊어버리고 이익을 버려라 절교기리 絕巧棄利"는 주장이 나오게 됩니다. 아무리 멋있게 포장되어 있더라도 인위적이고 의도적인 모든 것들은 포장일 뿐 본래의 바탕을 어지럽히고 도를 실현하지 못하게 한다는 것이지요. "위대한 도가 사라진 뒤에 인의仁義가 나왔고, 지혜가 나온 뒤에 큰 거짓이 등장하였다. 육친이 불화하고나서 효와 자애로움이 등장하였고, 국가에 분란이 일어나고나서 충신이 나왔다"는 것입니다.

노자는 학문을 끊어버리면 아무 근심도 없을 것 절학무우絕學无憂이라고 말하며, 자신의 심정을 다음과 같이 말합니다.

> "나 혼자 조용하구나, 아무 것도 드러내지 않는다. 혼돈
> 스러워 보이는구나, 아직 웃는 것도 배우지 못한 갓난아
> 기와 같다. 축 처져 있구나, 돌아갈 곳이 없는 것 같다.
> 사람들은 다 넉넉한데, 나만 홀로 부족한 듯하다. 나는
> 어수룩한 마음을 가졌구나, 우매하고 또 우매하다! 세상
> 사람들은 분명한데, 나만 홀로 어둑하구나. 세상 사람들
> 은 자세히 살피는데, 나만 홀로 어눌하구나. 고요하고도
> 깊어서 마치 바다와 같다. 바람결 같아서 어디에도 매임
> 이 없다."

여기에서 나오는 '조용하다', '혼돈스럽다', '어린아기 같다', '부족하다', '어리석다', '우매하다', '어둑하다', '어눌하다' 등은 모두 도를 나타내는 긍정적인 표현들입니다. 도가에서 성인聖人으로 생각하는 인간상은 우주 만물에 인을 실현하는 위대한 인물이 아니라, 아직 선악 구분도 못하는 젖먹이 어린아기입니다. 이 어린아기는 인위적인 사상과 문명의 영향을 아직받지 않았기 때문에, 자신이 가지고 태어난 본성을 어그러뜨리지 않고 그대로 살 수 있기 때문입니다. 배고프면 먹고 추우면울고 하는 이 어린아기는 배고픈데도 예의를 지켜야 해서 윗사람에게 자기 것을 양보하는 위선을 저지르지 않고, 추우면 울고 따뜻하면 웃을 뿐 자기를 덮어주는 담요가 명품인지 아닌

지, 자신의 계급에 맞는 색과 크기의 담요인지에 대해서는 아무 관심도 없을 것입니다. 외부에서 주어지는 가치 판단을 배제하고 오직 자신의 본성만을 따라 사는 그러한 인간상을 성인으로 보고 있는 것이지요. 특히 여기의 '혼돈' 개념은 아직 가치적인 판단이 이루어지고 있지 않은 원융의 상태를 표현하는 말로서, 도가 사상에서는 매우 중요한 용어입니다. 노자의 후계자인 장자는 가장 이상적인 인간의 상태를 상징하는 표현으로 특히 이 '혼돈' 개념을 중시하였습니다.

사실 노자가 활동하였던 전국 시대 초엽은 주 나라가 쇠락해서 계급 질서가 밑바탕부터 흔들리던 혼란의 시대였습니다. 노자가 '무위無爲' 개념을 말했을 때는 분명히 정치적인 의미가 그 속에 함유된 것이었을 것입니다. 노자는 우주 만물이 모두 도道에서 시작되고, 도는 우주 자연의 법칙이자 우주를 구성하는 궁극의 원소이기도 하다고 보았습니다. 그것은 우주의 근원적인 '무無', 무규정성을 표현하는 말이기도 합니다. 그리고 이 도가 우주의 모든 구체적인 존재자들에게 갖추어져서 생기는 특성들을 '덕德'이라고 부릅니다. 『도덕경』은 따라서 '우주의 근원과 거기에서 파생된 만물의 특성'이라는 의미라고 할 수 있습니다. "도에서 만물이 생겨난다"道生萬物는 말은 우주의 상이하고 구체적인 존재자들이 동일한 도에 근원을 두고 생겨난 것이므로, 당연히 동일한 가치를 가지며 따라서 평등한 존재들이라는 주장입니다. 이는 봉건 계급 구조를 정면으로 비판하는 정치 사상입니다. 나무 한 그루가 땅에 뿌리를 박고 있다고 생각해봅니다.다음 그림 큰 줄기, 작은 줄기들, 그리고 크고 작은 수많은 나뭇잎들은 바로 이 뿌리와 대지의 힘에서부터 생겨난 파생물들이고, 모양이 다르고 기능이 다르다고 해도 동일한 뿌리와 대지의 자식들이기에 가치적인 면에서 차이를 가질 수 없습니다. 이는 "손가락 깨물어서 안 아픈 손가락이 없다"는 부모의 사랑에 비유해볼 수 있겠지요. 이 평등 사상이 후대로 가면서 도가 사상이 민중 종교인 도교道教로 발전해가는 근본적인 이유라고 할 수 있습니다. 도교 사상의 핵심은 봉건주의 계급 질서를 정면으로 부정하는 것입니다. 우리는 『도덕경』과 『장자』에서 민중의 평등을 향한 염원과 그 평등의 철학적 전제를 찾아볼 수 있습니다.

한 나무의 잎새들은 각각 햇볕을 받는 위치와 뿌리로부터의 거리 등 외부 환경에 따라 그 모습도 조금씩 다르고 초록색이나 밝기도 다를 수 있습니다. 그러나 그렇다고 해서 그 잎새의 크기나 밝기가 그 잎새의 차별적 가치를 합리화하는 근거가 될 수 있을까요? 하물며 부모가 어떤 계급적 위치에 있는가가 그 자식의 삶의 모든 것을 제한하고 한정하는 이데올로기를 노자는 어떻게 그대로 받아들일 수 있었겠습니까? 그것이 인仁이든, 세계 평화든 그 어떤 그럴 듯한 이념이라도 그렇지요. 그래서 도가는 모든 보편적 이념을 부정하고, 자기 속의 본성, 우주의 도가 나에게 나타난 그 특성대로 살아갈 것만을 주장하는 것입니다. 이러한 삶에는 외부의 판단이 영향을 미칠 수 없습니다. 그저 자기가 가지고 태어난 본성 그대로 살아갈 것을 말할 뿐

* "道生萬物" (도가만물을 낳는다)

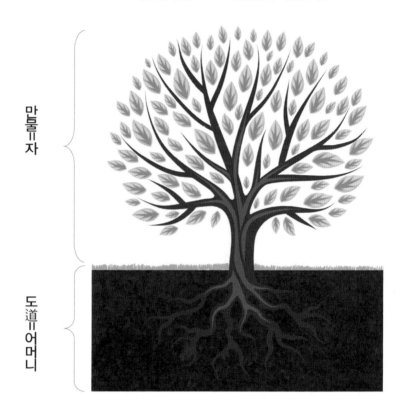

만물＝자

도 道 ＝ 어머니

입니다. 도가 사상은 그래서 반反 문명·반反 사회적 정치 사상
이기도 한 것입니다. 문명이 우리 인간을 행복하게 해주지 못
하고, 거대한 국가 조직이 우리에게 준 것은 세금과 전쟁, 그리
고 평화의 파괴일 뿐입니다. 따라서 현대에도 도가 사상은 문
명 비판론, 또는 무정부주의, 그리고 환경 문제의 사상적 바탕
으로 기능할 수 있습니다. 그들은 '작은 나라에 적은 수의 국
민'소국과민 小國寡民의 정치를 말하였지요. 시골에 가면 우리가

만나는, 서로 혈연 관계로 얽힌 수십 채의 작은 집들이 옹기종기 모여 사는 그런 작은 마을이요. 이 나라에서 개가 짖으면 이웃나라에서 개짖는 소리가 들리는 작은 마을, 국가는 그 정도 크기면 충분하다고 보았습니다. 우리는 왜 이런 비판이 나왔는지를 쉽게 추측해볼 수 있습니다. 노자가 활동한 전국 시대는 제후국들이 8강국들로 병합되고 마지막 한 나라로 통일되기까지 서로 죽고 죽이는 전쟁이 끊이지 않던 시기였기 때문이지요. 길에 죽은 시체가 즐비하고 죽은 사람들의 피가 강처럼 흘러서 절굿공이가 그 피에 둥둥 떠있기까지한 그런 모습이요. 인간의 생명이 값없이 사라지는 그런 시기에 인이 무엇이고 세계 평화가 무엇이며 강대국이 무엇입니까? 한 사람의 생명의 값에 비하면 그 모든 것들은 한갓 겉치레에 불과하고 아무 의미없는 것이 아닐까요?

그런 의미에서 도가 사상은 한 마디로 생명 중시 사상이라고 요약할 수 있습니다. 내가 갖고 태어난 내 본성대로, 내가 누리게 될 수명대로 살다가, 자연에서 나서 자연으로 돌아가는 것, 그런 자연스러운 삶을 지향한 사상입니다. "인위적이고 의도적으로 무슨 일을 하지 말라. 그럴 때 참으로 못하는 일이 없게 되리라"無爲而無不爲는 말이 노자가 우리 문명에, 우리 사회에 주는 강력한 메시지입니다.

1. '무위이무불위無爲而無不爲'의 의미는 무엇입니까?

2. 노자는 왜 공자의 인仁 사상을 반대하였을까요?

3. 도교의 평등 사상의 철학적 근거를 노자 사상에서 찾아서 설명 해주세요.

제18강

장주가 나비 꿈을 꾼 것인가, 나비가 장주 꿈을 꾼 것인가

周之夢爲胡蝶, 胡蝶之夢爲周與

장자로 불리는 장주莊周, B.C.369-286는 노자와 함께 도가 사상의 대표적인 사상가로서, 전국 시대 말엽에 활동하였습니다. 초 나라 위왕이 장주를 재상으로 삼고자 초빙하였지만 거절하였다는 일화가 남겨져 있지요. 물론 그는 도가 사상가답게 평생 벼슬을 하지 않았습니다. 장주의 저서로 이제 우리가 읽어볼 『장자』 33편이 있지만, 후대 학자들의 연구에 의하면 내편 7편만이 장주의 저술이고 나머지 외편, 잡편은 오래 시간에 걸쳐 후대 많은 사람들이 기록한 것들을 편집한 것이라고 합니다. 읽어보면 알겠지만 『장자』는 철학서라기보다는 우화집이라고 해도 좋을 정도로 다른 사상서들과 성격이 다릅니다. 현대인들에게 가장 추천할 고전으로 많이 추천하는 걸 여러분도 보신 적이 있을 것입니다. 장자 사상은 위진 시대 현학玄學과 산수화 등 동양 미학의 사상적 기반이 되었고, 남북조 시대 불교 반야학般若學과 당 나라 시대 선종禪宗의 형성에 큰 영향을 주었습니다. 당 현종은 장자에게 '남화진인南華眞人'이라는 호를 추증하였고, 그 이후 『장자』는 『남화진경南華眞經』이라는 이름으로 널리 읽혔습니다. 송명대 성리학 역시 유학을 내세우고 있지만, 사상적으로 장자 철학을 많은 부분 수용하였습니다. 우리 나라 유학자들도 많이 읽었던 것 같습니다.

장자에서 중요한 개념 중 하나인 '혼돈混沌'에 대해 언급한 부분을 먼저 읽어보기로 할까요.

> 남쪽 바다의 임금은 숙이라고 하고, 북쪽 바다의 임금은 홀이라고 하고, 중앙의 임금은 혼돈渾沌이라고 불렀다. 어느 날 숙과 홀이 함께 혼돈이 있는 곳을 방문하였다. 혼돈은 그들을 아주 잘 대접하였다. 숙과 홀은 혼돈의 호의에 어떻게 보답하면 좋을까 상의하며 말하였다. "사람들은 모두 7개의 구멍이 있어서, 그것으로 보고 듣고 먹고 숨을 쉰다. 혼돈은 유독 구멍이 없으니, 뚫어주기로 하자." 날마다 혼돈에게 구멍 한 개씩을 뚫어주었는데, 7일째 되는 날 혼돈은 죽었다.
>
> 南海之帝爲儵, 北海之帝爲忽, 中央之帝爲渾沌. 儵與忽, 時相與遇於渾沌之地. 渾沌待之甚善. 儵與忽謀報渾沌之德, 曰, 人皆有七竅, 以視聽食息, 此獨無有, 嘗試鑿之. 日鑿一竅, 七日而混沌死.
>
> 『莊子·應帝王』

여기에서의 '혼돈'은 우리가 흔히 쓰는 혼돈스럽다, 분명하지 않다는 뜻이 아니라, 분별하지 않고 비판하지 않는다, 모든 것을 수용하고 긍정한다 등 무의식의 무분별함에 가까운 의미입니다. 여기에서 무분별하다는 건 부정적인 의미가 아니라 대단히 긍정적인 의미입니다. '분별한다'는 건 우리가 만사 만물을 판단하고 가치를 매기고 순위를 매기며 비교한다는 의미이기 때문입니다. '무분별하다'는 것은 만사 만물이 모두 도道에서 생겨난 것이므로, 그들 사이의 분별과 차등적인 사고가 무의미하다는 것을 알고 만물을 모두 평등하게 보는 사고입니다. 분별적인 사고는 한 나무의 나뭇잎들이 서로 잎의 크기, 색, 위치에 따라 자신이 더 잘났다고 뽐내거나 열등감을 가지는 것과 다를 바 없습니다. 잎새들 모습에 차이가 난 것은 우연히 햇볕이 얼마나 비치고 어떤 토양에 심어져 있는가에 따라 다를 뿐, 그러한 외형의 차이가 잎새들의 가치를 결정하는 것은 아닙니다. 인간에게는 갑-을이 없습니다. 우리는 모두 우주의 도道의 자식들이기 때문입니다. 이처럼 '혼돈'은 무분별, 무비판이며, 모든 것을 수용하고 긍정하는 무의식의 무분별함으로서, 이러한 사고 자체가 계급 제도를 바탕으로 한 봉건주의의 해체를 해체합니다. 봉건주의야말로 철저한 분별적 사고와 계급의 차이에 바탕을 둔 제도이자 사상이기 때문입니다. 장자의 혼돈은 민주주의의 핵심이며, 모든 불평등함과 계급 차별을 소멸시킬 수 있습니다. 이러한 혼돈의 자세를 바닥에 깔고 자유롭게 사는 삶, 장자는 그러한 마음의 절대적 자유로움을 '소요의 경지' 逍遙= 소풍, 여행라고 부릅니다. 이렇게 마음의 절대적인 자유 속에서 지내는 것을 『장자』의 한 편명이기도 한 '소요의 경지에서 노닐다'소요유 逍遙遊라고 부릅니다. 우리 모두는 소요유하면서 살고 싶습니다. 한 인간을 제한하는 이데올로기의 틀에 갇혀서 정해진 길을 따라 걷는 것이 아니라, 내 속의 도道, 내가 가지고 태어난 본성의 실현에 따라서 살고 싶습니다. 이 우화에서 혼돈에게는 원래 구멍이 하나도 없었는데, 주변에서 매일 하나씩 뚫어주는 구멍 때문에 결국 그는 죽음이라는 비극적인 상황에 이르게 되었다고 묘사하고 있습니다. 혼돈 말고 모두가 가졌다는 7개의 구멍은 무엇일까요? 눈구멍 2개, 귓구멍 2개, 콧구멍 2개, 입구멍 1개, 우리의 7개 감각 기관입니다. 감각 기관이 있어서 눈으로 보고 귀로 듣고 코로 냄새맡고 입으로 먹으면서 우리는 감각 대상에 대한 분별을 시작하고, 결국 축복같은 무분별을 잃어버리게 되지요. 그것이 바로 혼돈의 죽음입니다. 질서와 합리성의 이름으로 우리에게 강요되는 분별은 오히려 진정한 삶을 살지 못하게 하고 죽음을 가져오며, 일견 무질서하고 모호해보이는 혼돈이 우리의 생명력을 살아있게 하고 진정으로 살아갈 수 있게 합니다. 이것이 장자가 이 우화를 통해 우리에게 전해주는 메시지입니다. "질서는 아름답다"는 상식적 세계관에 대하여 장자는 아니, "혼돈이 아름답다"고 합니다. 질서정연한 인생과 사회는 진정한 삶이 아니라는 것, 이 질서를 떠나 자기 본성에 바탕한 삶을 살아야 한다는 것, 이것이 장자가 우리에게 주는 메시지인 것입니다.

또다른 유명한 장자의 우화를 읽어볼까요? '나비의 꿈'이라는 유명한 내용인데, 너무도 유명해서 경제 이론으로도 차용되고, 오페라와 뮤지컬로도 만들어진 것으로 알고 있습니다.

옛날에 장주가 꿈에 나비가 되었다. 펄럭펄럭 경쾌하게

잘도 날아다니는 나비였는데 스스로 유쾌하고 만족스러워서 자기가 장주인 것을 알지 못했다. 얼마 있다가 화들짝 꿈에서 깨어 보니 갑자기 장주가 되어 있었다. 모르겠다. 장주가 나비 꿈을 꾼 것인지, 나비가 장주 꿈을 꾼 것인지? 보통은 장주와 나비가 분명한 구별이 있으나, 장주가 나비가 되고 나비가 장주가 되는 것, 이것을 만물의 변화(物化)라고 부른다.

昔者莊周夢爲胡蝶, 栩栩然胡蝶也, 自喩適志與, 不知周也. 俄然覺, 則蘧蘧然周也. 不知周之夢爲胡蝶, 胡蝶之夢爲周與. 周與胡蝶, 則必有分矣. 此之謂物化.

『莊子·齊物論』

Once I, Chuang Chou, dreamed that I was a butterfly and was happy as a butterfly. I was conscious that I was quite pleased with myself, but I did not know that I was Chou. Suddenly I awoke, and there I was, visibly Chou. I do not know whether it was Chou dreaming that he was a butterfly or the butterfly dreaming that it was Chou. Between Chou and the butterfly there must be some distinction. But one may be the other. This is called the transformation of things.

이 아름다운 이야기를 어떻게 설명해야 할지 모르겠습니다. 이것은 나와 너, 나와 만물 사이의 근원적인 경계를 무너뜨리는 사상이기 때문입니다. "내가 장주인데 나비 꿈을 꾼 것인지, 내가 나비인데 장주 꿈을 꾸고 있는 것인지, 모르겠다"는 고백에 대하여 "너는 장주야" 아니면 "너는 나비야"라는 대답이 어디에서도 들려오지 않습니다. 이러한 상황에서는 단지 내가 장주임을 선택하고 내가 나비임을 선택하는 것밖에는 다른 길이 없습니다. 내가 나비이고 나비가 나인 혼돈의 세계, 내가 너이고 네가 나인 하나됨의 세계. 이 아름다운 세계를 우리는 생애 중 단 한번이라도 느낄 수 있을까요? 이 애매한, 몽환적인 세계는 당연히 예술과 연결될 수밖에 없고, 그래서 동양에서 『장자』는 예술 정신과 연관되어 발전하게 되었습니다. 서예, 산수화, 문인화 등 동양의 많은 예술 장르들은 『장자』에 그 예술 정신을 기대고 있습니다. 그리고 이 '나비의 꿈'은 도가의 궁극의 이상을 표현하는 우화가 되었습니다. 지금은 돌아가신 현대음악 작곡가 윤이상 선생의 인터뷰를 신문에서 본 적이 있는데, 자신의 음악 세계의 목표를 장자의 '소요유'의 경지라고 말한 것을 보고 깜짝 놀랐습니다. 윤이상 선생은 서양 현대음악 기법을 통한 동아시아적 이미지의 표현이라는 평을 받은, 현대음악 작곡 분야에서는 세계에서 몇 손가락 안에 꼽히는 분입니다. 정치적인 이유로 독일에 귀화하였고, 한국을 방문하지 못하는 수십 년의 시간들이 이어졌지요. 지금은 고향인 통영에 묻혀 계시지만, 사상적 문제 때문에 아직도 그곳에는 반대가 극심하다고 합니다. 장자의 이 나비의 꿈 귀절을 차용하여 쓴 곡 '나비의 꿈'은 그가 감옥에 있을 때 작곡하였다고 합니다. 1972년 뮌헨올림픽 개막축하 오페라인 '심청'과 광주 민주화운동을 작품화한 '광주여 영원하라' 등의 작품들이 있습니다. 기회가 된다면 여러분은 통영 음악당도 가보고 그의 음악을 들어

보았으면 좋겠습니다. 저는 광주 민주화운동에서 분신한 사람들의 넋을 추모한 '화염 속의 천사와 에필로그'라는 곡을 통영 국제음악제에서 들은 일이 있습니다. 윤이상과 루이제 진저와의 대담집 『상처입은 용』이 있는데, 인터넷 서점에 들어가보니 아직도 팔고 있더군요. 기말고사 끝나고 심심할 때 한번 읽어보기를 권해드립니다. 인용문 마지막 부분을 보면, 보통은 나와 네가 분명히 구분되지만, 내가 네가 되고 네가 내가 되는 것 이런 상태를 '물화物化'라고 한다고 결론을 내리고 있네요. 이때 물화는 무엇을 말하는 것일까요? 물아일체物我一體, 대상과 내가 일체라는 것, 대상과 나의 구별을 잊은 상태, 뭐 이런 뜻이겠지요. 그러면 영어 번역 'the transformation of things'은 과연 물화의 제대로 된 번역일까요? 잘 모르겠습니다. 단지 이이야기가 주체와 객체, 실재와 비실재의 구분을 전적으로 거부한다는 사실만은 분명한 것 같습니다.

이러한 입장은 『장자』의 다른 구절에서 더 분명하게 나타납니다.

> 세상에는 가을 털의 끝보다 큰 것이 없고, 태산은 작다. 일찍 죽은 아이보다 장수한 사람이 없고, 수백년을 장수한 팽조는 가장 일찍 죽은 것이다. 천지는 나와 나란히 살아가고, 萬物은 나와 하나이다. 이미 하나가 되었으니, 또 무슨 말을 할 수 있겠는가?
>
> 天下莫大於秋毫之末, 而大山爲小. 莫壽乎殤子, 而彭祖爲夭. 天地與我並生 而萬物與我爲一. 旣已爲一矣, 且得有言乎.
> 『莊子 · 齊物論』

> There is nothing in the world greater than the tip of a hair that grows in the autumn, while Mount Tai is small. No one lives a longer life than a child who dies in infancy, but Peng-tsu (who lives many hundred years) died prematurely. The universe and I exist together, and all things and I are one. Since all things are one, what room is there for speech.

가을 털과 태산, 일찍 죽은 아이와 수백년 장수한 팽조에 대한 평가는 일반적인 상식과 정반대입니다. 어떤 관점을 가지면 세상에서 가을 털이 가장 큰 것이 되고 태산이 작은 것이 되며, 요절한 아이는 장수하고 팽조는 요절한 것이 되는 것일까요? 그리고 이러한 반反 상식적인 평가의 의미는 무엇일까요? 여러분 생각은 어떠세요? 이 부분은 도가의 상대주의적 인식론으로 해석할 수 있습니다. 인간의 모든 평가와 분별은 반드시 어떤 기준점에서 행해지는 것인데, 사람들은 이 기준점을 절대적인 것으로 착각하는 경향이 있습니다. 그러나 만물은 도의 입장에서는 하나이고, 도의 기준으로는 모든 것은 차이가 없이 제일齊一합니다. 만물은 본질적인 측면에서 볼 때는 아무런 차이가 없고, 도의 입장에서 균일하다는 것이지요. 현상의 일체의 차이는 상대적인 것이고 절대적인 것이 아니게 됩니다. 따라서 이런 입장에서는 가을 털이 태산보다 작지 않고 태산은 가을 털보다 크지 않을 수 있으며, 요절과 장수는 차이가 없습니다. 가을 털은 그보다 미세한 미생물의 눈으로 보면 태산보다 클 것이며, 태산은 우주 전체의 기준에서 보면 무에 가까울 정도로 작은 것이 될 것입니다. 모든 판단은 기준점을 어디에 두는가에 따라 달라지게 됩니다. 그리고 현상적인 차이는 절대적인 것이 아니라 기준점의 위치에 따라 달라지는 상대적인 것에 불과하게 됩니다. 이 상대적인 것을 절대적인 것으로 착각하고 거기에 매몰되어 있는 사람들을 장자는 정면에서 비판하고 있는 것입니다. 그리고 이러한 상대주의적 입장을 취하는 도가의 목표는 만물과 하나가 되는 것이고, 천지와 함께 공존하는 것입니다. 이러한 사고방식은 분명히 삶을 부정하는 철학이 아니지요. 도가는 이 세계를 거부하지 않으며, 그 대신 세계를 전 우주를 포함할 정도로 넓혀서 받아들이고 있습니다.

장자의 다음 구절을 보면 더 이상 설명을 보완할 필요가 없을 정도로 상대주의적 인식론이 명료하게 표현되고 있습니다.

1) 사람은 소와 양 고기, 개와 돼지고기를 먹고, 사슴은 풀을 뜯어 먹고, 지네는 뱀을 달게 먹고, 소리개와 까마귀는 쥐를 즐겨 먹는다. 이 넷 중에서 누가 올바른 맛을 아는가?

2) 암컷 원숭이를 수컷 원숭이가 자신의 짝으로 여기고, 사슴은 사슴 종류와 교미하고, 미꾸라지는 물고기와 함께 헤엄치며 노닌다. 모장毛嬙과 여희麗姬를 사람들은 미인이라고 생각하지만, 물고기는 그들을 보면 물속으로 깊이 도망하고, 새는 그들을 보면 하늘 높이 날아가고, 사슴은 그들을 보면 있는 힘껏 달아난다. 이 넷 중 누가 천하의 올바른 아름다움을 아는가?

3) 내가 살펴보건대, 인의仁義의 단서와 시비의 길이 복잡하게 얽혀서 어지럽다. 내가 어떻게 그것들을 변별할 수 있겠는가?

民食芻豢, 麋鹿食薦, 蝍蛆甘帶, 鴟鴉耆鼠. 四者孰知正味. 猨猵狙以爲雌, 麋與鹿交, 鰌與魚游. 毛嬙麗姬, 人之所美也, 魚見之深入, 鳥見之高飛, 麋鹿見之決驟. 四者孰知天下之正色哉. 自我觀之, 仁義之端, 是非之塗, 樊然殽亂. 吾惡能知其辯.

『莊子・齊物論』

Men eat vegetables and flesh, and deer eat tender grass. Centipedes enjoy snakes, and owls and crows like mice. Which of the four knows the right taste? Monkey mates with the dog-headed female ape and buck mates with the doe, and eels mate with fishes. Mao Chiang and Li

Chi were considered by men to be beauties, but at the sight of them fish plunged deep down in the water, birds sored high up in the air, and deer dashed away. Which of the four knows the right kind of beauty? From my point of view, the principle of humanity and righteousness and doctrines of right and wrong are mixed and confused. How do I know the difference among them?

인용문 1)에서 장자는 사람, 사슴, 지네, 소리개와 까마귀를 들면서 그들이 즐겨 먹는 각기 다른 식재료를 열거합니다. 그리고 이것들 중 정말 맛있는 것=올바른 맛이 무엇인가를 묻습니다. 여러분은 소고기, 돼지고기, 풀, 뱀, 쥐 중 무엇이 정말 맛있는 거라고 생각합니까? 당연히 소고기, 돼지고기이겠지요. 그러나 이는 지극히 인간 중심주의적인 판단일 뿐입니다. 당연히 사슴은 풀이, 지네는 뱀이, 소리개는 쥐가 제일 맛있는 음식이겠지요. 그런데 어떻게 인간 중심주의적인 기준 하나만으로 그것이 절대적인 판단 기준이 된다고 생각할 수 있습니까? 길거리 똥은 인간에게만 더러운 것이지 똥개에게는 너무 맛있는 음식이지 않습니까? 그러니 길거리 똥에 대한 더럽다든가 맛있다는 판단을 하는 것은 아무 의미도 없고 잘못된 것입니다.

인용문 2)에서 모장과 여희라는, 지금으로 치면 송혜교와 김태희라는 최고의 미인들은 어디까지나 인간 중심적인, 그것도 남성 중심적인 시각에서 판단된 것이지, 연못 속의 물고기나 하늘의 새, 그리고 사슴의 입장에서는 그렇게 무서운 괴물같은 존재가 없을 것입니다. 그래서 그들은 그렇게 아름다운 송혜교와 김태희가 나타나면 물고기는 물속 깊이 숨고 새는 날아가며 사슴은 도망쳐 버립니다. 그러면 여기에서 송혜교와 김태희는 미인인가요? 아니면 괴물같은 추녀인가요? 그리고 어떤 결론을 내리든 이러한 미적인 판단은 무슨 의미를 가지고 있을까요? 아무 의미도 없습니다. 모든 것은 상대적으로 판단할 수 있을 뿐입니다. 장자는 수컷 원숭이는 암컷 원숭이가 최고의 미인이고, 사슴은 사슴이 자기 짝이며, 미꾸라지는 물고기가 가장 어울리는 동료가 될 뿐이라고 말합니다.

인용문 3)에서 장자는 '인의仁義'의 단서와 '옳고 그름시비是非' 역시 판단 기준을 어디에 두는가에 따라서 훌륭한 윤리적 법칙이 될 수도 있고, 인간을 부자유스럽게 얽매는 족쇄가 될 수도 있음을 말합니다. 이 말들은 너무나 복잡하게 얽혀있어서 장자 자신은 무엇이 옳은지 변별할 수 없다고 말하고 있지요. 역시 기준을 어디에 두는가에 따라서 윤리적 판단 역시 달라질 수 있음을 말하고 있는 것이지요. 모든 것은 상대주의적인 의미를 지니고 있을 뿐, 절대적인 판단 기준이 불가능함을 여러 예를 들어서 설명하고 있습니다. 따라서 유학의 인仁에 대한 판단 역시 유보해야 하고, 나아가 인에 대한 비판적인 입장을 견지하게 됩니다.

이 상대주의적인 인식에서 보면 예컨대 '쓸모있음'과 '쓸모없음'에 대한 판단 역시 새로운 눈으로 보게 됩니다. '쓸모없는

인간'이란 말은 기준을 어디에 두는가에 따라 부정적인 의미가
아니라 긍정적인 의미를 가지게 됩니다. 바로 '무용지용無用之
用'에 대한 이야기입니다.

남백지기가 상 나라 언덕길을 가다가 큰 나무를 보았는
데, 보통 나무와 다른 점이 있었다. 그 나무는 말 네 필
이 끄는 수레 천 대를 그 그늘로 덮어서 가릴 수 있을
정도였다. 남백자기는 "이것은 어떤 나무인가? 반드시
특별한 쓸모가 있을 것이다"라고 말하였다. 위로 가지를
살펴보니 구불구불해서 대들보로 쓸 수 없었고, 아래로
커다란 뿌리를 살펴보니 가운데가 갈라져서 관을 만들
수도 없었다. 잎사귀를 혓바닥으로 핥아봤더니 불에 덴
것처럼 상처가 나며, 냄새를 맡으면 사람이 미친 것처럼
취해서 사흘이 지나도록 가라앉지 않았다. 남백자기는
이렇게 감탄하였다. "이 나무는 과연 쓸모없는 나무구나.
그때문에 아무도 베어가지 않아 이토록 크게 자랐구나.
아! 신인들도 이처럼 쓸모없음으로 자신의 생명을 보존
했을 것이다."

南伯子綦, 遊乎商之丘, 見大木焉, 有異. 結駟千乘, 隱將芘
其所藾. 子綦曰, 此何木也哉. 此必有異材夫. 仰而視其細枝,
則拳曲, 而不可以爲棟梁, 俯而見其大根, 則軸解, 而不可以
爲棺槨. 咶其葉, 則口爛而爲傷, 嗅之則使人狂酲, 三日而不
已. 子綦曰, 此果不材之木也, 以至於此其大也. 嗟乎. 神人,
以此不材.

『莊子・人間世』

도가는 무엇보다 우리의 생명이 찌부러지거나 왜곡되지 않고

온전히 발휘되기를 원합니다. 그것이 비록 인이나 세계 평화라는 아무리 아름다운 이념을 위해서라도 나의 생명을, 그리고 나의 본성을 그대로 발휘할 수 없는 것이라면 단연코 부정합니다. 그러한 자세가 바로 이 무용의 용, '쓸모없음'의 미덕을 발견할 수 있게 한 듯합니다. 춘추 시대 양주楊朱가 "내 정강이 털 하나를 뽑아서 세계 평화를 이룰 수 있다고 하더라도, 나는 내 정강이 털을 뽑지 않겠다"고 했던 말을 그대로 받아들여 발전시킨 것이 바로 이 '쓸모없음의 쓸모' 무용지용 無用之用이라고 하겠습니다. 이 큰 나무가 아무 쓸모가 없기 때문에 다른 것들을 위해 활용되지 않고 자기 자신으로 살아남을 수 있었던 것이지요. 이런 예는 『장자』 곳곳에 너무도 많이 보입니다.

> "산의 나무는 스스로 자신을 해치며, 기름 등잔불은 스스로를 태우며, 계피는 먹을 수 있기 때문에 사람들이 베어 가며, 옻나무는 쓸모가 있기 때문에 사람들이 잘라간다. 사람들은 모두 쓸모 있음의 쓸모만을 알고, 쓸모없음의 쓸모는 아무도 알지 못한다"
> 山木自寇也, 火自煎也, 계可食故伐之, 漆可用故割之. 人皆知有用之用, 而莫知無用之用也.   『莊子・人間世』

현대에도 이 장자 사상이 포함하는 과학 기술에 대한 불신, 인간 본성의 온전한 발휘라는 바람은 현대 문명비판론의 사상적 근거가 되기에 충분하다고 여겨집니다. 장자의 다음과 같은 소박한 차원의 생명 중시 사상은 점점 거대해지고 점점 빠르게 어디를 향해 나아가는지도 모르면서 질주하는 현대 사회에 대한 깊이있는 경고라는 생각이 듭니다. "이웃 나라가 서로 바라다 보이고 닭 우는 소리와 개 짖는 소리가 서로 들릴 정도였는데도 백성들은 늙어 죽을 때까지 서로 오가지 않았으니 이 시대야말로 지극히 잘 다스려진 시대였다"隣國相望, 鷄狗之音相聞, 民이 至老死。而不相往來. 若此之時, 則至治已.『莊子 · 胠篋』

이러한 판단에 대한 여러분의 생각이 궁금해지는군요.

생 각 해 보 기

1. '혼둔混沌'의 의미는 무엇입니까? 이러한 사상이 국가 자본주의 사회인 현대 사회에서 어떤 역할을 할 수 있을까 생각해보세요. 부정적 견해이거나 긍정적 견해이거나 모두 좋습니다.
2. 장자는 어떤 측면에서 노자 사상을 계승하고 발전시켰나요?

제19강

고전 인도의 브라만 전통과
혁신 사상가들의 출현

六師外道

동양철학의 가장 중요한 세 가지 파트라고 하면 당연히 유학, 도가, 그리고 불교 사상을 말하는 것은 여러분도 모두 알고 있으리라 생각됩니다. 그런데 유학과 도가 사상이 동양 고유의 전통인 데 반하여, 불교는 기원 전후 인도에서 동양으로 전파된 외래 사상이었다는 차이를 가집니다. 물론 동양, 즉 중국과 한국, 일본으로 전파된 불교 사상은 그 이후 인도 고유의 사상과는 전혀 다른 특성을 가지며 발전되어 가지요. 이 부분은 나중에 따로 다루게 될 것입니다. 불교의 기원국인 인도에서는 현재 불교가 거의 사라져버리고 힌두교가 주된 종교가 되었고, 인도에서 전파된 불교가 머나먼 동양에서 꽃을 피운 것은 역사의 아이러니이기도 합니다. 비단과 향료를 파는 상인들의 실크로드Silk Road를 통해 묻어서 겨우 전파된 사상의 씨앗이 머나먼 이국에서 싹을 틔운 역사, 그 고난의 역사를 생각하면 가슴이 뛰지 않나요?

불교는 기원전 6세기 경, 인도 정통 사상인 『베다Veda』의 권위를 인정하지 않는 혁신 사상으로 처음 출현하였습니다. 혁신 사상이란 그 사회에서 이미 큰 힘을 발휘하고 있는 정통 사상을 정면으로 부정하는 새롭고 혁명적인 사상이란 뜻이지요. 당시 인도의 종교 사상계는 전통 『베다』를 신봉하는 브라만과 그를 반대하는 사문沙門이라는 신흥 사상가 그룹으로 이분되어 있었는데, 불교는 이 중 사문에 속한 혁신 사상으로 등장하였던 것입니다. 브라만은 종교적 제사를 주관하고 세습되며 혈통의 순수성을 존중하였고, 인간 내면에 존재하는 자아인 아트만이 우주의 근본 원리인 브라만과 동일하다는 '범아일여梵我一如' 사상을 바탕으로 하고 있었습니다. 우주의 원리와 내 마음속의 원리가 같다는 이러한 사상은 다양한 세계를 하나의 통일된 원리로 질서 있게 이해하려는 시도였습니다.

브라만교에서는 특히 제사가 관심의 초점이었는데, 제사는 처음에는 신에게 감사를 표하고 신의 보살핌을 기원하는 의식이었다가 나중에는 제사 자체의 효능을 지나치게 믿은 나머지 제사 없이는 신조차 아무런 힘을 발휘할 수 없다고 믿게 되었던 것입니다. 제사가 신보다도 힘이 강하게 여겨진 것이니, 그 제사를 주관하는 브라만 계급의 사회적 지위와 권위가 얼마나 컸을지 생각해볼 수 있을 것입니다. 카스트 제도라는 신분 제도를 통해 제사장브라만, 왕족크샤트리아, 평민바이샤, 노예수드라의 네 계급으로 나뉜 제도를 브라만교는 종교사상적으로 합리화시키는 사상이었다고 할 수 있지요. 우리나라에서도 전통 풍습으로 여겨지는 유학의 제사는 가부장제를 바탕으로 하여 종가집의 권리이자 의무이지요. 종갓집 맏아들만이 제사를 지낼 권리를 가졌고, 특히 남자 아닌 여자는 어디까지나 보조자로서의 의무만 주어졌습니다. 종갓집 며느리는 그의 남편의 제사 행위를 도와주는 사람에 그친 것이지, 자신의 조상을 기리는 제사를 지내지는 않았던 것과 같습니다. 그러한 제사 의식은 봉건주의와 가부장제를 바탕으로 이루어지고 그것을 강화하는 역할을 하고 있지요. 그러니 이런 브라만교를 부정하는 혁신 사상으로 불교가 등장하였다는 것은 브라만교의 카스트 제도를 부정하고 신분을 뛰어넘어 모든 인간의 평등을 주장하였다는 의미를 가진다는 것을 짐작할 수 있을 것입니다. 불교에서 강조하는 '자비' 사상의 의미도 여기에서 더 잘 이해되겠지요.

당시 전통 브라만교에서는 특이하게도 한 개인의 일생을 4단계로 나누어 설정하고 있었다고 합니다. 첫째는 학습기學習期로서, 모든 이들이 소년 시절에 바라문 계급인 스승의 집에서 수년간에 걸쳐 베다를 학습하는 시기입니다. 둘째는 가주기家住期로서, 가정을 책임지고 가정생활의 의무를 다하는 시기입니다. 셋째는 임서기林棲期로서, 호주의 지위와 재산을 자식에게 물려주고 숲에 은거하는 시기입니다. 넷째는 유행기流行期로서, 무소유로 탁발 생활을 하며 떠돌아다니는 시기입니다. 임서기와 유행기를 살아가는 인도 바라문 노년층의 생활이 눈앞에 떠오르는 것 같지 않은가요? 삶의 철학을 찾아 숲에 은거하거나 여기저기 떠돌아다니는 자유로운 생활. 노년에 이르러서도 재산 증식에 눈이 빨갛고 재물과 명예욕에 목을 매다가 외롭게 살다가는 자본주의식 생활 방식과 저절로 비교가 되는군요. 바라문 법전에서는 가주기를 중심으로 하여 근본적으로 『베다』의 전통을 유지하고 있으나, 혁신적인 종교가 나타난 시대에 작성된 『우파니샤드』에서는 임서기나 유행기의 가치를 높이 칭찬하여 『베다』의 신성한 제사 의식을 중심으로 한 사회적 관습과 종교 문화를 부정하고 있습니다. 이러한 사회적 환경에서 불교와 자이나교 같은 혁신적인 종교가 성립하였던 것입니다. 소유와 탐욕 속에서는 문이 열릴 수 없는 사고의 문, 자유와 철학 속에서 새로운 시도가 이루어지는 건 당연한 일이겠지요.

브라만에 대항하는 세력인 사문은 혁신적인 사상가이며 자유 수행자로서, 한 곳에 머물지 않고 여기저기를 돌아다니면서 숲속에 들어가 수행하고 설법하였고, 그 설법의 대가로 받은 보시의 음식물로 생활하였습니다. 수행 생활의 특징에 따라 한 곳에 머물지 않고 떠도는 유행자流行者, 숲에서만 수행하는 둔세자遁世者, 설법의 보답으로 보시된 음식으로만 생활하는 걸식자乞食者, 고행자, 비구比丘, bhikkhu 등으로 불리었고, 그들의 생활 공동체인 상가의 지도자는 사문沙門, śramaṇa이라고 하여 존경을 받았습니다. 이들은 『베다』의 절대적 권위를 인정하지 않고, 언어적으로는 바라문의 언어인 산스크리트어를 사용하지 않고 일반 민중의 언어인 프라크리트어를 사용하며, 사회적 계급을 불문하고 출가를 인정하였습니다. 신흥 도시들이 성장한 갠지스강 주류 지역을 중심으로 많은 혁신적인 사문들이 활동하였고, 붓다Buddha, B.C. 624-544도 바로 이들 가운데 한 사상가였습니다.

이러한 혁신적인 사회 분위기를 토대로 불교 뿐 아니라 다양한 새로운 사상들이 대두되었지요. 인도의 백가쟁명百家爭鳴 시기라고 부를 만한 이 시기에 대두된 이 신흥 사상들을 불교에서는 이후 62개의 견해로 정리하였습니다. 이들 새로운 사상들의 공통점은 세계나 인간이 다수의 요소로 구성되고 이 요소가 불변의 실재라고 보는 집적설集積說로서, 우주 만물이 근본 원리인 브라흐만에서 전개된다는 바라문교의 전변설轉變說과 대립합니다. 이 당시 대표적인 사상가들이 '육사외도六師外道, cha-titthiyā'라고 할 수 있습니다. '외도外道, titthiya'는 마음이 진리에서 벗어나 있다는 의미를 가지는데, 불교가 아닌 다른 학설을 비판하는 의미에서 후대에 붙인 용어입니다. 정통과 이단, 본 사상과 위설, 진리와 외도를 나누는 것은 사실 의미 없는 일입니다. 무엇이 정통이고 본래 사상이며 진리라는 것입니까? 그걸 확증하는 기준은 무엇인가요? 여호와나 붓다가 그렇게 판단을 해주면 그렇게 정해지는 것인가요? 애석하게도 전지전능한 신神을 상정하기에 우리 인간의 지성은 너무 발전해간 것 같군요. 여튼 육사외도는 여섯 사문들의 가르침을 뜻하며, 이들 여섯 명의 사문들도 붓다와 같이 각자의 교단을 이끌고 있었습니다. 우리 한번 그들의 주장을 살펴보기로 합니다.

가장 대표적인 사상가인 아지타 케사캄발린Ajita Kesakambalin은 유물론자인데, 세계는 물질이며 인간 역시 물질을 구성하는 4대 근본 원소인 지地, 수水, 화火, 풍風으로 구성된다고 보았습니다. 행위의 선악은 육체와 함께 소멸한다는 감각적 유물론의 입장에 서서, 윤회업보나 바라문교의 제사, 고행 등을 부정하였습니다. 바라문교는 사람들을 기만하고 있으며 제사와 같은 의식은 다만 생활을 꾸려가는 하나의 수단에 불과하다고 배척하였던 것이지요. 실제로 현대 사회에서 제사에 의해 미래가 결정되거나 중요한 영향을 미칠 수 있다고 생각하는 사람은 거의 없지요. 유학의 제사가 조상신들이 내려와 후손들이 차려주는 맛있는 음식을 먹고 복을 내리거나 벌을 내린다고 생각하는 사람은 현재에는 거의 없을 것입니다. 마찬가지로 너무나 과정과 의식이 복잡하기에 브라만교의 제사를 시행할 수 있는 유일한 계급인 브라만을 숭상하였던 바라문교는 현대의 눈으로 보면 의미가 없다고 보는 것이 당연한 것이겠지요. 하지만 당시에는 이러한 사고는 매우 혁신적인 것이었고, 이를 주장한 사상가가 아지타 케사캄발린이라는 유물론 사상가였던 것입니다. 그는 카스트 제도에 맞서 계급 평등을 주장하였고, 행복은 천당이나 내세에 있지 않고 오직 현세에만 존재할 뿐이라고 하였습니다. 불교에서는 이들을 '현세열반론자'라고 불렀으며, 이 이론은 당시 상인, 수공업자, 농민과 같은 하층민들에게 중요한 영향을 끼쳤다고 합니다. 만약 세계와 인간이 물질일 뿐이며 모든 것이 육체와 함께 소멸한다면, 우리는 계급 제도나 제사, 고행 등을 어떻게 평가하게 될까요? 현세를 잘 사는 것이 가장 중요하다고 생각되지 않겠습니까?

두 번째로는 니간타 나타풋타Nigaṇṭha-Nātaputta라는 사상가입니다. 그는 훗날 마하비라Mahavira라고 불렸는데, 이는 싯다르타가 '진리를 깨달은 이'라는 의미에서 붓다Buddha로 불린 것과 유사하게 뛰어난 인물에게 부쳐질 만한 명칭으로 '위대한 영웅'이란 의미입니다. 붓다와 동시대인이며 자이나교Jainism의 창시자입니다. 그는 우주가 여러 종류의 원소로 구성되어 있다고 보고, 이 원소를 영혼과 비영혼으로 분류하였습니다. 자이나교에 따르면 영혼은 순수한데도 속된 물질의 업에 속박되어 비참한 상태에 빠졌기 때문에 고행을 통해 본래의 영혼을 되찾아야 한다고 주장하였습니다. 사람의 몸은 미세한 물질인 '업業'으로 만들어진 것이어서 현실적인 모든 조건은 전생의 업이 결정한 것이고, 최후의 해탈을 얻기 위해서는 반드시 업의 결박을 풀어야 한다는 것입니다. 그런 까닭에 자이나교도의 삶은 불살생, 불간음, 무소유, 금욕과 고행으로 이루어져야 했습니다. 이러한 가르침과 삶은 사실 불교와 유사한 점이 많습니다. 자이나교는 당시 유력한 교단을 형성하였고, 이후 불교와 함께 2대 혁신 사상으로 작용하였습니다.

이들의 불살생 계율은 불교보다 더욱 철저해서 농사마저 짓지 않았다고 합니다. 농사를 짓다 보면 땅속의 벌레들을 자신도 모르게 죽일 수 있기 때문이라는 이유에서였습니다. 이러한 극단적인 생명 중시 사상은 그 무렵 만연해 있던 동물 희생제에 대한 반발에서 비롯된 것으로 여겨집니다. 오늘날에도 영적인 관심이 있는 사람들이 선호하는 채식주의, 동물 애호, 단식

등의 행위에도 자이나교의 정신이 살아 숨쉬고 있다고 볼 수 있습니다. 간디가 추구한 비폭력 무저항주의 역시 그 원천은 자이나교라고 할 수 있습니다. 간디는 니간타 나타풋타가 처음 주장한 아힘사ahimsa라는 불살생의 원리에 기반을 두고 자신의 정치적 이념을 발전시켰기 때문이다. 이러한 아힘사는 자이나교의 기본 덕목이자 행동의 표준이 되는 것으로, 채식주의가 기본이 됩니다.

세 번째로, 파쿠다 캇차야나Pakudha Kaccayāna는 7원소설을 주장하였습니다. 이 세계는 지地, 수水, 화火, 풍風, 고苦, 락樂, 영혼의 7개 원소로 구성되었다고 본 것입니다. 이 원소들은 창조되거나 어떤 것으로부터 생겨난 것이 아니라 본래부터 존재했으며, 영원히 다른 것으로 바뀌지 않고 서로 접촉하거나 영향을 주고받지도 않는다고 보았습니다. 영혼도 육체와 같은 요소로서 물질일 뿐이며, 인간 역시 이러한 원소들의 단순한 집합체일 뿐이라고 보았던 것이지요.

네 번째로, 푸라나 캇사파Pūraṇa Kassapa는 도덕 부정론자로서, 한역경전에서는 그의 학설을 '무인무연론無因無緣論'이라고 부르고 있습니다. 그는 일체의 만물이 생겨나고 발전하는 것은 모두 우연에 의한 것이라고 보고, 현재의 선악의 행위가 미래의 과보에 아무런 영향을 미치지 않는다고 주장하였습니다. 우리 삶의 모든 모습은 아무런 원인도 없는 우연의 결과일 뿐이니, 거기에 무슨 도덕이나 종교가 발디딜 근거가 없다고 생각하는 것은 당연한 일이라고 할 수 있겠지요. 그는 노예라는 최하층

의 신분 출신으로서, 통치 계급의 탐욕과 잔악함, 바라문교의
허위를 직접 체험하면서 모든 종교와 도덕을 부정하였던 것입
니다. 그리하여 폭력을 사용하여도 죄가 아니라고 하여, 통치
계급에 저항하는 피압박민과 착취당하는 민중의 저항 의식을
반영하였습니다. 모든 것은 우연의 산물이라는 이러한 생각은
쉽게 허무주의로 이어질 것임을 우리는 짐작할 수 있을 것입니
다. 가치나 도덕은 통치자의 탐욕을 합리화해주는 수단일 뿐이
라고 생각하게 되겠지요. 사실 많은 경우 그 말이 맞기도 하지
요. 여러분들도 그렇다고 생각하지 않나요?

다섯 번째로 막칼리 고살라Makkhali Gosāla는 숙명론자로서,
한역경전에서는 이 학설을 '사명외도邪命外道'라고 부릅니다. 고
살라는 세계가 영혼, 지, 수, 화, 풍, 허공, 득得, 실實, 고, 낙,
생, 사 등 12개의 원소로 구성된다고 보았습니다. 그 중 지, 수,
화, 풍은 물질계, 고, 낙, 생, 사는 정신계에 속한다고 볼 수 있
습니다. 영혼은 물질과 생명이 있는 동식물 안에 존재하며, 각
원소는 자연적이며 기계적으로 구성되어 어떤 결합 형식과도
관계가 없지요. 또한 세계의 모든 사물은 필연적으로 운명의
지배를 받기 때문에 인간의 의지는 그 힘을 발휘할 수 없으
며, 소극적인 상태에서 운명을 따를 뿐입니다. 이러한 숙명론
은 역시 브라만 전통과 카스트 제도하에서의 하층민들의 입
장을 반영하여 큰 영향을 끼쳤습니다. 모든 것이 운명적으로
정해져 있다는 숙명론적 사고 방식은 우리나라에서도 쉽게
찾아볼 수 있지요. 사주팔자나 주역, 별자리 등을 통해 본인

의 운명을 알아보려는 노력 역시 바로 이러한 사고 방식에 근거한 것이라고 할 수 있습니다. 이러한 숙명론을 받아들이면, 더 나은 나, 더 나은 사회를 향한 노력을 접게 되고 현실을 그대로 인정하게 되는 부작용이 있습니다. "종교는 민중의 아편이다"는 포이에르바하의 말이 종교가 가진 숙명론적 속성을 나타낸다고 할 수 있습니다. 물론 숙명론은 있는 그대로의 나를 받아들여서 안심시키는 긍정적 요소도 같이 갖고 있지요. 마치 양날의 검과 같은 사상입니다.

여섯 번째로 산자야 벨랏티풋타Sañjaya Belaṭṭhiputta는 불가지론不可知論의 대표적 사상가입니다. 붓다의 상수제자인 사리불과 목련 존자도 원래는 산자야의 제자였습니다. 그는 인식의 객관적 타당성을 부정하였지요. 모든 사물과 진리는 절대적으로 긍정적이지도 않고 정확히 정의를 내릴 수도 없어서, 우리들도 세상의 모든 일에 대해서 있다거나 없다거나 하지만, 있다 해서 있는 것도 아니고 없다 해서 없는 것도 아니라고 합니다. 이 학설은 매우 모호하고 정론이 없어서 불교에서는 '미꾸라지처럼 붙잡기 어려운 학설amarā-vikkhepika'이라고 비판하기도 하였습니다. 이 세상에서 우리가 정확히 알 수 있는 것이 없다는 사상에서 본다면, 당연히 브라만교도 부정되는 것이고 어떠한 종교나 도덕도 합리성을 가지기는 어려운 것이겠지요.

이들 신흥 사상가들은 전통 브라만 사상의 불평등성, 계급주의에 반대해서 새로운 사상을 제기한 이들이었습니다. 붓다도 이들 중 한 명이었습니다. 그가 최초로 만든 불교 교단인 '상가Samgha'는 본래 붓다의 출신 부족인 사카족의 거주지인 히말라야 기슭에서 오래 지속되어왔던 생활 공동체와 같은 것이었습니다. 불교 역시 거대 제국 성격의 브라만 사상을 부정하고, 그 속에 포함된 비인간적인 요소를 비판하는 새로운 사상이었던 것이지요. 즉 불교의 등장 계기는 '혁신'에 있었던 것입니다.

생 각 해 보 기

1. 정통과 비정통을 가르는 기준은 무엇입니까? 진리와 비진리를 가르는 기준은 무엇이라고 생각합니까?
2. 브라만교와 혁신 사상의 가장 중요한 사상적 차이는 무엇입니까?
3. 육사외도 사상에 대해 설명해주십시오.

제20강

산은 산이고 물은 물이다

山是山水是水

이러한 배경에서 수많은 신흥 사상가들 중의 한 사람으로서 고타마 싯다르타, 즉 깨달은 자 붓다가 등장하게 됩니다. 초기 경전인 『아함경』에는 붓다가 깨달음을 얻은 후 다섯 명의 제자에게 최초로 설법한 「초전법륜경」이 실려 있지요. 붓다는 쾌락주의와 고행주의의 양 극단을 떠나는 중도中道를 바른 견해라고 가르쳤습니다. 여기서 그가 설한 가르침은 '삼법인三法印', '사성제四聖諦'이고, 구체적인 수행 방법으로는 팔정도八正道를 제시했습니다. 이것들이 붓다의 핵심적 교설이라고 할 수 있지요. 그렇다면 붓다가 보리수 아래에서 깨달은 진리의 내용이 과연 무엇일까요? 사성제 또는 삼법인으로 요약됩니다. 사성제는 네 가지 성스러운 진리라는 의미로서, 인생의 고통인 원인과 고통을 벗어나는 해탈의 방법을 네 가지로 설명하는 가르침입니다. 그것은 첫째, 존재하는 모든 것이 고통이라는 것고성제, 고통의 근원은 집착이라는 것집성제, 셋째, 고통의 소멸은 열반이라는 것멸성제, 넷째, 열반에 이르는 것은 도라는 것도성제입니다. 간단히 '고苦 괴로움, 집集 집착, 멸滅 소멸, 도道 진리'라고도 표현합니다. 이 사성제는 달리 '제행무상諸行無常', '일체개고一切皆苦', '제법무아諸法無我'의 삼법인으로 표현하기도 한다. 팔정도는 바른 견해正見, 바른 사유正思惟, 바른 말正語, 바른 행위正業, 바른 생활正命, 바른 노력正精進, 바른 주의正念, 바른 선정正定을 뜻합니다. 이 8 가지는 도덕성 戒계율, 집중 定삼매, 지혜 慧반야라는 세 단계 수행으로 요약하기도 합니다. 이후 불교는 오랜 역사 동안 중앙아시아, 남아시아, 중국, 한국, 일본 등 드넓은 지역으로 퍼져나가 다양한 모습으로 발전하였습니다. 그 다양한 사상들은 정반대되는 내용을 가진 것도 많은데, 이 중 어떤 사상이 삼법인과 팔정도를 인정하면 불교에 속한다고 할 수 있을 것입니다.

그러면 붓다가 깨달은 세 가지 진리인 삼법인을 하나씩 알아보기로 합시다. 삼법인 가운데 첫 번째인 '제행무상'에서 '제행'은 변화해가는 모든 현상들이라는 뜻이고, '무상'이란 항상된 것, 즉 늘 그대로인 것이 없다는 뜻입니다. 제행무상은 "변화하는 모든 현상은 항상된 것이 없다"는 뜻이 되는 것이지요. 이 세상의 모든 물질적, 정신적 현상은 생멸 변화하므로 항상되거나 불변하는 것이 아니지만, 사람들이 이를 항상된 것으로 생각하므로 이 그릇된 견해를 없애기 위하여 항상되지 않다, 즉 '무상無常'하다고 말한 것입니다. 실제로 우리가 세상에서 경험하는 모든 것들 중 어느 하나라도 시간적 변화를 겪지 않고 항상성을 유지하는 것이 있을까요? 지금 나는 이 의자가 영원한 것으로 생각하고 안심하고 나의 전 체중을 맡기고 편안히 앉아 있지만, 백 년, 천 년의 시간차를 두고 생각해보면 이 의자는 천 년 후에는 분명히 존재조차 없이 먼지로 변해있을 것입니다. 이 의자 위에 앉아 있는 나 역시 백 년, 아니 오십 년 전에는 이 세상에 존재하지 않았고, 앞으로 오십 년, 백 년 뒤에는 역시 혼적조차 남지 않고 사라져버릴 것입니다. 지금 청소년기를 보내는 사람은 수십 년 전에 아기였고, 더 오래전에는 세상에 없었지요. 앞으로 십수년이 흐르면 아마 아기를 가진 부모가 되어 있을 것이고, 오십년 뒤에는 노인이 되어 있을 것이며, 그 다음에는 흙으로 돌아가 사라져 버리겠지요. 영원할 것 같은 연인 사이의 뜨거운 사랑도 달이 기울어지듯 시간의 흐름에 따라 변하게 되어 있고, 결혼이 연애의 무덤이라는 표현은 모든 연인들의 심리적 진실이랍니다. 이처럼 우주 만물은 순간순간 생겨나고 사라지고 변화하는 무상의 존재들입니다. 변화하지 않고 늘 똑같은 것은 이 세상에 아무 것도 존재하지 않습니다. 바로 이것이 붓다가 갈파한 인생의 첫 번째 진리입니다. 모든 것은 변화한다, 모든 것은 무상하다는 것! 우리 모두는 한 찰나마다 생멸 변화하는 무상의 존재들인 것입니다.

그러니 이 변화무쌍하고 무상한 세계에서 사는 우리는 얼마나 허전하고 불안할까요? 이 세상에 변하지 않는 것은 아무 것도 없다는 말은 이 세상에 믿고 의지할 것이 하나도 없다는 말고 같지요. 그래서 우리는 무엇이든 변화하지 않을 대상을 설정하고, 거기에 내 존재를 기대어 살고 싶어 합니다. 그것이 부모 자식이든, 연인이든, 돈이든, 종교든 불안한 내 인생을 기탁

하여 안식처를 얻고 싶어 하는 것이지요. 그래서 그 대상에 죽도록 매달리고 집착하게 됩니다. 그것을 불교에서는 다른 말로 '오염된, 더러운 집착染著'이라고 부르지요. 그런데 이 같은 집착의 결과는 보나마나 뻔한 것이겠지요? 이것은 이미 패배가 확정된 내기나 마찬가지입니다. 왜냐하면 이 세상에 변하지 않는 것이란 없기 때문이지요. 지금 내가 가진 젊음이 영원하기를 바라며 젊음에 집착하고, 지금 곁에 있는 연인의 사랑이 영원하기를 바라며 거기에 '더럽게' 집착하는 것은 결국 불가능한 일을 추구하는 것일 따름입니다. 애초에 불가능한 것을 얻고자 하니, 그것이 얼마나 괴로운 일이겠습니까! 그리하여 인생은 괴로움으로 떨어져버리고, 이 괴로움은 인생의 전형적인 실존적 상황이 됩니다. 따라서 불교는 인생을 '괴로움의 바다고해 苦海'로 표현하고, 인간의 가장 기본적인 괴로움으로 '팔고八苦'를 제시하기에 이르게 됩니다. 태어나는 것 생고生苦, 늙는 것 노고老苦, 병드는 것 병고病苦, 죽는 것 사고死苦, 사랑하는 대상을 잃는 것 애별리고愛別離苦, 미워하는 대상을 만나는 것 원증회고怨憎會苦, 구하는 것을 얻지 못하는 것 구부득고求不得苦, 감각적 욕망에 시달리는 것 오음성고五陰盛苦이 바로 그 내용입니다. 이 8가지 괴로움 외에도 일생 사는 동안 사람은 무수히 많은 괴로움에서 시달리게 되지요. 이것이 바로 모든 것이 괴로움이라는 불교의 두 번째 진리인 '일체개고一切皆苦'의 상황인 것입니다.

우리는 인생의 이 괴로움에 익숙합니다. 어느 순간부터 우리는 매일매일 괴로움이 일상인 삶을 살고 있습니다. 그래서 "매일 좋은 날, 매일 생일처럼 좋은 날이 되라日日好日, 日日生日"는 말씀까지 있지요. 태어나는 것은 왜 괴로움일까요? 그건 지금 막 울음을 터뜨리며 태어난 새 생명에게는 앞으로 숨을 거두는 마지막 순간까지 수많은 괴로움들이 기다리고 있기 때문이겠지요. 늙는 것은 또 어떨까요? 이 세상에 늙지 않는 사람은 없지요. 옛 시에 "백발이 올세라 가시 들고 막아도, 결국 백발은 절로 오더라"는 구절이 있듯이 말이지요. 저 등 굽고 머리 희고 얼굴이 쪼글쪼글한 할머니에게도 예쁜 소녀 시절이 있었고, 저 고집 세고 기운 없어 보이는 할아버지에게도 씩씩한 청년 시절이 있었습니다. 젊은 여러분은 아직 모르겠지만 늙는 괴로움도 상당하답니다. 요즈음 제 연배 친구들의 가장 핫한 대화 주제는 건강식품 및 건강 증진법이랍니다. 자주 아프고 한번 아프면 잘 낫지도 않고, 벌써 친구 선후배의 부음을 가끔씩 받게 되는 이즈음 특히 늙어가는 괴로움이 어떤 것인지 저도 실감하고는 해요. 병드는 것 역시 누구나 피하고 싶지만 피할 수 없는 괴로움이죠. 죽는 것이야 더 말할 필요도 없겠지요.

사랑하는 사람과 헤어지는 괴로움은 또 어떨까요? 친한 친구가 이사 가서 만나지 못하면 슬프고, 내가 예뻐하는 강아지가 죽어서 헤어지게 되면 괴롭습니다. 또 잔소리를 해서 나를 피곤하게 하는 엄마, 아빠도 언젠가는 우리 곁을 떠나게 되고, 그럴 때 무척 슬프고 괴롭지요. 또 내가 누군가를 아주 미워해서 그 사람 생각만 해도 짜증이 나는 사람이 있는데, 그 사람이 직장 상사인 경우는 드문 일이 아니지요. "원수는 외나무 다리에서 만난다"는 속담이 바로 이런 경우를 말하는 것이지요. 구하는 것을 얻지 못하는 괴로움, 감각적인 욕망에 시달리는 괴로움도 우리는 익숙할 정도로 잘 알고 있는 괴로움이지요. 삶에서 누가 구하는 것을 다 얻겠으며, 더욱이 계층 차이가 점점 벌어지고 있는 자본주의 사회에서 상대적인 박탈감은 얼마나 심해지고 있습니까? 내가 무언가를 간절히 바라고, 그것만 가질 수 있다면 더 바랄 것이 없을 것 같습니다. 그러나 그 욕망이 채워지면 나는 또 다른 것을 갖고 싶다는 욕망을 품게 되겠죠. 이렇게 끝이 없는 것이 욕망의 속성이고, 우리가 살고 있는 사회 구조는 이 욕망을 더 부채질하고 있지요. 그러니 우리가 욕망을 좇아서 살면 끝없는 괴로움에서 결코 벗어날 수가 없습니다.

그러면 이러한 괴로움에서 벗어나려면 우리는 어떻게 해야 할까요? 불교는 인생을 '불난 집火宅'에 비유하면서 괴로움에서 벗어날 해탈의 길을 찾으려고 하였습니다. 불교는 그 길을 이 세계의 모든 물질적, 정신적 현상에 고정된 불변의 자아가 없음을 인식하는 것이라고 제시하였습니다. 이것이 바로 '제법무아諸法無我'의 깨달음이며, 불교가 말한 세 번째 진리입니다. 제법무아는 곧 "아트만이 없다"는 말입니다. 붓다는 "이 세계에는 브라만교에서 말하는 영원불변하는 자아나 우주의 원리 같은 건 없다"고 선언한 것입니다. 그러면 이러한 질문이 나올 수 있습니다. "브라만교에서는 나를 포함한 이 세상 모든 것들의 근원적인 씨앗이 그 어딘가 다른 세계에 미리 존재하고 있다가 지금의 나로, 저기 보이는 돌맹이로, 골목길을 뛰어가는 저 강아지로 각각 나타났다고 했잖아요? 그런데 붓다의 말대로 그런 자아나 원리가 없다면, 이 세상 모든 것은 어떻게 나타난 것이죠?" 이 질문에 대해 붓다는 "모든 것은 인연因緣으로 생겨난다"고 대답하였지요. 바로 '연기법緣起法, pratītyasamutpāda'을 제시한 것입니다. 여기에서 '인因'은 원인, '연緣'은 보조적인 원인들을 가리키는 단어입니다.

'연기법'에서 연緣, pratītya은 인연, 기起, samutpāda는 일어난다, 법法은 진리이므로, 연기법은 바로 "모든 것은 인연으로 생겨난다는 진리"인 것이죠. 연기법의 기본 내용은 "이것이 있으므로 저것이 있고, 저것이 일어나기 때문에 저것이 일어난다. 이것이 없으므로 저것이 없고, 이것이 사라지기 때문에 저것이 사라진다. 此有故彼有 此起故彼起 此無故彼無 此滅故彼滅 『대정장』2권, 724중; Imasmiṃ sati idaṃ hoti, imasmim asti idaṃ na hoti. Imassuppādā idam uppajjati, imassa nirodhā idaṃ nirujjhati_SN Ⅱ.70"는 뜻입니다. 내가 나라고 생각하는 고정 불변하고 영원하며 무한한 가치를 지니며 우주의 대자아와 합일하는 자아는 실제로는 나의 착각일 뿐, 존재하지 않는다는 것입니다. 나는 이 세계의 모든 현상들이 원인-결과의 무수한 고리를 거쳐 만들어낸 지금 여기에서의 현상적인 존재일 뿐, 결코 항상되고 불변하는 존재가 아니라는 것이지요. 내가 나라고 생각하는 변화하지 않는 고정된 영원한 가치를 지닌 존재는 없으며, 단지 무수한 원인과 결과들, 즉 인연이 모여서 지금 여기의 내가 되었을 뿐, 그 인연이 흩어지면 바로 몇 가지의 물질적 원자들로 분리되어 소멸되어 버릴 존재가 바로 지금 여기의 나라고 봅니다. 이 세계의 모든 것들이 다 마찬가지이지요.

나의 자아 인식이 이렇게 실제에 기반한 것이 아니라 착각이나 잘못된 견해임을 알게 되면, 비로소 우리는 자아나 대상에 대한 집착에서 자유로워져서 새로운 깨달음의 세계에 도달하게 됩니다. 이러한 깨달음의 세계를 '열반涅槃, Nirvāṇa'이라고 합니다. 열반이란 완전한 깨달음을 얻어서 모든 괴로움을 벗어난 최고의 경지를 가리키는 말입니다. 이런 경지에 이르면 사람의 마음은 어떻게 될까요? 열반의 경지는 생사의 문제바저 벗어버린 상태이기 때문에 마음이 더없이 적막하고 고요합니다. 이것을 '열반적정涅槃寂靜'이라고 합니다. 불교의 진리를 세 가지가 아니라 네 가지로 말할 때 이 열반적정을 꼽습니다. '나'라고 하는 자아가 원래 없는 것인데, 이 세상 무엇에 집착할 것이며 또 부자유스러울 일이 무엇이 있겠습니까? 불교에서는 이것을 깨달을 때 우리는 완전히 자유로운 존재가 된다고 합니다. 그 자유로운 존재란 깨달은 사람, 곧 붓다를 말합니다. 나나 너나, 그 누구나 이 같은 깨달음에 이르면 모든 괴로움에서 벗어나서 완전히 자유로운 부처가 되는 것입니다. 동아시아 불교에서는 모든 사람이 부처가 될 수 있다고 합니다. 그래서 우리는 서로에게 "부처가 되십시오 성불成佛하십시오"라고 기원하는 것이지요.

불교는 연기법을 영원불변한 실체가 '없다'라고 하여 '공空'이라는 말로도 표현합니다. 그러나 우리는 공 개념에 대해 오해하는 경우가 많습니다. 아니 우리는 대부분 불교를 잘 모릅니다. 불교에 비해 전도된 역사가 짧은 개신교나 가톨릭에 비해서도 더욱 그렇습니다. 전철이나 길거리에서 우리는 개신교를 전도하는 분들을 자주 만납니다. "예수는 구세주입니다. 예수를 믿으면 천당에 갈 수 있습니다"라는 그분들의 열정적인 전도의 말은 쉽게 이해됩니다. 그러나 불교의 메시지는 어렵게만 느껴집니다. 불교는 단순히 무소유를 말하는 것이 아닙니다. 그래서 한 스님이 절에서 생활하지 않고 노트북이나 아이폰 등 문명의 이기를 활용하면, 마치 불교 정신에 정면으로 어긋나는 것인 것처럼 도를 넘는 비난을 받습니다. 또 스님들이 "모든 것은 공空하다", "색즉시공이요, 공즉시색이다"라는 메시지는 신비롭게 느껴질 뿐 구체적으로 무슨 이야기를 하는지 이해하기가 어렵습니다. 새해 미사에서 천주교 추기경님이 "우리 사회에 정의가 강물처럼 흐르게 합시다", "남북통일을 위하여 기도합시다"라고 하시면 누구나 쉽게 알아들을 수 있는데, 유명한 어떤 스님이 "산은 산이요 물은 물이다", "산에는 꽃피고 새가 우네"라고 하시면 아리송하기만 합니다.

　불교에서 말하는 공空은 도대체 무슨 의미일까요? 공空이라는 글자는 비었다는 뜻인데, 그렇다면 이 세상 모든 것이 다 빈 것이고 허무하다는 이야기일까요? 아니 불교의 세 가지 진리인 삼법인을 한 마디로 요약하면 바로 공이 됩니다. 공은 한 마디로 연기와 같은 뜻입니다. "인연因緣에서 일어난다"는 것이 연기緣起이고, 우리가 보통 "옷깃만 스쳐도 인연이다", "인연이 있으면 다시 만나겠지" 하는 인연은 '어떤 결과를 만드는 원인'이라는 말입니다. 이때 인因은 그 결과를 만드는 가장 중요하고 직접적인 원인을 가리키고, 연緣은 보조적이고 간접적인 원인을 뜻하는 말입니다. 앞에서 연기는 이 세상 모든 현상이 원인-결과의 관계를 통해 일어난다는 의미라고 하였지요? "영원히 변화지 않는 자아란 없다" 이것이 바로 빈 것이고, 그것이 바로 공인 것입니다. 불교에서는 '빌 공' 자를 빌려서 이 연기 관계를 표현한 것입니다. 그러니 스님들이 말하는 '색즉시공, 공즉시색'이란 "현상色에는 실체가 없고空, 실체가 없는 것空이 현상이다色"라는 대단히 철학적인 말입니다.

예를 들어 보지요. 연기란 한 마디로 "우리 부모님이 결혼하지 않았다면, 세계 역사가 달라졌을 것이다"라는 말입니다. 우리 어머니와 아버지는 서로를 매우 사랑하셨습니다. 특히 아버지는 어머니가 주무실 때면 혹시 깰세라 이불 빨래를 조심스럽게 하실 정도로 어머니를 아끼셨지요. 두 분은 젊었을 때 '백조 다방'에서 선을 보고 결혼을 하셨어요. 아버지는 그 백조 다방의 아름다운 조명 아래에서 어머니가 그렇게 예뻐 보일 수가 없었고, 그래서 결혼하기로 마음먹었다고 말씀하시곤 했습니다. 그런데 아버지는 나중에 비밀을 하나 털어놓으셨지요. 막상 밝은 햇빛 아래서는 어머니에게 그때와 같은 느낌을 받을 수가 없었다는 것입니다. 쉽게 이야기하면 아버지는 어머니의 조명발 미모에 넘어가신 셈이지요. 정말 그렇다면 백조 다방의 조명은 두 분의 결혼에 결정적인 역할을 하였다고 할 수 있습니다.

여기에서 한번 생각해보기로 합시다. 왜 그때 백조 다방의 조명이 그렇게 멋졌던 것일까요? 아마 다방 여주인이 바로 얼마 전에 조명 시설을 다시 했겠지요. 그런데 하필이면 두 분이 선보는 그 시기에 조명 시설을 다시 했을까요? 다방 여주인이 옛날에 친구에게 꾸어준 돈을 마침 그때 돌려받아서일지도 모릅니다. 그러면 다방 여주인의 친구는 빌려간 돈을 빨리 갚지 않고 왜 그때야 돌려주었을까요? 그 친구는 남편 사업에 필요한 돈을 빌렸던 것인데, 남편 사업이 잘 되지 않아 그동안 돈을 갚지 못했지요. 그러다가 마침 그때 남편 사업이 잘 되기 시작해서 먼저 친구에게 빌린 돈부터 갚았던 것입니다. 돈 받든 걸 포기했던 다방 여주인은 돈을 돌려받은 것이 정말 기뻐서, 오랫동안 바꾸려고 생각만 했던 낡은 조명을 그때 바꾸어버린 것이죠. 그래서 새롭게 단장한 조명 아래서 우리 아버지와 어머니가 선을 봤고, '운명처럼' 두 분은 서로에게 호감을 느껴서 결혼하셨던 것이죠. 그래서 내가 태어났고, 내가 태어났기에 여러분이 지금 이 책을 읽을 수 있는 것입니다.

그러면 지금 여러분이 내 글을 읽는 것과 백조 다방 여주인 친구 남편은 어떤 관계가 있을까요? 얼핏 생각하면 아무 관계도 없는 것 같습니다. 그렇지만 백조 다방 여주인 친구 남편의 사업이 그때 잘되지 않았다면 백조 다방의 멋진 조명은 없었을 테고, 멋진 조명이 없었다면 우리 아버지와 어머니는 결혼하지 않았을지도 모릅니다. 그러면 나도 태어나지 못했을 거고, 내가 태어나지 못했으니 여러분이 이 글을 읽을 수 없었을 것입니다. 이렇게 보면 여러분이 지금 내 글을 읽는 것과 백조 다방 여주인 친구 남편의 사업은 '대단히 밀접한 관계'가 있는 것이지요. 그러면 왜 백조 다방 여주인 친구 남편의 사업은 그전에는 잘 안 되었는데, 하필 그때 잘 되었던 걸까요? 그건 그 당신 한국 경제 상황과 세계 경제와 연관되어 있겠지요. 그리고 백조 다방 여주인 친구가 돈이 생기자 친구 돈을 바로 갚은 것은 여고생 동창인 두 친구 사이의 우정이 한몫했을 것입니다. 그렇다면 여러분이 이 글을 읽는 사실과 수십 년 전 한국의 경제 상황, 그리고 낯모를 두 중년 여인의 여고시절 우정이 다 연관되어 있다고 볼 수 있습니다.

이렇게 어떤 일의 원인과 결과를 따져 올라가면, 아무런 관계가 없을 것 같은 사물들 사이에 그야말로 매우 밀접한 관계가 있다는 것을 알게 됩니다. 여러분이 이 글을 읽는 것→ 나의 탄생→ 우리 아버지와 어머니의 결혼→ 백조 다방의 새 조명→ 백조 다방 여주인의 조명 수리→ 백조 다방 여주인 친구가 빌린 돈을 갚는 일→ 백조 다방 여주인 친구 남편의 사업이 잘 된 것.. 이런 식으로 끝없이 관계가 이어지게 되는 것이지요. 이렇게 어떤 현상 하나에는 매우 많은 다른 현상들이 서로 관계되어 있다는 것이 바로 불교에서 말하는 연기입니다.

"우리 부모님이 결혼하지 않았다면, 세계 역사가 달라졌을 것이다"라는 말도 마찬가지입니다. 만약 우리 부모님이 서로 결혼하지 않았다면, 아버지는 어머니가 아닌 옆집 아줌마하고 결혼했을 것이고, 어머니는 아버지가 아닌 옆집 아저씨와 결혼했을 것입니다. 그러면 옆집 아저씨는 옆집 아줌마하고 결혼하지 못할 테니 이웃 마을 아줌마하고 결혼했을 것이고, 옆집 아줌마도 옆집 아저씨하고 결혼하지 못할 테니 이웃 마을 아저씨하고 결혼했을 것이예요. 또 이웃 마을 아줌마는 이웃 마을 아저씨하고 결혼하지 못하고 다른 아저씨하고 결혼했을 테고, 이웃 마을 아저씨도 역시 다른 아줌마하고 결혼했겠지요. 이런 식으로 계속 따져 나가면, 결국 우리 아버지와 어머니가 결혼하지 않았다면 전 세계의 결혼한 부부의 쌍이 바뀌게 되지 않았을까요? 그리고 전 세계의 결혼한 부부의 쌍이 다 바뀌었다면, 세계 역사가 달라진 것이라고도 할 수 있을 것입니다. 이 같은 사고방식이 불교에서 말하는 연기적 사유 방식입니다. 아무 것도 아닌 것처럼 보이는 책상 위의 컵 하나, 연필 하나도 사실은 이 세계의 모든 현상과 다 관계를 가지고 있다는 생각입니다. 정말 놀라운 사유 방식이 아닙니까?

'연기'에 대한 길주 청원 유신선사의 상담 설법은 다음과 같이 시작됩니다.

> "노승이 40년 전 참선하기 이전에는 산은 푸른 산이고, 물은 녹색의 물이었다. 그러던 것이 그 뒤 어진 스님을 만나 깨침에 들어서고 보니, 산이 산이 아니고 물이 물이 아니었다. 그런데 참으로 깨우치고 보니, 이제는 산이 여전히 그 산이고 물이 여전히 그 물이더라. 그대들이여,

이 세 가지 견해는 서로 같은 것인가, 다른 것인가? 만일 이것을 터득한 사람이 있다면, 그는 이 노승과 같은 경지에 있음을 내 허용하리라."(『경덕전등록景德傳燈錄』 권22)

먼저 "산은 푸른 산이고, 물은 녹색의 물이었다"는 말에 대해 생각해보지요. 이렇게 산을 산으로 보고 물을 물로 보는 통속적 견해는 상식적인 세계관입니다. 여러분은 여러분이고, 나는 나고, 컵은 컵이고, 연필은 연필인 것이지요. 그래서 우리는 "내가 너하고 무슨 관계가 있어? 너는 너고, 나는 나지."하는 사고방식 속에서 저마다 살아가고 있습니다. 이러한 상식적인 세계관은 문제로서 제기할 필요조차 없고, 의심하려야 의심할 수 없으며, 누구에게나 동일하고 통상적인 굳은 신념에서 나온 것입니다. 일정한 자성自性을 가지고 지속적으로 자기동일성을 유지하는 어떤 물체의 실재를 전제하는 것입니다. 그리고 자신의 주관으로 대상을 파악합니다. 우리는 이 대상적 사물을 보고 듣고 경험하면서 그것들이 우리 생활 목적에 적합한가, 아닌가를 가려내고, 그에 따라 그 가치를 평가하고 계산합니다. 그리하여 얻어지면 기뻐하고 혹시 잃어버릴까봐 걱정하며, 얻지 못하거나 잃어버리면 괴로워합니다. 그러므로 사물의 세계는 걱정과 사려의 대상이 되는 것입니다.

스님이 깨우치고 나니 "산이 산이 아니고, 물이 물이 아니었다"는 것은 불교의 연기적 세계관에 근거해서 한 말입니다. 앞에서 말하였듯이 연기법은 "이것이 있으므로 저것이 있고, 이것이 일어난 까닭에 저것이 일어난다"는 것입니다. 우리가 독립적이고 개별적인 사물이라고 생각하는 것들이 사실은 독립적이고 개별적인 것이 아니라, 서로 원인과 결과의 관계로 무수히 연결되어 있는 총체적인 존재입니다. 내 눈앞에 보이는 저 푸른 산도 그냥 산이 아니라, 과거, 현재, 미래의 모든 것들과 무수한 '원인―결과'를 통해 사슬처럼 촘촘히, 어떤 것도 빠뜨리지 않고 연관된 산인 것입니다. 저 산이 생겨나는 데는 이 책상, 컴퓨터, 한 잔의 차, 그리고 내가 태어났다는 사실 등 결국 이 세상의 모든 것들이 다 작용했다는 사고방식인 것입니다. 마치 백조 다방 여주인과 친구의 우정이 세계 역사에 작용한 것과 같은 방식으로 이루어진 것입니다. 이렇게 보면 저 산은 단지 저 산이 아니라 온 세계와 연관되어 있는 산인 것입니다. 그래서 "산이 산이 아니다"고 한 것이지요. 저 산을 끼고 휘돌아가는 물도 마찬가지입니다. 그 물이 존재하기 위해서 물가의 버드나무, 버드나무 옆의 소 한 마리, 목동의 노랫소리 등이 세계의 모든 것이 다 작용한 것입니다. 그래서 그 물은 단지 그 물이 아니라 온 우주와 연관되어 있는 물인 것입니다. 따라서 "산이 산이 아니고, 물이 물이 아닌 것"입니다.

화엄 사상에서는 개별적인 사물과 세계 전체의 이러한 관계를 "하나가 전체이고, 전체가 하나이다―即多, 多即一"라고 표현합니다. 내가 바로 세계 전체이고, 세계 전체가 바로 나라는 것입니다. 곧 불교에서 보는 세계는 하나의 대상이 홀로 독립된 것이 아니라, 원인과 결과의 관계를 통해 모두 하나로 결합된 세계인 것입니다. 이렇게 무궁무진하게 얽힌 인연은 『화엄경』이란 불경에서는 '인드라 신의 그물' 제망帝網이라고 표현하고 있습니다. 인드라 신은 인도 신화에서 최고의 신으로 꼽히는 신인데, 그 신이 가진 그물이 온 우주를 감싸고 있다고 합니다. 그런데 그 그물에는 그물코 하나하나마다 아름다운 다이아몬드 구슬이 달려 있고, 하나의 구슬마다 나머지 모든 구슬이 알알이 비추어서 찬란하게 빛난다고 합니다. 수많은 다이아몬드 구슬들이 서로가 서로를 비추며 반짝이는 그 모습은 얼마나 아름다울까요? 화엄학에는 이런 세계를 "꽃처럼 장식했다"라고 해서 '화엄華嚴 세계'라고 부릅니다.

이렇게 세상 모든 것이 그물처럼 연결되어 있기 때문에, 스님은 깨우치고 나니 "산이 산이 아니고, 물이 물이 아니었다"라고 표현한 것입니다. 산은 단순한 산이 아니라 전 세계와 관련된 산이고, 물도 그냥 물이 아니라 전 세계와 관련된 산이라는 거지요. 불교의 연기법에 따르면, 이 같은 세계는 어떤 것도 독립된 사물이 없는 텅 빈 공空의 세계가 되는 것입니다.

스님이 세 번째로 말한 "산도 여전히 그 산이고, 물도 여전히 그 산이다"는 이야기를 해볼까요? 이것은 "산이 산이 아니고 물이 물이 아닌" 단계를 뛰어넘은 새로운 세계입니다. 연기법으로 보면 산은 세계와 연관된 산이고, 물은 세계와 연관된 산입니다. 하지만 그래도 눈앞의 현실에서는 그 산은 바로 그 산이고, 그 물은 바로 그 물입니다. 이것은 어떻게 설명해야 할까요? 우리가 시를 쓴다고 생각해봅니다. 처음에는 다양한 수

사법을 구사하지 못하고 단순하게 표현하겠지요. 그러다가 조금 수준이 높아지면 복잡한 비유와 표현을 구사할 것입니다. 그런데 더욱 높은 단계에 이르면 다시 표현이 아주 단순해지게 됩니다. 물론 이때의 단순함은 복잡함을 넘어선 단순함이므로 첫 단계의 단순함과는 차원이 다릅니다. 이것과 마찬가지로 산이 산이 아니고 물이 물이 아니라는 연기법의 세계를 터득하고 난 뒤에 보는 산과 물은 그 이전의 산과 물과는 전혀 차원이 다른 산과 물인 것입니다.

이 세 번째 단계, 곧 우리가 보고 듣고 느끼는 현실 세계가 바로 실제 세계라는 깨우침을 불교에서는 '현실을 있는 그대로 본다', '실제와 같이 본다'라고 표현합니다. 그래서 받아들인 현실의 모습, 그것은 현재 있는 그대로의 모습이고, "여여如如" 하다고 표현되는 있는 그대로의 세계입니다. 전문 용어로는 '진공묘유眞空妙有'라고도 부릅니다. 우리 세계는 연기법의 세계이므로 '참으로 공' 진공眞空의 세계이지만, 이 공의 세계는 아무 것도 없는 무나 허무의 세계가 아니라 이렇게 '신비하게 존재하는' 묘유妙有라는 것입니다. 공의 세계이므로 자아가 없고 고정된 상황이나 사물이 없으므로 우리는 집착하지 않습니다. 그러나 이 세계는 지금 여기에서 생생하게 살아있는, 너무나 아름답고 신비로운 세상입니다. 이렇게 우리는 지금 현재, 여기에서의 삶을 있는 그대로 긍정하고 받아들이게 됩니다. 모든 괴로움과 집착, 욕망을 벗어나 있는 그대로 나와 이 세계를 받아들이는 것이지요. 아, 얼마나 아름다운 세계인가요! 이것이 바로 불교에서 말하는 궁극적인 깨달음입니다. 붓다가 보리수 아래에서 깨달은 것도 바로 이것 때문이었습니다. 붓다는 이를 깨달은 뒤 거의 7일 동안 미칠 것 같은 기쁨 때문에 말도 제대로 하지 못했다고 합니다. 왜 그랬을까요? 그동안 고통으로 가득 찼던 세계가 한순간에 기쁨과 아름다움의 세계로 바뀐 것이지요. 붓다는 오랜 수행 끝에 아름답고 신비로운 세계를 다시 발견한 것입니다. "산도 여전히 그 산이고, 물도 여전히 그 물이다"라는 기쁨! 그러고 보면 불교는 결국 기쁨의 종교인 것입니다.

어려운 이야기를 많이 들어서 머리가 좀 복잡하지요? 하지만 여러분이 이것만 분명히 안다면 이 책 전체의 다른 이야기들은 다 잊어도 좋습니다. 이 하나만 기억해 두세요. 연기, 곧 공空이란 이 세상 모든 것이 근원적으로 서로 연결되어 있다는 이야기라는 것 말입니다. 우리 모두는 서로 밀접하게 연결된 존재라는 것! 나는 그냥 개인적인 나 한 사람이 아니라는 것! 우리는 관계의 존재라는 것! 이것이 불교에서 말하는 공의 의미입니다. 이런 사실을 온몸으로 철저히 깨달을 때, 우리는 깨달은 사람이 될 수 있습니다. 그러한 관계의 삶을 지향하며 사는 사람들을 우리는 불교도라고 부릅니다.

* 출처: 수덕사 금당 편액에 쓰인 만공선사 글씨

　위의 글씨는 "세계는 한송이 꽃이다" 世界一花라고 쓴 만공滿空
1871-1946 스님의 글씨입니다. 일제 36년 강점기가 끝나고 우리나
라가 해방되었다는 소식을 들은 만공 스님은 잠시 숨을 고른
뒤, 옆에 떨어져있던 무궁화 꽃을 들어서 이 글을 쓰셨다는 일
화가 전합니다. 이 세상 만물은 서로 밀접하게 연결된 존재임을
말하는 불교, 특히 화엄불교의 정신을 한 마디로 표현한 시적
언어의 백미입니다.

생 각 해 보 기

1. 불교의 삼법인은 무엇입니까? 왜 삼법인을 깨달으면 자유롭고
   행복하다고 할 수 있습니까?
2. "산은 산이고 물은 물이다"→ "산은 산이 아니고 물은 물이 아
   니다"→ "산은 산이고 물은 물이다"의 인식 과정을 설명해보세
   요. 첫 번째 단계와 세 번째 단계가 동일한 문장인데 다른 의미
   를 가지게 되는 이유에 대해 말해주세요.

제21강

이와 같이 나는 들었다

如是我聞

이제 인도에서 시작된 붓다의 가르침인 불교가 어떻게 중국을 거쳐 전래되었는지 그 과정을 알아보기로 해보지요. 이것은 세계 문명교류사라고 할 수 있을 만큼 거대한 주제입니다. 인도에서 중국을 거쳐 한국까지 불교가 전파되기까지 천 년이 넘는 시간이 걸렸고, 그 긴 세월 동안 불교 교리는 무척 다양하고 깊게 발전했고 수많은 교파가 생겨났습니다.

　인도는 특히 문자 기록을 중시하지 않고 스승과 제자 간에 무릎을 맞대고 서로 말로 주고받는 구전의 전달을 중시하였습니다. 불교 교설을 포함하여 대부분의 종교적 가르침이 모두 암송을 통해 전해지는 문화적 특성을 가지고 있지요. 이때문에 현재 인도 고대 역사나 사상을 공부하는 사람들은 문자로 남겨진 기록들이 거의 없어서 연구하는 데 어려움을 겪고는 한답니다. 붓다의 재세 시에 그에게서 직접 깨달음에 대해 들을 수 있었고, 열반한 후에도 제자들에게서 "나는 부처님에게 이런 말씀을 직접 들었다."여시아문 如是我聞는 식으로 전달받을 수 있었지만, 이후 시간이 더 흐르자 무엇이 붓다가 직접 한 말인지

사람들 사이에 의견이 맞지 않게 되었지요. '부처님이 하신 말씀'은 사람들의 입에서 입으로 전달되다보니 당연히 조금씩 달라졌을 것입니다. 마치 『춘향전』이라는 고전이 시대를 따라 전해오면서 뼈에 살이 붙듯 여러 가지 판본이 만들어지는 것과 마찬가지일 것입니다. 사실 불경 뿐 아니라 고대의 많은 저서들은 한 사람의 저작이 아니라 많은 사람들의 공동 저작인 경우가 많았습니다. 특히 붓다는 청중의 이해 능력과 수준에 맞추어 내용을 완전히 다르게 설법했지요. 의사 선생님이 환자의 병과 증세에 따라 서로 다른 약을 주는 것과 마찬가지였습니다. 그러니 뒷날 정말 어떤 것이 붓다의 말인지가 더 혼란스러울 수밖에 없었겠지요.

결국 제자들은 붓다의 씀 중 중요한 가르침을 통일하기 위해 모두 모여서 의논하기로 하였지요. 그것을 '경전 결집'이라고 부릅니다. 결집이라는 말은 모여서 회의하고 토론했다는 의미이지요. 지금 우리가 읽는 불교 경전들은 모두 세 차례의 결집을 거쳐 편찬되었습니다. 1차 결집은 기원전 544년에 제자인 가섭을 중심으로 500명의 비구 남자 승려들이 모여서 다 같이 암송하는 방식으로 진행되었다고 합니다. 제자 아난다가 자신이 기억하는 부처님 말씀을 암송하면, 대중이 그것을 '부처님 말씀'佛說이라고 인정하는 방식으로 7개월이나 계속되었다고 해요. 인도 아쇼카 왕은 불교를 해외로 전파하는 데 가장 큰 공헌을 한 왕인데, 아쇼카 왕 이전부터 불교 교단은 진보파와 보수파로 나누어져 분열의 조짐이 보였습니다. 그러다가 기원

전 386년경에 이루어진 2차 결집에서 교리 문제로 교단이 완전히 분열되어 보수적인 상좌부와 진보적인 대중부로 나누어졌다고 합니다. 3차 결집은 교단이 상당히 확장된 뒤에 다른 사상과의 갈등으로 인해 교리를 정비하고 교단의 화합을 이끌어 내기 위해 진행되었습니다. 기원전 250년부터 9개월 동안 결집이 이루어졌고, 이때 불교 경전이 처음으로 문자로 기록되었다고 합니다. 특히 붓다가 직접 말씀하셨다는 내용이 『아함경』이라는 경전으로 우리에게 전해지고 있지요. 3차 결집에서는 경經, 부처님의 가르침과 율律, 수행자들의 생활 규칙 외에도 논論, 경전과 율장에 대한 주석서도 정리되었습니다. 이 경·율·논을 '불교의 세 가지 보물 창고'삼장 三藏이라고 부르게 되었지요. 이렇게 복잡하고 오랜 과정을 거쳐서 불교가 하나의 종교 집단으로 자리를 잡게 되었습니다.

그러다가 기원전 2세기 경 대승불교 운동이라는 새로운 운동이 일어나 큰 변화를 일으키게 되었습니다. 대승불교는 출가한 수행자뿐만 아니라 가정생활을 하며 살아가는 평범한 일반인도 구원의 대상으로 삼는다는 데 이전의 불교와 큰 성격상의 차이가 있다고 할 수 있지요. 그들은 자신들의 새로운 사상을 '대승大乘' 불교라고 부르고, 종전의 불교를 '소승小乘' 불교라고 폄하했어요. 물론 소승불교라고 불리는 이들은 그들 스스로 이 용어를 사용하지 않아요. 그들은 자신들이 붓다의 고유한 가르침을 잘 간직하고 수행하는 적통이라는 의미에서 상좌부上座部 불교, 다시 말해 영어권에서는 테라바다 부디즘Theravāda Buddhism

이라고 부릅니다. 이하에서는 남방불교라고 부를 겁니다. 여튼, 대승은 '큰 수레'라는 뜻으로, 많은 사람을 큰 수레에 태울 수 있듯이 일반인들을 포함한 많은 이들을 구원하는 가르침이라는 뜻을 가지지요. 대승불교도들은 기존의 불교 수행법은 출가자 자신의 깨달음만 추구하는 '작은 수레'에 불과한 용렬한 불교라고 비판하고, 그들은 사바세계의 모든 중생들과 함께 동시에 구원을 성취하는 원대한 '보살菩薩'의 수행법이라고 대대적으로 표방하였습니다.

보살은 붓다를 대신하여 이 세계에서 자비로운 활동을 실천하는 대승불교의 이상적인 인간상을 가리킵니다. 보살은 자비로운 마음에서 비롯된 '육바라밀'을 실천하는 사람들입니다. 육바라밀은 다른 사람에게 자신의 것을 베푸는 '보시布施', 생활 규칙을 잘 지키는 '지계持戒', 고난을 참고 견디는 '인욕忍辱', 늦추지 않고 한걸음씩 노력해나가는 '정진精進', 정신을 집중해서 이루어진 안정되고 고요한 마음인 '선정禪定', 진실한 지혜를 얻는 '반야般若'를 말합니다. 지금도 절에 가면 여자 신도들을 모두 "보살님"이라고 부르고 있지요. 이 육바라밀을 실천하는 신도가 되기를 바라는 마음에서 그렇게 부르는 거라고 할 수 있겠지요. 최근에는 생태 문제 해결을 위해 노력하는 환경운동가를 '환경보살'이라고 부르거나, 심지어 기독교의 예수를 '예수보살'이라고 부르는 사람까지도 있답니다.

인도에서 발생한 이 불교사상은 기원전 2세기 말 '실크로드 silk road, 비단길'라는 동서 교통로가 열리면서 중앙아시아와 중국에 전파되기 시작하였습니다. 인도와 중앙아시아, 중국을 넘나들며 장사를 했던 상인들이 주로 취급했던 대표적인 품목이 비단이라서, 비단길이라는 이름이 붙었다고 합니다. 또 바다로도 다양한 물품의 무역이 이루어졌는데, 이 해로를 통해 불교가 전해졌다고 해서 달마 선사의 이름을 붙여서 '달마로드'라고 부르는 사람도 있습니다. 이 비단길과 바닷길을 통해 비단이나 차, 향신료 등 물질적인 상품에 불교라는 정신적 산물이 묻어서 함께 교역되기 시작한 것이지요. 그 결과 중국인들은 자신들의 고유 사상과 전혀 다른 인도 사상을 받아들였고, 갈등과 진통을 거듭하면서 자신들의 생각과 문화가 묻어있는 새로운 사상으로 재창조하게 되었습니다. 나중에 불교 사상을 받아들인 한국인들도 똑같은 갈등과 고민의 시기를 겪게 되지요. 이 같은 과정을 통해서 단순히 전해 받은 것 그대로가 아닌 자신만의 개성적인 발전을 이루게 되는 것이 문화와 사상의 발전이라고 할 수 있습니다. 인도불교가 중국에 들어와 정착하기까지 거의 천 년의 시간이 걸렸다고 합니다. 삼국시대에 고구려, 백제, 신라에 전래된 불교도 바로 이런 천 년의 갈등과 고민 속에서 잉태된 새로운 불교라고 할 수 있습니다.

중국에 전해진 인도불교는 크게 의탁불교 시대, 격의불교 시대, 본의불교 시대라는 세 단계를 거쳐 나름대로의 특징을 지닌 중국불교로 재창조되지요. 초기인 의탁 불교 시대는 불교가 불교로서가 아니라 중국에 원래 있던 사상인 도가道家 사상의 한 파로 이해되던 시기의 불교라고 할 수 있어. 앞에서 다루었던 도가를 처음 창시한 철학자인 노자는 인간의 모든 의도적이고 합목적적인 행위를 반대하고 자기가 가지고 태어난 본성 그대로 살기를 바라서 '자연'과 '무위'를 주장했지요. 도가 사상은 의도적이고 인위적인 행위를 하지 말고, 자기가 태어난 본성, 즉 '저절로 그렇게 되는' 본성에 따라 살기를 권하는 사상이었습니다. 그런데 나중에 도가의 한 흐름이 건강하게 오래 사는 데 관심을 기울이는 양생술로 발전하게 되었습니다. 양생술이란 생명을 잘 기르는 방법이라는 뜻인데, 그 방법으로 호흡법이나 약 제조에도 관심을 기울였지요. 중국 천하를 통일한 진시황이 불로장생하기 위해 불로초나 약을 복용하다가, 수은 중독으로 세상을 떠났다는 얘기는 유명하지요. 중국에서 불교는 처음에 오래 생명을 유지하는 도가의 호흡법의 하나로 오인받아 받아들여졌습니다. 그건 수많은 불교 경전들 가운데 우연히 『안반수의경』이라는 호흡법과 관계된 경전이 중국에서 최초로 번역되어 전해졌다는 역사적 우연과 관련이 됩니다. 바로 이 시기를 의탁불교 시대라고 하는데, 이렇게 첫 인연을 맺은 도가와 불교는 이후 중국과 한국에서 매우 밀접하게 연관되며 상호 영향을 미치게 됩니다.

다음으로 격의 불교 시대는 도가 사상의 개념인 노자의 '무無'나 장자의 '소요逍遙' 개념을 빌어 공 사상을 이해하던 시기입니다. 앞에서도 말했지만 불교의 공은 연기 개념인데, 공이라는 글자 자체가 '비었다'는 뜻을 가지고 있기 때문에 오해의 소지가 많았습니다. 그래서 비었다는 뜻이니까 도가 사상의 무나 소요 개념하고 비슷하겠구나 생각해서 그와 연관시켜 이해했던 것이지요. 원래 도가의 '무'는 없다는 뜻이라기보다는 인위적이고 의도적인 행위를 안 한다는 의미에서 무위하다는 것이고, '소요'는 유유자적하게 거닐다, 소풍하다는 말에서 시작되어 인간 정신이 절대적으로 자유롭다는 뜻으로 쓰였습니다. 그래서 지금도 불교에서 말하는 공이 의도적이고 목적적인 억지 행위를 하지 않는다는 것, 즉 욕심을 갖지 않는다는 무심無心의 뜻으로 해석되는 경우가 많습니다. 물론 이런 측면으로 이해할 수 있는 부분이 있기는 하지만 공이란 연기를 말하는 것이므로, 무위나 무심으로 공을 해석하는 것은 오해의 소지가 있는 해석입니다. 바로 이런 방식으로 불교를 이해하던 시기가 격의불교 시대입니다.

본의 불교 시대는 이제야말로 불교가 불교 사상으로서 본격적으로 이해되기 시작한 시기의 불교이고, 이때부터 공을 연기의 개념으로 이해하게 됩니다. 이때의 불교는 중관학, 유식학 등에 해당하며, 여기에서 시작되어 점차 동아시아의 특성을 가진 불교로 발전해 나아가게 됩니다. 중국불교는 원래의 인도불교와 달리 새롭게 창조된 동아시아만의 특징을 가진 불교입니다. 중국불교는 이렇게 천 년간의 시행착오 끝에 성공적으로 중국화한 불교를 가리키며, 구체적으로는 중국 수당 시대의 천태, 화엄, 선불교가 여기에 해당한다고 할 수 있습니다. 이 천태학, 화엄학, 선불교에 대해서 이야기를 하기 전에 인도불교의 연기관과 동아시아의 특색을 지닌 중국불교의 연기관은 어떠한 차이를 가지고 있는지 살펴보기로 합시다.

공의 의미가 연기緣起라는 것은 여러 차례 이야기하였지요? 그런데 연기를 어떻게 이해할 것인가에 따라 업감연기설, 아뢰야식연기설, 진여연기설 등 다양한 해석 방법이 있고, 연기의 해석에 따라 그를 따르는 종파의 내용이 달라졌다고 할 수 있습니다. 예를 들면 본의 불교가 중국화하여 중국불교로 변화하였다는 의미는 바로 인도불교의 유식학唯識學의 '아뢰야식연기'가 중국불교의 '진여연기'로 변화하는 과정이라고 볼 수 있습니다. 이 부분은 뒤에서 자세히 설명 드리겠습니다.

원래 초기불교에서는 사람이 '업業'을 원동력으로 하여 윤회한다는 '업감연기설業感緣起說'을 말하였습니다. 윤회란 사람이 죽는다고 끝이 아니라, 죽으면 다시 생명을 받아서 다른 생명으로 태어나는 일을 반복하며 사는 것을 말합니다. 이때 그 사람이 전생에서 착한 일을 행하면 다음 생에서 좋은 결과를 받고, 악한 일을 행하면 다음 생에서 나쁜 결과를 받는다고 말하고는 합니다. 그런데 이상하지 않아요? 불교에서는 '자아'가 없다고 말하는데, 어떻게 자신의 행위에 대한 결과인 과보를 받을 수 있을까요? 무엇이 남아있어서 과보를 받는 것일까요?

초기불교 교설에 따르면, 이 과보를 받을 수 있게 하는 것이 업입니다. 사람은 죽으면 다시 생명을 받아 태어나는 '윤회의 수레바퀴' 속에 있는데, 이때 업이라는 실체가 전해진다는 것이지요. 그래서 착한 행위를 하면 좋은 과보를 받고, 악한 행위를 하면 나쁜 과보를 받게 된다는 사실이 설명되는 것입니다.

이렇게 보면 지금 생에서 고통 받고 어려운 사람은 지난 생에서 잘못 살았기 때문이고, 지금 생을 편안하고 행복하게 잘 사는 사람은 지난 생에서 선하게 사는 보답을 받는 것이라고 설명하는 것이지요. 이렇게 보면 다음 생에서 잘 살려면 지금 선한 일을 많이 하고 착하게 살아야 하겠지요? 업감연기설은 지금 생에서 사람들에게 선한 일을 권하거나 현재의 생을 불평 없이 받아들이게 하는 데 큰 역할을 할 수 있을 것입니다. 지금 주어진 생을 착하게 살아서 착한 업이 쌓이고 수행이 깊어져서 마침내 깨달음에 이르면, 열반의 경지에 들 수 있게 됩니다. 초기불교에서 열반의 경지란 바로 끊임없이 계속되는 이 윤회의 수레바퀴에서 벗어나 다시는 생명을 받아 태어나지 않는 것입니다.

그런데 인도불교가 중국화하면서 이런 연기관이 달라지게 되었지요. 인도불교의 대표적인 연기관은 '아뢰야식 연기'입니다. 인도불교는 우주의 궁극적 실체는 오직 마음뿐이며, 외부의 대상은 단지 마음이 나타난 결과일 뿐이라고 주장합니다. 이러한 사상에 근본을 둔 불교가 '유식학'인데, '유식唯識'은 "오직 마음뿐"이라는 뜻입니다. 물론 유식학도 업을 통해 윤회한다는 업감연기설의 논리를 그대로 유지하였습니다. 그런데 문제가 생긴 거죠. 유식학은 인간의 의식을 순간 찰나마다 생성되었다가 바로 소멸되는 것으로 규정함으로써 새로운 설명이 필요하게 되었던 것입니다. 한 순간 소멸하는 의식이 어떻게 과거의 잘못된 행위와 연결하여 미래의 업을 생성할 수 있는가 하는 문제가 제기된 것이지요. 유식학은 인간 마음속에 근본 의식인 아라야식을 설정함으로써 이 문제의 해결을 시도하였습니다.

우리 마음속을 깊숙이 들여다보면, 아주 깊고 깊은 속에 있으면서 우리 자신도 의식하지 못하는 넓은 영역의 의식이 있습니다. 심리학에서는 그것을 무의식, 또는 심층의식이라고 하고, 유식학에서는 아뢰야식阿賴耶識이라고 부릅니다. 연기는 원래 공空을 의미한다는 건 앞에서 여러 차례 설명하였지요? 그것은 현상계의 모든 사물들이 수많은 원인과 결과의 고리로 이어진 관계망 속에 있다는 의미였습니다. 그런데 초기불교의 이러한 연기의 의미가 심층의식, 또는 무의식 속에 저장된 종자씨앗가 세상의 모든 사물과 현상을 낳는다는 것으로 바뀐 것이 바로 유식학의 아라야식 연기설입니다. 유식학에 의하면, 우리 마음은 '여덟 개의 의식八識'으로 나누어진다고 합니다. 우리 마음을 다섯 가지 감각 작용의 측면에서 포착하여, 눈으로 보고 아는 마음안식眼識, 귀로 듣고 소리를 아는 마음이식耳識, 코로 맡고 냄새를 아는 마음비식鼻識, 혀로 핥고 맛을 아는 마음설식舌識, 만져보고 아는 마음신식身識으로 나누고, 이것을 '앞의 다섯 가지 의식전오식前五識'이라고 불렀습니다. 또한 감각 작용에 의지하지 않고 지성, 감정, 의지, 상상력 등을 포괄하며 외적인 감각을 통괄하는 중추로서의 의식 작용으로 제6식의식意識을 상정하였습니다. 그리고 이러한 표면적인 마음 밑에 더 심층적인 의식이 잠재하고 있다고 보았지요. 우리가 죽은 뒤에도 업業의 힘이 계속되기 위해서는 이 6식 이상의 것이 있어야 하기 때문이다. 그리하여 제6 의식의 밑바닥에 제7 마나식이라는 불리는 자아의식을 두고, 그 밑바닥에 인간의 모든 경험을 간직하고 모든 행위를 발생시키는 제8 아뢰야식이라는 근원적인 마음이 존재한다고 보았던 것입니다.

유식학에서는 모든 과거의 경험은 그냥 사라져 버리는 것이 아니라 잠재적인 힘의 형태로 머물러 있다가 현재와 미래의 경험에 작용하게 된다고 봅니다. 예를 들어 내가 내 방을 깨끗이 청소하는 경험은 그 한 번의 경험으로 끝나는 것이 아니라 그 힘이 모르는 사이에 내 속에 남아서, 미래의 경험에 작용하게 되지요. 그래서 한 번 방을 청소하고 나면 그 다음 번에 내가 방을 깨끗이 청소하는 것이 훨씬 쉬워지는 것입니다. 마찬가지로 다른 사람에게 거짓말을 하는 나쁜 경험은 그 한 번의 경험으로 끝나는 것이 아니라 그 힘이 모르는 사이에 내 속에 남아서 다음번에 훨씬 쉽게 거짓말을 할 수 있게 됩니다. 이처럼 한 번의 경험은 마치 향을 태우면 옷에 그 향기가 스며들듯 모르는 사이에 자기 속에 흡수되는데, 이와 같은 경험 축적의 방식을 '훈습薰習'이라고 부릅니다. 마치 스며들어간 향이 옷에 향기를 풍기는 것과 마찬가지로, 축적된 경험은 결과를 발생시킬 수 있는 상태로 우리의 심층 의식아뢰야식 속에 잠재한다고 보는 것입니다. 이 잠재적인 힘은 마치 씨앗이 땅 속에 있는 동안 보이지 않지만 싹을 낼 가능성으로 존재하는 것과 같기 때문에 '씨앗종자種子'이라고 부르고, 아뢰야식 속에 저장됩니다. 훈습된 아라야식의 종자로부터 의식 활동이 이루어지고, 그러한 활동이 또다시 종자를 훈습시키는 끝없는 순환이 이루어지게 되는 것입니다. 이렇게 아뢰야식의 종자에서부터 이 세상의 다양한 모습들이 나타난다고 보는 설명 방식을 '아뢰야식 연기설'이라고 부릅니다. 연기에 대한 무척 새로운 설명 방식이지요?

이에 반해 아뢰야식 연기설과 다른 '진여연기설'은 중국 및 한국을 포함하는 동아시아 불교의 전형적인 특징이라고 볼 수 있습니다. 진여연기설은 이 세상의 모든 현상이 참된 마음인 '진심眞心', 또는 '진여眞如'에 의거하여 생겨난다고 보는 이론입니다. 진여연기는 생성 소멸하지 않으며불생불멸 변화하지 않는 실체인 진여가 이 세상의 다양한 현상으로 나타난다고 보는 관점이지요. 진심이나 진여는 대승불교에서 아주 중요한 개념입니다. 우주에 항상 변화하지 않고 존재하는 실체인데, 우리 생각이나 언어로 미칠 수 없는 근본적인 것을 가리킵니다. 그것을 불교는 참된 마음, 참된 그대로 라는 의미에서 진심, 진여라고 불렀던 것이지요. 이 진심, 또는 진여에서 이 세상이 생겨났다고 보는 것이 진여연기설입니다.

그런데 좀 이상하지 않나요? 변화하지도 않고 사라지지도 않는 실체인 진여에서 생멸 변화하는 현상이 나온다는 것은 좀처럼 이해되지 않을 것입니다. 그러나 이 점을 이해해야 비로소 진여연기론의 의미를 이해할 수 있게 될 것입니다. 우리는 이 해결의 열쇠를 동아시아 불교의 가장 중요하고 핵심적인 논서인 『대승기신론大乘起信論』에서 찾아볼 수 있을 것입니다. 진여연기론이 동아시아 불교의 가장 핵심적인 특징이기 때문에 그 사상적 근거인 『대승기신론』을 살펴보지 않을 수가 없네요. 이 부분은 다음 장에서 다루기로 하겠습니다.

생 각 해 보 기

1. 불교의 사고방식이 유학의 사고방식과 어떤 근본적인 차이가 있는지 생각해보세요.
2. 중국불교와 인도불교가 근간으로 삼고 있는 진여 연기관과 아라야식 연기관의 차이를 살펴보세요.
3. 중국에 들어와서 불교가 이해되는 과정인 의탁불교 시대, 격의불교 시대, 본의불교 시대, 중국불교의 시대에 대해 설명해보십시오.

제22강

한마음에 열린 두 개의 문

一心開二門

『대승기신론大乘起信論』은 서력 100년에서 150년 사이에 활동한 인도의 마명馬鳴이 저술하고, 이후 서역에서 중국으로 건너온 유명한 역경승 진제眞諦, 499-569가 한문으로 번역한 것으로 알려졌습니다. 그러나 저자나 역자, 성립 연대에 관해 분명한 사실이 밝혀지지 않았기 때문에 논란이 끊이지 않습니다. 다만 한 가지 분명한 것은 이『대승기신론』이 인도불교와는 사뭇 결이 다른 중국, 한국, 일본 등 동아시아 불교를 성립시키는 데 중요한 촉매 역할을 하였다는 사실입니다. 이 책을 설명하는 주석서로는 원효의『대승기신론 소』,『대승기신론 별기』와 중국 화엄종 3조인 법장法藏, 643-712의『대승기신론 의기』가 유명하지요. 그런데 법장의 책은 사실상 신라의 원효元曉, 617-686 주석서를 거의 그대로 인용한 것에 불과해요. 따라서 원효의 주석서는 '해동소海東疎'라는 이름으로 당시 중국, 일본에까지 명성을 떨쳤고,『대승기신론』사상을 가장 핵심적으로 설명해주는 책으로 평가받고 있지요.

이제 그 사상으로 들어가 볼까요?『대승기신론』은 기본적으로 마음을 두 가지 측면으로 나누어 파악하고 있습니다.

"한 마음(一心)에는 두 개의 문이 열려 있다. 무엇을 두 개의 문이라고 하는가? 하나는 심진여문이고, 다른 하나는 심생멸문이다. 이 두 개의 문은 각각 모든 대상을 포함하고 있다. 어째서 그러한가? 이 두 문이 서로 떨어져 있지 않기 때문이다." 『대승기신론』

依一心法有二種門, 云何爲二. 一者心眞如門, 二者心生滅門. 是二種門皆總攝一切法. 此義云何. 以是二門不相離故.
『大乘起信論』

The priciple of One Mind has two aspects. One is the aspect of Mind in terms of the Absolute, and the other is the aspect of Mind in terms of phenomena. Each of these two aspects embraces all states of existence. Why? Because two aspects are mutually inclusive.

The Awakening of Faith

동아시아 불교는 사실 이 구절에 대한 해석에서 시작했다고 해도 과언이 아닐 만큼 중요한 얘기입니다. 최고의 주석가인 원효의 설명을 들어보기로 할까요? 원효는 우리가 살아가는 이 세계가 '한 마음一心'에서 시작된다고 보았습니다. 다시 말하면 우리가 살아가는 세상은 바로 이 한 마음이 만들어낸 것이라고 보는 것이지요. 원효는 이 세계는 실제로 존재하는 것이 아니라 허망한 것이고, 오직 마음이 만들어낸 것일 뿐이라고 말하고 있습니다. 의상과 당나라 유학을 떠나려다 어느 동굴 속에서 마신 해골의 물이 이러한 깨달음을 그에게 준 것인지도 모르겠습니다. 이 마음을 떠나면 우리가 감각 경험하는 이 세상이라는 것도 없어진다는 것이지요. 그래서 원효는 위 구절에 대해 "이 세상의 모든 존재는 그림자와 같아 실체가 있는 것이 아니고, 오직 마음이 만들어낸 것으로 실체가 없다"라고 설명하고 있습니다. 이 내용을 좀더 자세히 살펴보기로 합시다.

불교에서 '참 그대로'라는 뜻의 진여眞如나 '부처의 성품'이라는 뜻의 불성佛性이라고도 부르는 '한마음'은 철학의 '본체', 또는 '실체' 개념에 해당합니다. 그런데 본체, 또는 실체가 무엇인가요? 여기에 대해서는 우리가 앞에서 좀 다루었지요?

또다른 영화 한 편을 예로 들어보지요. '빨간 모자의 비밀'이라는 영화가 있습니다. 그 영화 장면 가운데 한 할머니가 스키를 타고 높은 산에서 신나게 내려오는 장면이 있지요. 그런데 과연 누가 이 할머니로 하여금 스키를 타고 내려오게 한 걸까요? 할머니가 스키를 타고 싶어서 스스로 그렇게 한 걸까요? 아니면 다른 어떤 무엇이 할머니를 그렇게 만든 것일까요? 관객들은 할머니가 진짜로 스키를 타고 내려오는 것 같이 느껴져서 마음을 조이면서 화면을 보지만, 그것은 실제 세계가 아니라 영화 속 세계 일 뿐이지요. 할머니로 하여금 스키를 타게 만든 것은 사실 영화를 만든 감독이나 영화 대본이라고 할 수 있을 것입니다. 감독이 영화의 어떤 부분에서 스키 타는 장면을 넣어야겠다고 생각하거나, 또는 영화 대본에 할머니가 스키 타는 장면이 들어있으면, 그에 따라 스키 타는 장면이 들어있는 영화가 만들어지는 것이지요. 따라서 감독이나 대본이야말로 영화의 근본이라고 말할 수 있겠지요. 우리는 그러한 근본을 본체, 또는 실체라고 부릅니다.

서양에서는 이 세상 뒤에서 명령하는 이런 감독과 같은 존재를 '신神, God'이라고 부르기도 하고, 이 세계를 그렇게 움직이게 만드는 영화 대본과 같은 것은 사상이나 개념이라는 뜻의 '이데아Idea'라고 부릅니다. 서양 철학은 대부분 이 신과 이데아를 찾으려는 시도였다고 볼 수 있습니다. 이에 반해 원효는 이 세상이라는 영화를 만들어내는 것은 감독이나 영화 대본이 아니라 우리 자신의 마음이라고 설명하고 있습니다. 그것은 개개인의 마음이 아니라 이 세계에 둘도 없는 절대적인 마음이기 때문에 '한 마음'이라고 부르는 것이고요. 물론 이 한 마음과 우리 개인의 마음이 전혀 다른 것은 아닙니다. 우리 마음이 깨끗할 때 우리 마음과 이 한 마음이 바로 하나가 될 수 있기 때문이지요.

『대승기신론』에서는 이렇게 이 세상 모든 것이 인간의 마음에 기초하고 있다고 보았기 때문에, 마음이 세계의 모든 존재를 다 포함하고 있다고 말합니다. 인간이 경험하는 모든 세계는 마음의 세계라고 할 수 있으므로, 괴로움과 깨우침 또한 마음의 문제라고 할 수 있다는 것이지요. 불교의 모든 가르침은 결국 우리 평범한 인간들의 마음을 대상으로 하며, 마음 가운데서 일어나는 괴로움에서 벗어나는 것을 목표로 삼는다고 할 수 있습니다. 그런데 『대승기신론』은 인간의 마음을 두 가지 측면에서 파악해 들어갈 수 있다고 말한 것이지요. 하나는 마음의 본래 모습이고, 다른 하나는 마음이 활동하고 변화하는 측면입니다. 여기에서 마음의 본래 모습을 '심진여문'이라고 하고, 마음의 활동하고 변화하는 측면을 '심생멸문'이라고 하였던 것이다. '문門'을 마음으로 들어가는 입구의 뜻으로 보아 마음을 바라보는 관점이라고 해석한다면, 마음을 어떤 관점에서 보느냐에 따라서 마음의 모습이 전혀 다르게 나타나는 것을 표현한 것입니다. 마음에 문이 있다는 건 상당히 시적인 표현처럼 느껴지지요? 마음이란 건 눈으로 보거나 손으로 만질 수 없는 것인데 말이지요.

'심진여문'은 마음을 진여, 곧 진실의 측면에서 보는 것을 말합니다. 진여眞如는 '참 진眞' 자와 '그대로 여如' 자가 합친 단어로서 '참 그대로의 모습'이라는 뜻이 되는데, 모든 존재의 진실한 모습을 의미하지요. 마음은 진여라는 측면에서 보면, 새로이 생성되거나 소멸되지 않고 본래 고요한 것입니다. 따라서 원효는 심진여를 "심성이 생성되지도 소멸되지도 않는다는 것 불생불멸한 것은 모든 존재가 오직 허망한 생각에 의해서만 차별이 있게 된다는 것이다. 만약 마음의 생각을 떠난다면, 모든 존재의 형상이 없게 된다. 따라서 모든 존재는 본래부터 말로 표현할 수 없고, 개념으로 인식할 수 없으며, 마음의 심리적인 작용에서 벗어나 있다. 결국 그것은 평등하고 변화하지 않으며 파괴할 수 없이, 오직 한 마음일 뿐이다. 따라서 진여라고 부른다."라고 설명하였습니다. 마음의 진실한 상태, 마음의 본래 상태는 헛된 생각 따위에 휘둘리지 않는 고요한 것이고, 따라서 새롭게 생성되거나 소멸하는 변화가 없습니다. 우리가 마음을 가라앉히고 앉아있노라면 도달하게 되는 고요한 마음, 바로 그 것이 심진여에 가깝다고 할 수 있습니다. 그런데 심진여는 말이나 개념이나 생각으로 파악할 수 없다는 것이 큰 특징이지요. 그것은 우리의 일반적인 인식과는 차단된 상태입니다. 고요한 묵상이나 좌선을 통해 여기에 도달하고자 하는 것이 선불교입니다.

마음의 본래 모습은 이렇게 고요하며 깨달음의 지혜를 갖추고 있는 것이지만, '무명無明'이라는 조건 때문에 마음이 동요를 일으켜서 변화하게 됩니다. 이것이 '심생멸문'입니다. 무명은 무지하다, 밝지 못하다는 뜻인데, 이 세계가 모두 진여가 나타난 것임을 인식하지 못하고 개인적인 욕심이나 거짓으로 가득 차 대상을 분별적으로 생각하는 것을 말합니다. 그러나 진실한 마음의 본성인 심진여를 깨달으면 다시 마음의 원천으로 돌아와서 동요가 없어지고 고요해지게 됩니다. 이렇게 변화하는 관계 속에서 마음을 파악하는 것이 심생멸문이지요. 그래서 원효는 "세계의 모든 존재들은 오직 허망한 생각에 의해서만 차별이 생겨난다"라고 설명하였던 것이고요.

그런데 이것은 실제로 차별이 생겨난다는 이야기가 아닙니다. 심진여의 측면에서 보면 모든 것이 평등하고 진실하지만, 무명 때문에 동요를 일으킨 마음으로 보면 이 세계의 대상들을 차별적으로 잘못 파악하게 된다는 의미이지요. 이런 상태는 공중에 핀 꽃에 비유할 수 있습니다. 눈병에 걸린 사람은 허공에

꽃이 피었다고 생각하지만, 사실은 허공에 진짜 꽃이 핀 것이 아니라 눈병 때문에 그렇게 보일 뿐이라는 것이지요. 당연히 눈병이 다 나으면 공중에 핀 꽃은 사라지고 없게 될 것입니다. 이와 마찬가지로 우리가 이 세계의 대상들을 볼 때 "이것은 좋다", "저것은 나쁘다", 혹은 "이것은 무엇이다" 하고 판단하지만, 그것은 생멸하는 마음이 만들어낸 분별적인 사고일 뿐 실제의 모습은 아닐 것입니다. 진여의 눈, 진실의 눈으로 보면 모든 것은 차별적이지 않고 평등할 뿐입니다.

『대승기신론』의 '진여연기설'은 진여가 변화를 일으키는 주체라고 보면서도 그러한 변화가 진여의 본성에 따른 것이 아니라 밖에서 오는 무명의 작용에 의한 것이라고 보는 점이 특징입니다. 우리가 보는 모든 존재들의 차별적인 모습은 무명에 물든 분별적인 사유의 소산이지, 그 존재들의 본래적 모습이 결코 아니라는 것이지요.

『대승기신론』에 자주 나오는 '바다와 파도의 비유'를 예로 들어보기로 하지요. 본래 고요한 바닷물이 진여이고, 바람에 흔들려 파도를 일으키고 있는 것이 생멸하는 현상의 모습입니다. 바람이 불면 고요한 바다에 파도가 치지요. 이것은 무명의 바람이 불면 고요한 심진여가 흔들려서 심생멸이 생기고, 결국 다양한 현상 세계가 나타나게 되는 것에 비유한 것입니다. 그런데 이때 바닷물은 없어지는 것이 아니라 파도치는 물의 불변하는 본체로서 그대로 존재합니다. 파도는 바닷물과 전혀 다른 것이 아니라, 바람에 의해 흔들리고 있는 바닷물 그 자체의 모습이기 때문입니다. 마찬가지로 생멸하는 현상은 무명 때문에 일어나는 진여의 비본래적인 모습일 뿐입니다. 그러므로 진여와 생멸하는 현상은 바닷물과 파도처럼 같은 것도 아니지만 다른 것도 아닙니다.

우리가 보는 이 세계의 차별적인 현상은 무명無明의 영향 밑에서 그렇게 보이지만, 실제로는 한 마음인 진여의 다른 모습인 것입니다. 왜냐하면 바람에 의하여 흔들리는 물이 바람이 사라지면 다시 고요한 물로 되돌아가듯이, 무명의 작용이 제거되면 생멸의 모습을 일으키고 있는 마음이 다시 불변하는 진여의 모습으로 돌아가기 때문이지요. 그런 면에서 심생멸과 심진여는 서로 다르지 않습니다. 따라서 한마음에 난 두 개의 문이 되는 것입니다.

『대승기신론』은 마음의 두 개의 문이 각각 모든 존재들을 포함하고 있고, 따라서 "두 문은 서로 떨어져있지 않다"고 분명히 말하고 있습니다. 진여문은 진여문대로 모든 존재들을 포함하는 전체이고, 생멸문은 생멸문대로 모든 존재를 포함하는 전체라는 뜻이지요. '심생멸문'은 심진여가 일어나서 '인연에 따른 수연隨緣' 현상으로 나타난 것을 말합니다. 그래서 심생멸은 여래장如來藏에 의거하여 있게 된 것이라고 설명하지요. 이때 여래장이란 '여래를 간직하고 있는 마음', '부처가 될 수 있는 가능성'이라는 의미로 불성佛性을 말하는 것입니다. 이것은 우리 인간들이 본래부터 저절로 갖추고 있는 '깨끗한 성질의 마음자성청정심 自性淸淨心'이고, 바로 마음의 본체인 '진여眞如'이다.

이러한 진여에 의거하여 이 세상의 대상들을 인연에 따라 일으키고 소멸시키는 생멸심이 있게 된다고 설명하고 있습니다.

중요한 것은 진여, 불성, 자성청정심, 여래장, 일심, 진심 이런 개념들이 모두 한 가지를 가리킨다는 사실입니다. 그리고 이것이 우리가 사는 현상 세계의 다양한 현상들로 나타난다고 설명하는 것이 『대승기신론』의 진여연기설입니다. 마음의 진여적 측면과 생멸하는 현상의 측면이 둘이 아니라 한마음 속에서 연관을 맺고 있다는 것! 이 세상 모든 것들이 마음속의 진여, 불성, 자성청정심, 여래장, 진심의 표현이라는 것! 끊임없이 생멸 변화하는 무상한 세계가 불생불멸의 진여와 둘이 아니라는 것! 이것이 핵심입니다.

원효는 한 마음을 본체로만 파악하는 것, 즉 한 마음을 심진여의 측면으로만 보는 것은 목마른 사슴이 아지랑이를 보고 물이라고 하는 것과 다를 바 없는 미혹이라고 말하고 있습니다. "두 개의 문이 서로 다른 것이 아니기에 한 마음이라고 한 것이다. 둘이 없다면 하나인들 어찌 있을 수 있겠는가?"라고 다시 반문하고 있지요. 두 개의 문이 서로 화합하고 통하기 위해서는 어디까지나 두 개의 문이 모두 한 마음이 되지 않으면 안 됩니다. 『대승기신론』은 이처럼 두 문이 각각 한 마음을 이루고 있는 모습을 나타내기 위해서, 두 문이 한 마음에 이르러 화합하고 통하는 모습을 그리고 있습니다. 생멸문과 진여문이 상호 화합하는 모습을 통하여, 생멸문에서 진여문으로, 또 진여문에서 생멸문으로 아무 걸림 없이 서로 통하는 모습이 바로 모든 대립을 극복하는 길임을 보여주고 있는 것입니다. 이에 따르면 수 천 수 만 가지로 대립하는 모습은 두 문이 화합하고 통하는 방식으로, 각각의 독자성을 잃지 않으면서 조화될 수 있게 됩니다.

『대승기신론』의 사상은 이후 동아시아 불교의 주춧돌이 되어 다양한 종파의 사상적 기반으로 작용하게 됩니다. 그러나 오늘날 동아시아 불교계에서 정설로 되어 있는 이러한 견해가 당시에는 아직 하나의 견해에 지나지 않았지요. 실제로 6세기 초에 중국에 소개된 인도불교의 유식학에는 현상 세계의 근원인 아뢰야식과 진리 세계의 근원인 진여를 같은 것으로 이해하느냐, 이질적인 것으로 이해하느냐 하는 문제와 현상 세계의 근원이 아뢰야식인가, 진여인가를 둘러싸고 이견이 많았습니다. 『대승기신론』이 널리 읽히고 그 사상이 여러 종파의 이론 체계에 수용된 것은 화엄종 이론을 집대성한 법장 이후였다고 볼 수 있습니다. 법장은『대승기신론 의기』라는 후대에 가장 널리 읽히는 주석서를 저술하였고, 그 영향으로『대승기신론』의 입장이 체계적으로 정리되면서 화엄종은 물론 불교계 전반에 널리 이해되게 되었던 것입니다. 그러나 법장도『대승기신론』이론을 적극적으로 선양하는 입장은 아니었습니다. 그에게『대승기신론』은 기본적으로 당시 대립하고 있던 유식학 교설을 비판하기 위한 의미를 가지고 있었다고 볼 수 있습니다. 하지만 그의 의도와 관계없이 그의 주석서는 다른 종파의 사람들에게까지도 널리 읽혔고, 그에 따라『대승기신론』을 최상의 이론으로 수용하게 되었습니다. 그런데 법장의 주석서는 그 내용이나 이론 체계에서 기본적으로 원효의 주석서에 의지한 것이었지요. 원효는 당시 불교계의 다양한 사상 체계를 종합화할 수 있는 이론을 『대승기신론』에서 발견하였고, 이에 대한 수많은 저술을 지어 『대승기신론』 사상의 우월싱과 정당성을 선양하였습니다. 원효의 주도면밀한 이론화를 통하여 『대승기신론』에 대한 이해가 비약적으로 진전될 수 있었던 것입니다. 『대승기신론』은 원효에 의하여 새롭게 탄생하였다고 하여도 지나친 말이 아닙니다.

『대승기신론』의 "한 마음에 두 개의 문이 있다"는 사상이 동아시아 대승불교의 근간이자 촉매제라면, 원효는 동아시아 불교의 가장 중요한 사상적 주춧돌을 놓았다고 평가할 수 있습니다.

『대승기신론』에서 말하는 인간의 희망의 근거는 인간이 본래부터 가지고 있는 본래적 깨달음인 본각本覺에 있습니다. 그러나 이 본래적 깨달음이란 현상의 배후에 있는 그 어떤 신비한 실체를 가리키는 것이 아니라, 사물의 참모습에 대한 오해를 우리 스스로 푼 것에 지나지 않습니다. 이 세상 모든 사물을 실체로 오해한 것을 푸는 것이 본래적 깨달음입니다. 이 같은 개념은 붓다 이래 불교 사상의 일관된 관점을 충실히 계승한 것입니다. 이 세계는 인간 자신의 마음이 만들어낸 것이고, 자기 마음의 투영과 무관한 세계를 만나는 것이 아니라는 것, 그리고 인간은 존재와 세계의 참모습을 오해하는 근원적인 무지無明를 가지고 있다는 것, 그러나 인간은 무지에 의해 가리워져 있을 뿐 존재의 참모습인 본래적 완전성은 그래도 빛나고 있다는 것! 더욱이 인간 자신의 자각과 노력에 의해 그 근원적 무지는 완전히 사라질 수 있다는 것! 그리하여 인간이 세상의 참모습과 만나게 될 때 완전한 인간 해방을 성취하게 된다는 것! 얼마나 가슴 뛰는 기쁜 소식인지! 바로 그것이 붓다 이래 원효까지, 그리고 지금까지 이어지는 불교의 사상입니다. 이렇듯 세상의 사물에 대한 오해를 떨쳐버리고 허구였던 분별의 벽을 무너뜨리면 사물의 참된 본래의 모습과 만나게 됩니다. 이러한 경지란 바로 "허공계와 같아서 두루 존재하지 않는 곳이 없고, 모든 존재가 하나로 통하는 상태"입니다. 모든 존재가 하나로 통하는 상태! 그것을 불교에서는 '법계의 하나의 상 法界—相'이라고 부르기도 합니다. 이렇게 완전히 자유로운 인간의 해방을 불교에서는 '해탈', 또는 '열반'이라고 부릅니다.

그렇다면 본래적 깨달음이란 사물에 대한 원초적인 오해의 극복을 조건으로 하는 개념입니다. 실제로 인간은 자기의 인식적 오류로 인하여 이 세상을 잘못 왜곡해서 받아들이고 있고- 즉 실체 개념으로!- 그로 인해 심각한 후유증인 괴로움에 시달리고 있는 것입니다. 그런데 이 오해를 풀어서 세상의 참 모습과 만날 수 있다는 '기쁜 소식'을 전하는 용어가 바로 본래적 깨달음, 본각입니다. 기독교에서도 복음이란 '기쁜 뉴스'라는 뜻인데, 예수가 세상에 태어나서 그를 통하여 세상 사람들이 모두 구원되기 때문에 기쁜 뉴스라고 부르는 것이지요. 그에 반하여 불교에서 기쁜 뉴스란 우리 마음속에 본래적인 깨달음이 자리 잡고 있다는 소식이니, 참으로 얼마나 기쁜 소식입니까! 그것이 예수건 누구건 자기 밖의 누군가 다른 사람을 통하여 구원되는 것이 아니라, 자기 내면 속에 이미 구원의 가능성이 본래적으로 내재해 있다고 보는 것이니 오히려 더 기쁘다고 해야겠지요. 누군가에게 도움을 받아 부자가 되는 것과 자기가 원래 부자임을 깨닫는 것, 그 차이라고 볼 수 있습니다.

이러한 설명을 통해 불교에 대한 거리감이 조금 좁혀졌나 모르겠습니다. 사찰이 보통 깊은 산속에 있고 스님들이 대개 집을 떠나 수행 생활을 하니까, 불교란 무언가 현실 세계와 거리가 있는 사상이라고 생각하기 쉽습니다. 그러나 불교는 현실을 떠난 사상이 아니라 오히려 가장 현실참여적인 사상이라고 할 수 있습니다. 현실로 되돌아오기 위해 먼저 현실을 떠난 것이라고 할까요? 불교는 하나의 종교일 뿐 아니라 진정한 자신을 찾으려는 모색의 과정입니다. 그리고 그 목표는 진정한 자신을 깨달은 사람이 되는 것이지요. 이러한 사람을 불교에서는 '깨달은 사람 부처', 유학은 '성인聖人', 도가 사상은 '참사람 진인眞人'이라고 부르지만, 어떤 이름으로 부르든 그것은 중요하지 않습니다. 장미꽃은 장미꽃이라고 부르지 않아도 아름답고 향기로운 법이니까요.

우리 모두 참된 자신을 깨달을 수 있기를 기원합니다. 우리 모두는 잠재적 가능성을 지닌 예비 부처님들입니다. 그런 의미에서 여러분들이 성불하시길 빕니다. 우리가 서로의 성불을 위

해 도움이 되는 삶을 사는 것, 그것만이 우리를 자유롭고 행복
하게 합니다.

생 각 해 보 기

1. 한마음에 열린 두 개의 문이 무엇을 뜻하는지 생각해보세요.
2. 원효의 『대승기신론』 이해에 대해 설명해보세요.
3. '깨달은 사람', '성인', '참사람'의 의미가 무엇인지 생각해보세요.

제23강

본래 한 사물도 없는데 어느 곳에
먼지가 앉으리오

本來無一物, 何處有塵埃

『대승기신론』은 동아시아 대승불교의 사상적 근원으로 작용하고 여기에서 천태학, 화엄학, 선불교가 태동하게 됩니다. 그 중 천태종은 중국불교의 가장 대표적인 종파 중 하나입니다. 천태학은 우주 전체를 '하나의 마음一心'이라고 파악하고 있고, 그런 점에서 중국불교의 특징인 진여연기를 그대로 보여줍니다. 그 마음은 '진여'라고도 하고 본래부터 저절로 갖추고 있는 '깨끗한 성질의 마음自性淸淨心'이라고도 하는데, 무엇보다 마음을 본체로 보는 것, 본체로부터 생겨난 일체의 존재를 진여의 표현으로 보는 것, 그리하여 본체와 현상의 존재를 둘로 나누지 않는 견해가 기본적으로 진여연기에 속한다고 할 수 있습니다. 천태학에서는 모든 존재하는 것은 다 진실성이 현현한 것이고, 마음 밖에 다른 존재가 없게 됩니다. 이것이 본성에 모든 것이 다 갖추어있다는 '성구설性具說'입니다.

천태종의 소의경전은 『법화경法華經』이고, 중국 승려 지의智顗, 538-597가 시도한 새로운 해석에 기초하고 있습니다. 그가 시도한 교상판석은 그 뒤 중국불교의 철학적 판단을 좌우하는 결정적인 영향력을 끼치게 되지요. 그는 명상 실천과 지적 이해는 함께 병행해야 새의 두 날개처럼 앞으로 날 수 있음을 깨닫고, 그에 기초하게 되지요. 이것을 '정혜쌍수定慧雙修', 명상과 지혜 양쪽을 다 중시해서 수행해야 한다고 합니다. 또한 천태학의 다른 중요한 학설로 '삼제원융설三諦圓融說'이 있습니다. 삼제는 첫째, 모든 현상은 인연에 따라 생성 소멸을 거듭하므로 자성이 없이 공空하다는 것이고, 이것을 공의 진리 공제空諦라고 부릅니다. 둘째, 그럼에도 불구하고 만물은 일시적으로 이 세상에 얼마간 존재하며, 이를 임시적 진리 가제假諦라고 합니다. 셋째, 모든 현상은 공한 동시에 임시로 존재하는 것입니다. 이것이 모든 현상의 참된 모습 제법실상諸法實相이고, 이를 중도中道의 진리 중제中諦라고 부릅니다. 그런데 천태학은 이 세 가지 진리가 서로 다른 것이 아니라 서로가 서로를 포함하는 것이라고 봅니다. 즉 삼제설은 같은 현상을 세 가지 측면에서 본 것이므로, 세 가지 진리는 두루 원만하게 하나로 녹아들게 되는 것이지요. 그것이 바로 삼제원융설입니다.

한편 가제의 세계는 열 가지 경계로 나누어집니다. 지옥, 아귀, 축생, 아수라, 인간, 하늘이라는 범부, 즉 평범한 인간의 경계와, 부처, 보살, 연각, 성문이라는 성인의 경계입니다. 그러나 이 열 가지 경계는 따로 있어도 삼제원융의 원리에 따라 서로가 서로를 포함하므로, 백 가지 경계를 이루게 됩니다. 그 백 가지 경계는 각기 십여시十如是라는 존재의 특성을 지니므로, 천 가지 경계를 이룹니다. 또다시 천 가지 경계는 중생세간衆生

世間, 기세간器世間, 오음세간五陰世間에 퍼져 있으므로, 삼천대천세계三千大千世界를 이루게 됩니다. 그러나 이 삼천대천세계는 한 순간의 마음속에 녹아 들어있다는 사유 방식이 '일념삼천一念三千'이라는 천태 철학의 귀결입니다. 한 순간의 생각 속에 가능한 모든 세계가 다 들어 있다는 뜻이지요. 따라서 천태학은 마음의 집중과 통찰의 수행법止觀法을 강조하게 됩니다. 하나의 사물에 이 세상 모든 것들이 다 포함되어 있다고 보기 때문입니다. "한 떨기 꽃을 바라보니, 온 우주가 들어 있네"라는 시가 노래하고 있는 경지가 바로 이것입니다. 천태학은 "어느 색도 어느 냄새도 중도가 아닌 것이 없다一色一香, 無非中道"라는 표현으로 압축됩니다. 또한 조그만 한 구석이라도 밝게 비추자는 생활 속에서의 강력한 실천 의지를 드러내기도 합니다. 결국 이러한 실천 의지와 모든 것을 하나로 아우루는 천태학은 "모든 중생이 부처라는 주장모든 중생은 불성을 가지고 있다, 一切衆生, 皆有佛性"으로 이어지게 됩니다.

화엄학도 천태학과 더불어 중국불교를 대표하는 교학입니다. 화엄종은 두순杜順, 557-640에서 시작된다고 보고 있습니다. 두순은 전심전력 선정禪定을 통해 여러 가지 신이를 행하여 이름을 날렸고, 『화엄경華嚴經』을 중심으로 수행법을 개발하였습니다. 화엄종의 삼대조로 추앙받는 법장法藏, 643-712은 삼조라기보다 화엄종의 체계 수립자인데, 서양 중세의 토마스 아퀴나스에 비길 엄청난 저술을 남기며 화엄 불교의 체계를 세웠습니다. 다음으로 징관澄觀, 739-838과 종밀宗密, 780-841같은 훌륭한 학승들이 뒤를 이었지만, 845년 회창 년간의 불법사태 이후, 산속에서 정치나 경전과 무관하게 발전하던 선종 계통의 불교를 제외하고 왕실과 결부되었던 학문적 불교는 화엄종을 필두로 모두 운을 다하고 말았습니다. 사상계에서 완전히 사라지고 말게 되지요.

화엄학에서는 현상 세계를 네 가지 모습四法界으로 나누어 봅니다. 그 중 첫째가 현상 세계인 사법계事法界이고, 둘째가 원리의 세계인 이법계理法界이며, 셋째는 원리의 세계가 바로 현상계의 개체의 모습이라고 보는 이사무애법계理事無碍法界이고, 넷째는 모든 현상들이 서로 차별되면서도 차별 없이 조화롭게 연관되어 있는 모습인 사사무애법계事事無碍法界입니다. 그리하여 이 현상 세계는 진여가 그대로 발현되어 있는 것이 되고, 최종적으로는 모든 현상들이 조화롭게 연관된 것으로 나타납니다. 이러한 세계에서는 모든 개체들이 서로 관련되면서도 서로 독자성을 가지게 되며, 개체들은 서로 차별된 모습을 가지면서도 차별 없이 서로 관련을 맺게 됩니다. 이러한 관점은 이 세계를 무조건적으로 긍정하고, 현실 세계의 가치를 있는 그대로 인정하는 것입니다. 그리하여 현상 세계의 절대 부정을 절대 긍정으로 돌려놓습니다. 이것을 '법계연기'라고 부르며, 진여연기론에 속합니다. 달리 표현하면 "여래가 내 몸 안에 있다" 여래장如來藏고도 하며, 이것은 내가 본래부터 깨끗한 성질의 마음 자성청정심自性淸淨心을 가지고 있다는 뜻입니다. 이처럼 나는 부처가 될 가능성의 씨앗인 여래장, 불성을 소유하고 있으므로, "이 마음과 나와 부처는 차별이 없다心佛及衆生,是三無差別"라고 합니다.

화엄학은 모든 중생들에게 불성이 있음을 확신하는 보편성 때문에 원융적이라고 합니다. 그리고 이러한 내용은 '진여'나 '진심'이라는 한 마디 말로 요약될 수 있습니다. 진여, 진심이라는 본제는 만상을 포괄하는 것입니다. 이러한 진여는 고요할 때는 시공도, 형태도, 특정한 성격도 없이 현상 없이 그 자체로 있지만, 활동할 때는 모든 사물을 포함하는 변화의 쉼없는 과정으로 나타나게 됩니다. 이것을 "모든 흥기는 진여 전체의 현현이다"라고 표현합니다. 따라서 하나가 전체가 되고 전체가 하나가 된다 일즉다—即多, 다즉일多即一—는 화엄학의 유명한 학설이 성립하게 됩니다.

선종의 경우 진정한 초조는 6조인 혜능慧能, 638-713이라고 해도 과언이 아닐 것입니다. 혜능은 어려서 아버지를 여의고 가난한 홀어머니를 모시느라 광동 근처 산에서 나무를 해 장에 내다 파는 효성이 지극한 아이였습니다. 하루는 길에서 누가 『금강경』을 독송하는 것을 듣고 깨친 바가 있어서 그 길로 집을 떠나 오조인 홍인을 찾아뵈었습니다. "남쪽 광동 땅에서 왔으니, 오랑캐구나. 어찌 부처가 될 수 있겠는가?"하고 짐짓 이야기하는 홍인 대사의 말에, 소년 혜능은 당돌하게 "불성에 남북이 없습니다. 몸이야 이 오랑캐의 몸과 스승의 몸이 달라도 불성에 무슨 차별이 있겠습니까?"라고 대들었습니다. 영특한 소년의 대답에 놀란 홍인은 혜능을 받아들였고 부엌에서 방아를 찧게 하였습니다.

여덟 달이 흘러갔습니다. 하루는 홍인 대사가 자기의 옷과 바루, 심법心法을 전할 후계자를 지목하기 위해, 깨달은 자는 시를 지어 바치라고 명하였습니다. 홍인의 수제자였던 신수神秀는 다음과 같은 시를 지어서 벽에 붙였습니다.

"몸은 깨우침의 나무(보리수)요   身是菩提樹 신시보리수
마음은 맑은 거울과 같네.   心如明鏡臺 심여명경대
항상 거울을 닦아서   時時勤拂拭 시시근불식
먼지로 더럽혀지지 않게 하라   莫使有塵埃 막사유진애"

혜능은 글자를 모르는 불식자였기 때문에 옆사람에게 부탁하여 다음과 같은 시를 지어서 붙였습니다. 신수의 시에 대한 답시였다고도 할 수 있겠지요.

"깨우침은 나무가 아니요   菩提本無樹 보리본무수
맑은 거울에는 아무 대가 없다.   明鏡亦無臺 명경역무대
불성은 항상 깨끗하니(본래 아무 것도 없으니),
     佛性常淸淨(本來無一物) 불성상청정(본래무일물)
어느 곳에 먼지가 앉으리요   何處有塵埃 하처유진애"

이 두 시의 대결은 나중에 선종의 유명한 '남돈북점南頓北漸'의 시발점이 됩니다. 홍인은 밤중에 혜능을 불러 남몰래 의발을 전하고, 『금강경』을 설하여 혜능으로 하여금 다시 깨우침을 확인토록 하였습니다. 화가 난 신수의 무리들이 5조의 의발을 가로챈 어린 혜능을 해꼬지할까봐 스승 홍인은 그를 멀리 피신

시켰습니다. 혜능 사후 혜능의 제자인 신회神會, 670-762는 신수의 무리들을 공격하며 남종 혜능의 '돈오頓悟'에 비해 신수의 북종은 '점수漸修'를 강조하므로 이단이라고 비판하였습니다. 돈오는 한순간의 깨달음을 중시하는 것이고, 점수는 점차적인 수행을 더 중시하는 것입니다. 승려가 될 수 있는 도첩을 팔아 고갈난 황실의 금고를 채워주는 방식으로 황실의 귀여움을 독차지한 신회는 계속 혜능의 남종이야말로 정통임을 강조하였고, 결국 이후 선종사는 돈오를 중시하는 남종사 일색으로 전개됩니다.

선불교는 본심을 직접 깨달을 것을 주장하는데 직지본심直指本心, 이것은 현상 세계가 모두 진심, 또는 진여의 표현임을 깨닫는다는 의미입니다. 그런 의미에서 선 불교 역시 진여연기를 말하는 중국불교의 특징을 여실히 보여주며, 화엄종의 종지와 일치하게 됩니다. 역사적으로는 선 불교가 복잡한 교학 불교를 비판하며 형성되었으므로 참선을 중시하는 선 불교와 이론적인 화엄종이 서로 대치된다고 생각하기 쉽지만, 사실 두 종파의 주장은 거의 일치한다고 할 수 있습니다. 단지 방법적인 측면에서 화엄종이 이론적인 복잡한 교리를 통해서 진리를 설명하려고 하는 반면에, 선종은 한 순간의 깨달음을 통해 직관적으로 그것을 깨달을 것頓悟成佛을 주장하는 것이 다를 뿐입니다.

그러면 좌선을 통해 부처가 되는 것이 선 불교의 목적일까요? 마조 도일馬祖道一, 709-788이 하루는 앉아서 좌선을 하고 있는데, 스승인 남악 회양이 물었습니다.

"좌선은 무엇하려 하고 있는가?"

"부처가 되려고요."

회양은 말없이 깨진 기왓장을 주워들고 열심히 가는 시늉을 했다.

"무엇 하세요?"

"갈아서 거울을 만들련다."

"에이, 농담도? 아무리 갈아야 거울은 안 돼요."

"그래, 아무리 좌선을 한다고 해도 부처가 안 돼."

"그럼, 뭘 해야 돼요?"

"자, 여보게! 마차를 몰아 보았겠지? 마차가 움직이지 않으면, 차를 때리나? 말을 때리나? 다리를 꼬고 앉아서 좌선을 해야 하나? 부처가 되야 하나? 좌선을 앉거나 서거나 아무 관계가 없네. 부처가 되는 길도 아무런 형식과 방법이 따로 없네. 좌선해서 부처가 된다고 생각하면 부처를 죽이는 거야. 그렇게 좌선해서 부처가 되려는 요량이면, 부처 근처에도 가지 못할 걸세."

『마조어록』

바로 평상의 마음이 도 평상심시도平常心是道이고, 마음이 바로 부처 즉심시불卽心是佛라는 말이지요. 부처라는 상, 진리라는 틀에 자기를 맞추려는 것은 잘못된 방향임을 이야기하는 일화입니다. 외부의 정해진 길은 집착을 불러올 뿐입니다.

백장 회해百丈懷海, 720-814는 "일하지 않고는 먹지 않는다."라는 말을 남긴, 선종에 알맞은 규율 선원청규를 만든 장본인입니다. 선원청규의 대강은 "하루 일하지 않으면 하루 먹지 않는다일일부작一日不作, 일일불식一日不食"는 정신입니다. 다른 종파에서는 중들이 일하지 않고 노예를 부려 부자 신도나 왕실에서 기증받은 땅을 소작 부쳐 먹는데, 선종에서는 철저한 노동 정신으로 직접 노동을 신성하게 여기고 이를 적극 권장하였습니다. 산속에는 파먹을 땅도 적거니와 부잣집의 땅을 기증받는 일도 없었습니다. 그래서 당나라에서는 황무지를 개간해서 경작지를 넓히려고 선종 승려를 산속으로 내모는 형편이었지요. 쌀농사에 논을 갈고, 대나무를 잘라 울타리를 치고, 차밭을 일궈 불전에 차 공양을 올리고 나머지는 장에 내다 팔았습니다. 이런 노동의 결과 선종은 세간 신도로부터 토지 기증이나 시주를 바라거나 목을 매달 필요가 없었습니다.

그러나 일상성을 깨뜨려 마음속 깊이 파묻힌 불성을 개발하느라 온갖 기상천외의 방법을 동원하는 선사에게 우상 파괴, 도덕 부재라는 누명을 씌우기는 선종이 위세를 떨치던 옛날부터 있었습니다. 천연天然, 739-824 선사의 일화는 '우상 파괴'의 본질을 잘 보여준다. 추운 겨울날 나무 불상을 끌어내 장작으로 패서 불을 쪼이던 천연은 신성 모독이라고 규탄하는 동료 스님들에게 천연덕스럽게 말하였다. "사리가 나오는가 보려고…", "아니, 목불에서 사리 나오는 것 봤어?", "그렇다면 나는 겨우 나무 조각을 태웠군 그래."라고 천연은 천연덕스럽게 대답하였습니다. 이런 일화에서 보듯 선종이 기존 불교와 달라진 것은 그 표현 양식일 뿐, 결코 불교의 본질을 바꾼 것은 아니었습니다. 이후 선종은 다섯 갈래, 일곱 분파오가칠종 五家七宗로 나누어지며 '선불교의 황금기'를 구가하게 됩니다.

당시 측천무후는 불교의 신봉자로서, 신수와 혜능 가운데 누구를 국사로 받들었을까요? 그 이유는 무엇일까요?

생 각 해 보 기

1. 천태종의 삼제원융(三諦圓融)설을 설명해보십시오.
2. "한 떨기 꽃을 바라보니, 온 우주가 들어있네"라는 시구가 표현하는 세계관에 대해서 생각해보세요.
3. 화엄종의 "하나가 전체이고, 전체가 하나이다"는 의미를 설명해보세요.

제24강

동양철학을 보는 네 가지 시각

이제껏 우리는 유학, 도가, 불교 사상으로 대표되는 동양철학을 개략적으로나마 살펴보았습니다. 이들 사상에 대한 여러분의 생각은 어떠한가요? "우리의 전통은 소중한 것"이니, 서구 사상에 밀려 그대로 사라지게 하지 말고 잘 보존해야 한다고 생각하나요? 아니면 역시 동양철학은 보수적·봉건적이어서 우리 사회 발전에 걸림돌이 되니 극복해야 할 과거 유산이라는 생각이 드나요? 현대 중국에서는 동양철학을 어떠한 입장에서 볼 것인가라는 논의가 있었고, 이에 대한 네 가지 시각이 제시되었습니다. 우리도 이러한 논의를 참조할 수 있을 것입니다.

우선 동양철학을 무조건 긍정적으로 보는 입장으로서 '유학부흥론'이라고 합니다. 유학부흥론자들은 동양의 전통 사상인 유학이 우리의 정신적 지주이고, 의식적· 무의식적으로 민족의식 안에 강하게 자리 잡고 있다고 봅니다. 그들은 전통 사상에 근거해 사회 심리구조가 안정될 수 있다고 보기 때문에, 사회를 전환시키는 근본적 방법은 경제 발전이나 민주 제도의 정립에 앞서 전통 사상인 유학을 전면적으로 부흥시키는 것이라고 생각하는 입장입니다.

"나이 든 사람과 젊은 사람 사이에는 순서가 있다 長幼有序, 남자와 여자는 차이가 있다 男女有別" 등의 유학적 윤리가 깊이 뿌리내릴 때 우리 사회는 안정되고 그 안정 위에서 비로소 진정한 발전이 가능하다는 논리이지요. 이러한 논리는 예컨대 회사를 하나의 거대한 가족으로 생각하고, 가부장적인 가정의 질서를 그대로 회사나 사회에 투여해서 회장이나 대통령, 정치 지도자 등을 아버지로 보고 복종을 요구하는 방식으로 작용합니다. 한 남자가 한 집안의 주인이자 대표자이고, 어머니나 자식들을 그에 예속된 존재로 보는 사고방식, 가부장제적 사고는 우리 사회를 아직 지배하고 있습니다. 그리고 이것을 뒷받침하는 것이 유학적 사유방식입니다. 사회의 비민주화는 가정의 비민주화에 원인이 있다고 볼 때, 우리는 이러한 가부장제를 적극 옹호해야 할까요? 극복하려고 노력해야 할 대상인가요? 이를 적극 옹호하는 입장이 유학부흥론인 것입니다.

유학부흥론을 지지하는 두 세력이 있습니다. 하나는 근현대 시기 등장한 현대신유학이고, 다른 하나는 유교자본주의입니다. 현대신유가는 중국 근대의 5.4 운동 시기 이후 형성된 신유가 학파를 지칭하는 말로서, 웅십력熊十力, 양수명梁漱溟, 풍우란馮友蘭, 모종삼牟宗三 등이 여기에 속합니다. 이들은 전통철학, 특히 유학에 근원을 두고 서양 근대 문화를 결합하려 했던 사상가들이지요. 중국 현대철학자인 이택후李澤厚는 "신해혁명, 5.4 운동 이래 20세기 중국 현실에서 공자, 맹자, 정자, 주자, 육상산, 왕

양명 사상을 계승하고 발전시킬 것을 강조하고, 그것을 중국 사상의 근본정신으로 삼는 동시에 서양 철학 및 민주·과학 등 서양 근대사상을 흡수하고, 중국 정치 경제의 현실적인 갈 길을 찾아내려 한 것이 현대신유가의 기본적인 특징이다."라고 현대 신유가를 성의했습니다. 이러한 현대신유가 사상은 동양 전통 사상을 근본으로 한다는 점에서 양무운동 이래의 '중체서용론中體西用論'의 재현이라고 할 수 있습니다. 중체서용론은 한 마디로 동양적인 것을 근본으로 하면서도 서구적인 것을 보조적인 도구로 활용한다는 것입니다. 예컨대 유학의 봉건사상을 근본 사상으로 하되 민주, 과학 등을 보조적으로 활용하는 것이지요. 현대신유가가 중국 근대에서 본 것은 가치 체계의 붕괴, 의미 구조의 해체, 그리고 자아의 상실입니다. 현대신유학자 웅십력의 표현대로 하면, 인간 존재의 진정한 기초인 '본심'을 잃은 것입니다. 동양의 근대는 서양의 정치 경제적, 문화적 침탈로 전통적인 가치 체계가 붕괴되어 가는 상황입니다. 이러한 상황에서 아무리 경제, 정치 등 제도 면에서 변혁을 시도한다 해도, 그것은 이미 '못난' 동양이 '잘난' 서양을 뒤따라가는 일에 불과하고, 이런 열등감 속에서 현실적인 변혁을 성공시키기 어렵다고 여겼던 것입니다. 따라서 민족적 자존심을 살리기 위해서는 서양은 물질, 동양은 정신이라는 도식으로 이분화하고, 정신문화라는 측면에서만은 동양이 우월하다는 입장을 고수할 필요가 있었습니다. 이것이 현대신유가의 입장입니다.

또 다른 배경인 유교자본주의론은 동아시아 국가들이 이룬 경제 발전을 설명하는 이론입니다. 그들은 한국은 비롯하여 대만, 싱가포르, 홍콩, 일본 같은 나라들은 모두 과거에 유학이 전통문화의 중심이었다는 공통점을 가지고 있다는 사실에 주목하였습니다. 유교자본주의자들은 이 나라들이 오늘날 크게 발전할 수 있었던 원인으로 유학 문화 가운데 들어있는 가족 중심주의, 성실성, 근면성 등을 지적합니다. 이는 막스 베버가 『프로테스탄트 윤리와 자본주의 정신』에서 자본주의 발생과 기독교 프로테스탄티즘을 연결시켜 설명한 것과 대비되는 논의입니다. 베버는 프로테스탄티즘은 금전 추구라는 인간의 기본적인 욕망에 윤리적인 통제를 가함으로써 향락, 방탕, 재산을 낭비하는 일을 절제하고 최선을 다해 일하고 금욕하는 것을 윤리적인 것으로 보았으며, 이렇게 얻은 자산의 양은 그의 신앙의 진실성을 나타낸다고 보았습니다. 이는 재산의 획득을 윤리적으로 정당화하여 결과적으로 자본주의의 발전을 도왔다는 이론입니다. 유교자본주의론 역시 유학과 경제 발전을 연결시켜 설명한다는 점에서 베버 논의와 유사한 점이 있습니다.

 이렇게 보면 유학부흥론과 유교자본주의의 접점은 자본주의로의 지향과 무관하지 않습니다. 그러나 자본주의 이전 전근대 사회에서 전성기를 누렸던 동양의 유학이 오늘날 고도로 발달한 자본주의 사회에서 주목받고 있다는 사실은 모순처럼 들립니다. 유학부흥론은 과거로의 회귀를 말한다는 점에서 분명히 복고주의이고, 국수주의이자 보수주의, 관념적 역사관이라는 비판을 받습니다. 벤자민 슈왈츠라는 학자는 유학부흥론을 한 마디로 '문화보수주의'라고 결론을 내렸습니다.

두 번째로는 '비판계승론'의 입장입니다. 이 이론을 주장하는 이들은 장대년, 임계유, 이금전, 방극립 등이 있고, 이들은 현대 사회의 발전을 위해서는 전통 사상에 대한 선택적 입장을 취해야 한다고 주장합니다. 전통 중에서 찌꺼기와 알맹이를 잘 구별해서, 찌꺼기는 버리고 알맹이는 소중히 발전시키는 비판적인 계승이 필요함을 주장합니다. 왜냐하면 동양 전통철학에는 훌륭한 정신이 많이 포함되어 있지만, 한편으로는 그 속에 봉건주의의 폐습과 농업 소생산제의 잔재가 남아 있다고 보기 때문입니다. 예컨대 공자의 '인仁' 사상 중에서 봉건주의적 요소는 제거하고 보편적인 휴머니즘의 요소는 발전시켜가는 작업을 해야 한다는 것이지요.

또한 동양의 나라들은 성숙한 자본주의 단계를 거치지 못하였기 때문에 근대과학 전통과 민주, 법치주의 전통이 부족하다고 보았습니다. 따라서 서구 문화를 받아들여 이 부족한 점을 채우려고 합니다. 그러나 이들은 자본주의와 민주 체제를 그대로 들여오는 것이 아니라, 어디까지나 전통 및 민족적 주체 의식에 뿌리를 둔 사회주의 신문화 건설을 목표로 하였습니다. 이들은 유학부흥론을 보수주의라고 반박하고, 그렇다고 우리 전통을 전적으로 무시한 채 서구 문화를 무조건 수용하는 것은 민족 허무주의나 식민지적 노예 사상이라고 비판하였습니다. 비판계승론은 마치 양날의 칼처럼 양 극단적인 논의를 한 칼에 베어버리는 듯한 느낌이 듭니다. 이때 중요한 것은 전통 사상 중 무엇을 비판하고 무엇을 계승할 것인가의 내용입니다. 이러한 작업이 충실히 전제되지 않는 한, 비판계승론은 양비론에 그치고 말 것입니다.

세 번째로 '서체중용론'을 들 수 있습니다. 중국 현대학자인 이택후가 서체중용론의 대표적인 논자입니다. 그는 전통 사상 속에 문화 심리구조가 있고, 이것이 장구한 중국 역사의 동력이었다고 보고 있습니다. 그는 그 기원으로 공자의 사상 체계에 들어있는 혈연 기초, 심리 원칙, 인도주의, 개체 인격의 네 가지 요소를 지적하고, 이것들은 서로 유기적 연관을 가지고 있는 유기체라고 보았습니다. 공자의 인仁이 그 원형이고, 한대에 이르러 오행 사상을 통해 그 구조가 완성되었다고 본 것이지요. 이러한 시각은 이택후가 시스템 이론을 적용하여 역사와 문화를 분석한 것입니다. 문화 심리구조가 시스템과 같은 속성을 지니고 있고 역동적인 형태를 띠어서, 외래 사상을 받아들여 자기화하는 데 능숙한 중국 문화의 특성도 이 역동성이 지니는 평형 유지 기능의 하나라고 주장하였습니다. 그러나 구체적인 역사 속에서 이 문화 심리구조는 현실의 안정을 바라는 방향으로 작용하는 경우가 많아서 보수성을 띠게 되며, 사회구조나 의식을 바꾸는 데 부정적인 역할을 하였다고 봅니다.

이택후가 중국 근현대를 보는 시각도 이러한 관점에서입니다. 그는 5.4 운동 이후의 근현대 시기가 계몽과 구국, 두 가지 흐름의 변주라고 파악하였습니다. 계몽이란 구체적으로 과학과 민주를 말하고, 구국은 반反 제국주의와 애국을 의미합니다.

그러나 앞에서 말한 문화 심리구조의 보수성으로 인해 구국이 계몽을 압도해버린 것이 실제 역사상의 모습이라고 분석합니다. 그 결과 사회주의가 자본주의를 극복해내는 것은 좋았지만, 자본주의가 계승해온 자유, 평등, 박애, 민주와 같은 좋은 전통이 빠져버리게 된 것입니다. 그리하여 사회주의적 인간상보다는 전통 사상에 근거를 둔, 도덕적으로 고상한 성현을 요구하게 되었고, 동양적 사회주의가 새로운 길을 찾을 것을 주장합니다. 그의 관점에서 보면 유학부흥론이나 비판계승론, 중국 공산당도 여전히 중체서용中體西用의 범주에서 벗어나지 못한 것이고, 중국화한 사회주의는 사회주의를 가장한 또 다른 봉건제에 지나지 않는다고 생각하였습니다.

사회의 하부 구조와 상부 구조를 모두 바꾸어야 하고, 이러한 작업이 되기 전인 지금의 현대 중국은 전근대 사회에 지나지 않는다고 보았습니다. 문화 심리구조에 들어있는 보수성 때문에 서양, 또는 세계를 객관적으로 볼 수 없으므로, 비판계승론은 애초부터 대안이 될 수 없다고 하였지요. 새로운 사회주의라는 토대 위에서 서양의 과학기술, 정치 경제 이론, 문화 심리 이론 등을 받아들여야 한다고 하였습니다. 그는 이렇게 토대를 변화시키는 가장 좋은 방법은 과학 기술이라고 보았습니다. 이같은 생각은 전통적으로 정치 문화를 우선시하는 경향에서 경제를 우선시하는 경향으로의 탈바꿈을 의미합니다.

마지막 네 번째 입장은 '철저재건론'입니다. 대표적인 논자로는 김관도, 감양, 황극검 등이 있고, 이들은 전통을 철저하고 비판하고 완전히 제거할 것을 주장했습니다. 서양의 학문을 접하면서 중국이 얼마나 뒤떨어져 있나를 실감하였고, 이 전근대적 사회에 사상적 근거를 주었던 전통철학은 완전히 사라져야 한다고 보았습니다. 전적으로 반反 전통의 입장에 섰다고 할 수 있습니다. 철저재건론자들은 중국의 현실이 아직도 소농 경제 중심의 봉건주의 사회에 지나지 않으며, 문화도 전근대문화라고 규정하였습니다. 1949년 중국 공산당이 집권한 이후 전통적 가치와 규범이 표면적으로는 잊힌 것 같지만 심층 구조에서는 여전히 상주한다고 보고 있습니다. 다시 말해, 유학과 중국적 사회주의가 서로 단절된 것이 아니라 연속 선상에 있다는 것입니다. 전통의 핵심은 유학의 도덕이상주의이고, 현대 사회를 지배하는 것은 도구 이성 내지 과학 이성이라고 보았습니다. 그러므로 사회가 개혁되기 위해서는 도구 이성을 중심으로 하는 사회로 탈바꿈해야 하고, 따라서 기존의 전통이 철저히 제거되어야 새로운 사회가 건설된다고 생각하였습니다.

전통 사상, 동양철학을 보는 이 네 가지 시각 중 여러분의 생각과 가까운 것은 어떤 것인가요? 유학부흥론과 철저재건론이 각각 양쪽에 자리를 잡고 있다면, 가운데에는 서체중용론, 또는 중체서용론, 그리고 비판계승론이 있습니다. 어느 입장을 선택하더라도 그 선택에 자신의 생각과 근거가 있으면 됩니다. 이 질문에 정답은 없습니다. 여러분들은 모든 인문학적 질문에 해답이나 정답이 없다는 것은 이미 알고 있겠지요?

따라서 우리에게 필요한 것은 정답이 아니라 '질문'이고, 그 질문에 대한 여러분 자신의 대답일 뿐입니다. 여러분의 질문과 대답은 무엇인가요?

생 각 해 보 기

1. 동양철학을 보는 네 가지 시각이 무엇인지 친구에게 설명해주 듯 예시를 들어 서술하시오.

2. 동양철학을 볼 때 어떠한 시각으로 보는 것이 타당하다고 생각 합니까? 그 이유를 설명해주십시오.

에필로그
"내가 내 땅에 박는 거대한 뿌리"

외국에 몇 년 체류하다 돌아온 뒤 우연히 김수영의 시, '거대한 뿌리'를 읽을 기회가 있었는데, 마치 가슴을 망치로 치는 듯한 충격을 받았습니다.

> "전통은 아무리 더러운 전통이라도 좋다..
> 비숍 여사와 연애를 하고 있는 동안에는 진보주의자와
> 사회주의자는 네에미씹이다 통일도 중립도 개좆이다..
> 그러나 요강, 망건, 장죽, 종묘상, 장전, 구리개 약방, 신
> 전, 피혁점, 곰보, 애꾸, 애 못 낳는 여자, 무식쟁이, 이
> 무수한 반동이 좋다
> 이 땅에 발을 붙이기 위해서는- 제3인도교의 물속에 뿌
> 리박은 철근 기둥도 내가 이 땅에 박는 거대한 뿌리에
> 비하면 좀벌레의 솜털, 내가 내 땅에 박는 거대한 뿌리에
> 비하면
> 괴기영화의 맘모스를 연상시키는
> 까마귀도 까치도 응접을 못하는 시꺼먼 가지를 가진
> 나도 감히 상상을 못하는 거대한 거대한 뿌리에 비하면.."

이 시가 언제 씌어졌나 찾아보니 1964년입니다. 지금부터 50년도 더 전에 이런 시가 쓰여졌다니. 한동안 핸드폰 사진으로 찍어가지고 다니며 아침저녁으로 들여다 보았습니다. 볼 때마

다 가슴을 울렸고 눈물이 났습니다. 옛날에도 이 시를 읽었던 것 같은데 그때는 아무 느낌없이 그냥 지나쳤었지요. 그런데 지금 이 시를 읽을 때마다 눈물이 나옵니다. 왜일까요? 아마도 외국 생활이 내게 주었던 인간 존재의 근원에 대한 물음, 뿌리, 전통의 가치에 대한 재발견, 뭐 이런 것들 때문인지 모르겠습니다. 한국을 떠나 외국의 낯선 토양에 뿌리내려 보려고 애쓰던, 천 년같은 느낌의 몇년이 지난 후 다시 한국에 돌아와 이 땅에 뿌리박으려 노력하는 지금의 저의 생활이 그대로 반영되어서일지도 모릅니다. 한 인간의 뿌리라는 게 결코 문학적 수식어가 아님을 몸으로 직접 체험하였고, 뿌리뽑혀 이국을 떠돌며 이방인으로 사는 이민자들의 삶의 고단함을 알고 있기 때문이며, 그럼에도 다시 돌아온 이 땅에 뿌리박는 일도 결코 쉽거나 만만하지 않음을 겪고 있기 때문일 것입니다. 그래서 "제3인도교의 물속에 뿌리박은 철근 기둥도 내가 이 땅에 박는 거대한 뿌리에 비하면 좀벌레의 솜털"이라는 시 구절이 사무치게 다가오는 것 같습니다.

저는 그동안 자신이 독자적인 개인적 존재라고 생각해왔습니다. 물론 인간이란 아무 것도 없는 공중에서 생겨난 존재는 아니고 사회적·역사적·문화적 배경에서 영향받고 살아가는 존재임을 알고는 있었지만, 진짜 내가 내 땅의 사회적·역사적·문화적 배경 없이는 온전한 내가 되지 못한다는 것을 뼈저리게 느낀 것은 외국 생활 덕분입니다. 외국에서는 우선 인간 관계의 소통을 위한 기본 조건인 언어부터 자유롭지 않았으므로 유의미한 인간 관계를 맺기가 힘들었습니다. 물건을 사거나, 도서관을 이용하거나, 은행 계좌를 트는 등 생활의 기본적인 것들을 해결해가는 것도 쉽지 않았지만, 구체적인 표현과 미묘한 뉘앙스를 통해 이루어지는 관계는 거의 불가능하다고 해도 과언이 아니었지요. 어쩌다 만나는 외국인과는 늘 인사와 이야기 줄거리만 주고받았고, 그러고나면 할 말도 없었고 또 머릿속 작문을 해대느라 무지 피곤하였습니다. 나의 특성과 자질에 맞는 직업을 가지는 일은 원천적으로 불가능했고, 나로 살면서도 내가 아닌 삶을 살 수 밖에 없었습니다. 주위를 돌아보니 대부분의 이민자들이 거의 그래서, 십년을 넘게 산 사람들도 "남의 땅"에서 산다고 생각하고 있었습니다. 우리는 개인적인 존재인 것만큼이나 한국이라는, 조선이라는 내 땅에 뿌리박은 사회적·역사적·문화적 존재였던 것입니다. 한 마디로 나는 영어가 아니라 한국어로 말하고 생각하고 행동하고 살아온 존재입니다. 언어로 대변되는, 그 사회적·역사적·문화적 배경들 없이 나는 뿌리없이 공중에 붕 떠 있을 수 밖에 없었습니다. 나는 이제껏 살아온 내가 아니었고, 늘 공중에 1 미터는 붕 떠서 살아가는 것처럼 느껴졌어요.

그러다 한국에 다시 돌아오니, 세상에 무서울 것이 없었습니다. 나는 허공을 부유하는 존재가 아니라 내 땅에 단단히 뿌리박은 존재임을 다시 발견하게 되었던 것입니다. 언어가 통하지, 인간 관계도 탄탄하지, 사회의 메카니즘도 이해하지, 세상에 내가 못할 일이 없을 것 같았습니다. 저는 귀국 후 광화문에서의 촛불 집회에 참여하는 등 다시 발견한 이 사회의 역사적·사회적·문화적 관계에 기쁘게 함께하였습니다. 라디오에서 아주 빠르게 쏟아져나오는 한국말에 금방 익숙해졌습니다. 마치 외국에서 보낸 몇 년의 시간들이 없었던 것 같았고, 나는 과거의 나와 자연스럽게 이어지며 다시 뿌리를 가진 인간이 되었다고 느꼈습니다. "전통은 아무리 더러운 전통이라도 좋다. 비숍 여사와 연애를 하고 있는 동안에는 진보주의자와 사회주의자는 네에미씹이다. 통일도 중립도 개좆이다." 전통의 가치, 이 땅의 사회적, 역사적, 문화적 맥락의 힘을 이렇게 잘 표현해주고 있는 시가 있을까요? 그래서 나는 김수영의 이 시, '거대한 뿌리'에 깜빡 넘어갔던 것 같습니다.

한국에 돌아온 뒤 대학에서 다시 강의를 시작했고, 전공인 동양철학 공부도 다시 시작하였습니다. 동양고전인 『논어』와 『금강경』 등도 다시 읽었고, 선불교 문헌과 불교 한문 공부도 새로 시작하였습니다. 이 동양 고전들이 들려주는 나의 뿌리 이야기는 너무도 흥미진진했습니다. 외국어였던 영어는 빠른 속도로 사라져가서 얼마 안 가 CNN 뉴스도 다시 안 들리게 되었습니다. 워낙 기초가 없었던 탓이겠지요. 그러나 그닥 아까울 것도 없었던 것이, 오랜만에 읽는 동양의 고전들이 너무나 새롭게, 강렬하게 다가왔고, 그 구절들이 지금 이 곳, 이 자리에서 살아가고 있는 나를 힘차게 응원해주고 있기 때문입니다. 따져보면 내가 동양 고전을 처음 만난 건, 철학과 학부 시절 동양철학을 전공해야겠다고 결심하였을 때니, 거의 30년이다 되어갑니다. 그때 읽은 첫 문헌이 바로『논어』입니다. "배우고 때로 그것을 익히면, 기쁘지 않은가"로 시작되는 그 첫 구절의 강렬함 때문에 처음 읽는 이 동양의 대표적인 고전은 저에게 대단히 매력적으로 보였고, 처음 한문을 가르쳐주셨던 할아버지 선생님은 10년마다 새로 읽으면 새로운 것을 느끼게 해주는 훌륭한 책이라고, 자신에게『논어』는 인생의 책이라는 말씀을 들려주셨습니다. 그때는 실감하지 못했지만 인생의 여러 경험들을 겪고난 한참 뒤에 다시 보게 되는 동양 고전은 제게 마치 온갖 사상의 용광로 같이 보였고, 그리고 나 라는 존재가 뿌리박고 살았고 또 내 아들딸들이 뿌리박고 살 토양을 보여주는 설계도같이 느껴졌습니다. 동양 고전이 담고 있는 동양의 정신, 동양철학에 모든 것이 들어있는 듯합니다. 내가 어디에 뿌리박고 살고 있고 또 우리의 미래는 어떤 토양에 뿌리박고 살아야 할지를 동양철학은 자꾸만 내게 말해주고 있습니다. 이 말들을 함께 나누고 싶습니다.

우리가 동양철학에 접근할 때 전통철학이라는 주자학적 해석에만 근거해서 읽어서는 제한된 세계관만을 갖게 되고, 지극히 보수적이고 봉건적인 사고 방식을 갖게 될 위험성이 있습니다. 유학에서만 보더라도『논어』의 해석사는 바로 동양의 철학사 그 자체입니다. 결코 주자학적 해석에 제한되지 않습니다. 원시 유학의 해석과 이후 송대 주자학과 양명학적 해석, "공자의 가게를 때려부셔라"고 소리치던 근대 지식인들의『반反 논어』의 비판적 해석까지, 논어의 해석사가 바로 동양철학사입니다. 논어에 대한 불교적 해석도 역시 가능합니다. 그건 유학의 학문을 불교의 깨달음에 대치하는 비판적인 해석일 뿐 아니라, 유학과 불교의 만남과 갈등, 그리고 융섭을 보여주는 해석이기도 합니다.

나아가 동양의 현대철학은 '현대의 새로운 유학'인 현대신유학, 또는 현대신불교를 통해서 가능합니다. 현대신유학이란 중국 근대 5.4 신문화운동 이후 형성된 신유학 학파를 지칭하고, 전통철학, 특히 유학과 불교, 서양 근대문화를 결합하여 현대에 맞는 동양의 새로운 철학을 성립시키려 했던 사상입니다. 한 학자는 "신해혁명, 5.4 신문화 이래 20세기 동양 전통철학을 근본 정신으로 삼는 동시에, 그것을 주체로 하여 민주제도와 과학 등 서양 근대사상과 베르그송, 루소, 칸트, 피히테 등 서양철학을 흡수하고 개조하여, 당시 동양사회, 정치, 문화 등의 현실적인 갈 길을 찾아내려 한 것이 현대신유학의 기본적인 특징이다"고 설명하였습니다. 서양 제국주의가 동양을 침범해 들어오던 위기의 시대에, 그 서양 세력에 맞설 힘을 동양의 전통철학에서 길어내겠다는 것이 그들의 생각이었던 것입니다. 따라서 유학, 불교, 도가 사상이라는 전통철학과 서양철학의 만남이 시도되고, 서로 다른 문화에 뿌리박은 사상들이 갈등 과정을 거쳐 융섭으로 진행되는 사상적 변이 과정이 매력적으로 펼쳐집니다. 그러므로 『논어』를 읽다보면, 공자의 원시유학적 해석은 물론이고 전통철학인 맹자, 정자, 주자, 육산상, 왕양명 철학의 창조적 계승이나 변형을 발견하게 되고, 불교적 해석을 통해 붓다의 공空에 대한 창조적 해석과 중관,

유식 불교 및 화엄 불교, 선 불교 등 인도 불교와 동아시아 불교의 갈등과 만남의 과정을 또한 경험하게 됩니다. 유학과 불교의 강렬한 충돌과 융합의 드라마를 발견하게 되는 것입니다. 나아가 서양철학인 칸트나 헤겔 철학에 대한 통렬한 비판적 만남과 베르그송처럼 동양 사상과 유사한 철학에 대한 수용을 발견하는 기쁨을 누리게 되지요. 이것이 바로 제가 동양철학을 전공으로 선택한 이후 경험하고 누렸던 그 기쁨, 행복입니다. 이것이 나의 뿌리가 뿌리박고 뻗어나가는 토양인 것입니다.

이 토양에 뿌리박은 나의 존재는 결코 "공자왈, 맹자왈 하다가 망했다"는 한국 근대사의 경험으로 쉽게 비판해 치워버릴 수 있는 것이 아닙니다. 싫어도 미워도 나의 전통이라는 뿌리는 쉽게 뽑아질 수도 없고, 뽑아버려서도 안 되는 것입니다. 이 뿌리는 "괴기영화의 맘모스를 연상시키는, 까마귀도 까치도 응접을 못하는 시꺼먼 가지를 가진, 나도 감히 상상을 못하는 거대한 거대한 뿌리"이기 때문입니다.

그러나 현재 동양 전통철학은 反 서양주의 내지는 지나친 서양 경도에 대한 비판의 역할을 하는 듯보이지만, 실제로는 자본주의나 제국주의에 대항적인 역할을 못하고 도리어 그에 철저히 봉사하는 부정적 측면을 가지고 있습니다. 예컨대 노사 관계에서 화해 논리를 제시하는 등 사실상의 종속을 합리화시키고, 인간 관계의 계급성조차 전통이라는 이름 아래 합리화한다는 비판이 있지요. 이러한 의미의 동양 철학이 오늘날 유행하고 있는 것은 동양 전통철학이 현실 문제에 대한 지적 사기,

또는 도피 수단을 제공하기 때문이라고 여겨집니다. 공자가 현재, 또는 미래의 문제를 해결한다고 보는 것은 시대착오이며, 현재의 문제를 신비화, 단순화시킨다는 점에서 지극히 위험하다는 오리엔탈리즘에 근거한 비판입니다. 실제로 동양철학이 배태된 역사적 토내가 봉건주의이기 때문에, 전통을 무비판적으로 받아들일 때 이러한 위험은 상존하기 마련입니다. 따라서 전통철학에 접근하는 우리의 자세는 어디까지나 '비판적 계승'이어야 한다고 저는 생각합니다.

시대가 요구하는 새로운 철학이 과거 고전에 대한 재해석을 통하여 나온다는 것은 상식이라 할 만큼 당연한 일입니다. 서양 근대철학이 고대 그리스 철학에 대한 재해석에서 시작되었던 것은 차치하고라도, 현대 서양철학 역시 서양 근대 고전에 대한 철저한 독해와 재해석에서부터 나왔습니다. 모든 학문이 다 그렇지만 동양철학 또한 의미를 가지려면 현재성을 가져야 할 것입니다. 그렇다면 동양철학에 대한 접근 방식은 각종 전통적 사고들을 잘 정리해서 깊숙한 서랍 속에 넣어두는 것만으로는 부족하고, 그것이 전통철학자들의 본래 의도였든, 후대인들의 오해였든, 또는 의도적인 창조적 오해였든, 현실과의 접점을 만드는 쪽으로 나아가야 할 것입니다. 내가, 그리고 우리가 뿌리내릴 토양인 사회적, 문화적 전통이 그러한 힘을 갖기 위해서는 고전에 대한 철저한 독해를 통해 새로운 의미 부여가 되어야 할 것입니다. 이것이 바로 전통철학에 대한 비판적 계승입니다. 내가, 그리고 우리가 이 땅에 거대한 뿌리를 박기 위하여.

김제란

철학박사. 고려대학교 철학과 및 동대학원 졸업. 『웅십력 철학사상 연구- 동서문화의
충돌과 중국 전통철학의 대응』(2000)으로 철학박사 학위 취득. 태동고전연구소(지곡서
당) 한문연수과정 수료. 고려대학교 철학연구소 연구교수, 조계종 불학연구소 전문연구
원 역임. 현재 동국대학교 불교학술원 HK연구교수.
대표 저술로는 『신유식론』(상·하-역서), 『심체와 성체』(역서), 『한 마음, 두 개의 문,
원효의 대승기신론 소·별기』, 『함께 읽는 동양철학』, 『동아시아 불교, 근대와의 만남』
등이 있다.

- 쉽게 읽히는 -
동양철학
이 야 기

초판인쇄 2021년 3월 1일
초판발행 2021년 3월 1일

지은이 김제란
펴낸이 채종준
펴낸곳 한국학술정보㈜
주소 경기도 파주시 회동길 230(문발동)
전화 031) 908-3181(대표)
팩스 031) 908-3189
홈페이지 http://ebook.kstudy.com
전자우편 출판사업부 publish@kstudy.com
등록 제일산-115호(2000. 6. 19)

ISBN 979-11-6603-343-8 93150